本成果受到教育部人文社会科学研究青年基金项目“灾害、国家与乡村社会：震后村落空间生产的社会学阐释”（项目批准号：15YJCZH218）和2015年度天津市“131”创新人才工程第三层次人选培养费的支持，特此致谢。

A LIBRARY OF DOCTORAL DISSERTATIONS IN SOCIAL SCIENCES IN CHINA

筑与居：

震后居住空间的建构

Constructing and Dwelling:
The Construction of Post-disaster Dwelling Spaces

张纯刚　著
导师　齐顾波

中国社会科学出版社

图书在版编目（CIP）数据

筑与居：震后居住空间的建构/张纯刚著．—北京：中国社会科学出版社，2017.5

ISBN 978－7－5161－9361－7

Ⅰ.①筑…　Ⅱ.①张…　Ⅲ.①地震灾害—灾区—重建—研究—四川省　Ⅳ.①D632.5

中国版本图书馆 CIP 数据核字（2016）第 280721 号

出 版 人　赵剑英
责任编辑　王莎莎
责任校对　韩天炜
责任印制　王　超

出　　版　中国社会科学出版社
社　　址　北京鼓楼西大街甲 158 号
邮　　编　100720
网　　址　http://www.csspw.cn
发 行 部　010－84083685
门 市 部　010－84029450
经　　销　新华书店及其他书店

印　　刷　北京君升印刷有限公司
装　　订　廊坊市广阳区广增装订厂
版　　次　2017 年 5 月第 1 版
印　　次　2017 年 5 月第 1 次印刷

开　　本　710×1000　1/16
印　　张　16.5
字　　数　249 千字
定　　价　69.00 元

《中国社会科学博士论文文库》
编辑委员会

总　序

在胡绳同志倡导和主持下，中国社会科学院组成编委会，从全国每年毕业并通过答辩的社会科学博士论文中遴选优秀者纳入《中国社会科学博士论文文库》，由中国社会科学出版社正式出版，这项工作已持续了12年。这12年所出版的论文，代表了这一时期中国社会科学各学科博士学位论文水平，较好地实现了本文库编辑出版的初衷。

编辑出版博士文库，既是培养社会科学各学科学术带头人的有效举措，又是一种重要的文化积累，很有意义。在到中国社会科学院之前，我就曾饶有兴趣地看过文库中的部分论文，到社科院以后，也一直关注和支持文库的出版。新旧世纪之交，原编委会主任胡绳同志仙逝，社科院希望我主持文库编委会的工作，我同意了。社会科学博士都是青年社会科学研究人员，青年是国家的未来，青年社科学者是我们社会科学的未来，我们有责任支持他们更快地成长。

每一个时代总有属于它们自己的问题，“问题就是时代的声音”(马克思语)。坚持理论联系实际，注意研究带全局性的战略问题，是我们党的优良传统。我希望包括博士在内的青年社会科学工作者继承和发扬这一优良传统，密切关注、深入研究21世纪初中国面临的重大时代问题。离开了时代性，脱离了社会潮流，社会科学研究的价值就要受到影响。我是鼓励青年人成名成家的，这是党的需要，国家的需要，人民的需要。但问题在于，什么是名呢？名，就是他的价值得到了社会的承认。如果没有得到社会、人民的承认，他的价值又表现在哪里呢？所以说，价值就在于对社会重大问题的回答和解决。一旦回答了时代性的重大问题，就必然会对社会产生巨大而深刻的影响，你也因此而实现了你的价值。在这方面年轻的博士有很大的优势：精力旺盛，思想敏捷，勤于学习，勇于创新。但青年学者要多向老一辈学者学习，博士尤其要很好地向导师学习，在导师的指导下，发挥自己的优势，研究重大问题，就有可能出好的成果，实现自己的价值。过去12年入选文库的论文，也说明了这一点。

什么是当前时代的重大问题呢？纵观当今世界，无外乎两种社会制度，一种是资本主义制度，一种是社会主义制度。所有的世界观问题、政治问题、理论问题都离不开对这两大制度的基本看法。对于社会主义，马克思主义者和资本主义世界的学者都有很多的研究和论述；对于资本主义，马克思主义者和资本主义世界的学者也有过很多研究和论述。面对这些众说纷纭的思潮和学说，我们应该如何认识？从基本倾向看，资本主义国家的学者、政治家论证的是资本主义的合理性和长期存在的“必然性”；中国的马克思主义者，中国的社会科学工作者，当然要向世界、向社会讲清楚，中国坚持走自己的路一定能实现现代化，中华民族一定能通过社会主义来实现全面的振兴。中国的问题只能由中国人用自己的理论来解决，让外国人来解决中国的问题，是行不通的。也许有的同志会说，马克思主义也是外来的。但是，要知道，马克思主义只是在中国化了以后才解决中国的问题的。如果没有马克思主义的普遍原理与中国革命和建设的实际相结合而形成的毛泽东思想、邓小平理论，马克思主义同样不能解决中国的问题。教条主义是不行的，东教条不行，西教条也不行，什么教条都不行。把学问、理论当教条，本身就是反科学的。

在21世纪，人类所面对的最重大的问题仍然是两大制度问题：这两大制度的前途、命运如何？资本主义会如何变化？社会主义怎么发展？中国特色的社会主义怎么发展？中国学者无论是研究资本主义，还是研究社会主义，最终总是要落脚到解决中国的现实与未来问题。我看中国的未来就是如何保持长期的稳定和发展。只要能长期稳定，就能长期发展；只要能长期发展，中国的社会主义现代化就能实现。

什么是21世纪的重大理论问题？我看还是马克思主义的发展问

题。我们的理论是为中国的发展服务的，绝不是相反。解决中国问题的关键，取决于我们能否更好地坚持和发展马克思主义，特别是发展马克思主义。不能发展马克思主义也就不能坚持马克思主义。一切不发展的、僵化的东西都是坚持不住的，也不可能坚持住。坚持马克思主义，就是要随着实践，随着社会、经济各方面的发展，不断地发展马克思主义。马克思主义没有穷尽真理，也没有包揽一切答案。它所提供给我们的，更多的是认识世界、改造世界的世界观、方法论、价值观，是立场，是方法。我们必须学会运用科学的世界观来认识社会的发展，在实践中不断地丰富和发展马克思主义，只有发展马克思主义才能真正坚持马克思主义。我们年轻的社会科学博士们要以坚持和发展马克思主义为己任，在这方面多出精品力作。我们将优先出版这种成果。

李铁映

2001 年 8 月 8 日于北戴河

摘　要

"5·12"汶川地震导致四川省章村93.2%的房屋倒塌，居住的连续性和稳定性被迫中断，农房重建成为章村震后恢复重建的重要议题之一。在举国抗震的背景下，国家和社会组织纷纷介入灾区开展村庄重建工作。本文通过对四川章村震后农房重建的考察表明，震后居住空间并不仅仅表现为纯粹物理空间的生成过程，而是作为话语性实在被社会地建构的过程。

章村重建结果表现为新的空间格局的形成。Z基金会通过与市扶贫办签署备忘录的形式确立援建章村，成为章村重建的协调方。需求评估团队、户型设计团队、监理团队等主体均通过Z基金会平台参与章村住房重建。笔者通过对2009年1月、2009年2月、2010年8月、2012年7月四次田野调查资料的分析发现，章村住房重建结果表现为统规统建的一致空间与差异化空间的并置。首先，在空间分布上，七个生产队的居住点更为集中，房屋沿村中道路排列。其次，在房屋外观上，户型统一，瓷砖使用、门窗位置和颜色款式、外窗防护网等基本一致，整齐划一。差异化空间退至室内和后院，以及仅有的两户木结构修建户。最后，对外部人的错觉更为强烈，这种外观的高度一致性，令观者恍然以为这是一个高度同质性的村庄，已经不能从房屋的新旧、规格、款式、用料等去判断农户的家庭状况与经济水平，农户内在的差异性已经由视觉的一致性予以遮蔽了。重建后的村庄以一种全新的景观形态呈现出来，外部形态的统一与内部形态的差异并置。

审视章村住房重建，这一过程表现为特殊的空间生产逻辑。房屋建造通常包括选址、设计、建造等环节，并通常表现为个体行为；而灾后重建背景则改变了房屋建造的私人性质。首先，建造行为由基金会等外部力量主导。章村建房活动的统筹角色从作为房屋使用者的村民转移到基金会，户型设计由专家团队代理，建造施工通过包工包料的方式完成，建房资金大部分源自国家补贴以及基金会补贴。其次，建造目标更强调作为整体的村庄重建。章村重建遵从先整体规划、再个体布局的思路，参与式方法的应用、对重建进度的关注以及“其他人怎么办”的管理策略，都内在地表现出外部力量对作为村庄整体的重建的特别关注。最后，农房重建所依据的是外部机构的制度性逻辑，而非本地村民的日常逻辑。当以外部知识为主导的制度性逻辑与基于地方性知识的日常逻辑遭遇时，后者处于从属和被抑制的地位。

进一步分析发现，居住空间作为话语性实在，是经由多重话语建构而成的。章村居住空间并不是一个纯粹的物理空间，而是话语性实在，是经由参与式话语、规划话语、技术话语、建筑话语、机构话语、政府官方话语、灾害话语等多重话语建构而成的。外部力量介入章村空间秩序的生产与干预，源自话语与权力的相互建构性。章村的经验现象表明，空间争夺成为章村震后居住空间生产的核心内容。震后居住空间的生产表现为外部力量争夺空间并实现意义表征的过程。这一空间争夺包括两方面含义，即特定空间形式的生产，以及由此空间形式所实现的特定的意义表征。空间争夺同样能够用于理解新农村建设、城中村改造、城市更新等社会工程中空间实践的运作逻辑。

第一章简述研究问题、研究内容与方法，并提出本研究的创新与不足。提出社会建构主义的研究视角，将章村震后居住空间的建构作为主要探讨问题。

第二章分别从灾害研究、空间研究和社会建构主义（话语分析）三个方面进行文献综述，在此基础上提出本文“常与非常”的分析框架，表明社区居住空间建构的宏观背景。

第三章从宏观层面与村落微观层面共同说明灾后重建干预、章村社区重建议程的确立都是问题宣称的结果，借助这一社会过程，“自然”灾害转变为社会问题。

第四章详细描述了在 Z 基金会的主导之下，章村统规统建的一致空间生成的过程。

第五章详细描述了在基金会主导的统规统建之外，农房重建个体安排所致的另类空间的生成。

第六章重点分析章村农房重建所形成的一致空间与另类空间并置的混杂现实，进而从话语与权力关系的角度分析这一混杂空间的社会建构过程。

第七章简要梳理灾害情境下经由话语建构形塑混杂空间的过程，阐明空间争夺的意义及章村个案可能具有的引申含义。

关键词： 灾害；居住空间；社会建构；话语；空间争夺

Abstract

Zhang village, located in the disaster-affected area of "5 · 12" Wenchuan earthquake, was severely destroyed with 93.2% houses damaged. The continuity and stability of occupancy were interrupted and thus house rebuilding becomes the major agenda of post-disaster recovery and reconstruction. In the context of nationwide earthquake relief, governments at all levels and social organizations participate in the post-disaster reconstruction. Based on field research, this thesis looks into the process of house rebuilding and argues that post-disaster dwelling spaces are not only the generation of the physical space, but also the social construction of discourse reality.

The effect of reconstruction is the emerging of new physical space in Zhang village. Z Foundation signed a memorandum with municipality level to assist Zhang village as a key coordinator. Needs assessment group, design group and technical support group also participated in through the network of Z Foundation. Based on my fieldwork conducted in January 2009, February 2009, August 2010, and July 2012, I found that the newly built dwelling space represents to be co-existing of uniform space and differentiated space. Firstly, the spatial distribution of seven village groups becomes more concentrated and is arranged along the village road. Secondly, there are rarely no differences between the appearances of the building, all with same design and decorations. Differentiated space retreated to the interior and backyard. Most of the newly built houses are brick and concrete, with only two personal designed wooden houses. Thirdly, the resemblance eliminates household differences; the reconstructed village represents a new landscape with the co-existence of uniform space and differentiated space.

The process of house reconstruction implies a particular logic of space production. House construction, which consists of site selection, design and construction, is usually an individual activity, changed under the context of post-disaster reconstruction. Firstly, house construction is led by Z Foundation and other outside agencies, with coordinating role of construction shifted from the villagers to Z Foundation, designed by outside expert team, built by specialized team, and with most of the subsidies from government and Z Foundation. Secondly, the construction aims at achieving the reconstruction of the village as a whole instead of the individual dwelling space. The construction prioritized the overall planning and then individual arrangement. The application of participatory method, the concern of the progress of construction, and the management strategy of "what about the others" all imply a special concern for the whole. Thirdly, the reconstruction follows the hidden logic of outside institutions instead of local everyday logic, and the latter is subordinate to the former.

Further analysis revealed that dwelling space as discursive reality is constructed by multiple discourses. Dwelling space of Zhang village is not a pure physical space, but a kind of discursive reality which is constructed by multiple discourses of participatory discourse, planning discourse, technique discourse, architecture discourse, institutional discourse, official discourse and disaster discourse. Furthermore, the intervention of outside agencies into the production of space order derives from the mutual construction of discourse and power. The case of Zhang village illustrates that space grabbing lies at the center of post-disaster dwelling space construction, which focus on grabbing space and representing the meanings. This space grabbing implies not only the production of specific space but also the meaning which it represents. The logic of space grabbing also fits into the cases of new-countryside construction, city-villages rebuilt, and city renewal.

Chapter one illustrates research question and methods employed in the study. This chapter also introduces the approach of social constructionism, and focuses on the issue of construction of dwelling space.

Chapter two provides a review of the literature, including disaster research, space research, and discourse analysis. And then I propose an analysis framework which outlines the macro-background of the construction of dwelling space.

Chapter three points out that post-disaster intervention and the setting of the agenda of community reconstruction are all the results of problem-claiming, at both macro and micro level.

Chapter four describes the detailed process of the generation of uniform space which dominated by Z Foundation.

Chapter five describes the detailed process of differentiated individual space arrangements.

Chapter six analyses the phenomenon of co-existing of uniform space and differentiated space, and then analyses the social construction of this mixed reality.

Chapter seven draws out the conclusions from this research, and opens a discussion for future studies.

Key words: Disaster; Dwelling space; Social construction; Discourse; Space grabbing

目　　录

Contents

图表目录

第一章

导　　论

第一节　研究缘起

一　震后章村映像变迁

2009年初，笔者在汶川地震①发生后首次进入地震灾区。当时随学院项目去到四川章村②，所见之景可以用满目疮痍来形容。章村九成以上房屋倒塌，灰色的砖石瓦块四处散落堆放，裸露出来的木头梁柱有的还挂在未全倒的断墙上。有的地方还能依稀分辨出震前的房屋，没有完全被掩埋的灶台表明那曾是厨房；一面墙前面被清理出来摆放着祖先牌位，大概就是之前室内供奉祖先的地方。同时，路边的平整地块已经被清理出来，挖开了地基，地基里有的已经铺了毛石，浇上了混凝土，有的地方更快一点，已经开始捆扎钢筋。建筑材料在空地上堆放，沙子像小山一样，工匠们用来支壳子的板子堆成一垛一垛。人们有的住在帐篷里，有的住在用空心砖和震后尚可使用的旧料搭建的过渡房里，四面透风。未被完全砸毁的

---

① 本文在讨论灾害相关问题时，均保持虔敬立场。从情感上来讲，天灾人祸从来都是令人悲痛的，尤其是损失严重的巨型灾害。遭逢不幸，尤其是遭受巨大自然灾害所带来的无可挽回的损失，对于任何一个国家或地区，都是令人痛心的。此外，包括灾区民众在内，各级政府、公司企业、社会组织、研究团体、媒体等多方以多种方式参与到灾后救援或重建发展过程中来，所有为此所作出的努力与牺牲都是值得铭记与颂扬的。笔者作为一名研究者，以灾害为主题进行学术讨论时，即便是试图进行所谓“批判性”（critical）分析的时候，仍然对此类人类历史上的巨大灾难、灾难中的人们以及自然秉持虔敬之心。在以研究为“职业”的今天，研究者似乎被认为热切期待社会“问题”不断发生，以供研究检视。本文的研究虽然是以灾难为研究对象，但研究的意义在于提供对灾难本身更好的理解，以利于我们的社会更好地认识灾难、防患于未然。同时，本文基本观点的提出与分析，是出于与学术团体已有研究成果对话之目的。如有可能，笔者愿所有这些灾祸未曾发生。

② 本文涉及的田野调查中的人名、村镇名、机构名均为化名。

家具被搬进过渡房继续使用，旧电视、旧床、旧沙发、旧木柜，等等。当时基金会的驻村办公室条件还稍好一点，是用彩钢板搭成的临时房屋。看着狗儿在震后的院子里转悠，面对着这样一幅混乱的图景，笔者心中百感交集。

2012 年，笔者第四次进入章村，下了公共汽车时，抬头映入眼帘的却是陌生。这次和前三次所见全然不同。记忆里进村的泥路不知所踪，一条新修的、平整的水泥路呈现眼前，似挑衅般问笔者还敢不敢踏上这崭新的旧路。稍许安定了下思绪，回头望见路口旁边的机砖厂高高的蓝色顶棚还在，路对面的加油站也还在，当时想，那大概就是这里，应该没有走错。拖着行李箱进村的一路，不断拿眼前的景象与记忆中的陈旧的离线图库进行高速比对，以告诉自己身处之地在记忆中的情景。这样反而觉得记忆里那个缥缈的影像更加真实，眼前这实景倒真的有些缥缈了。通常多年不见的村子，一朝返还，看见些鲜艳的红顶新墙，必定要找熟人们问问那是哪家新起了房子；老熟人们也必定如数家珍般讲述着哪家败了哪家盛了，哪家没了人烟，哪家起了新房……但眼前之景却是整齐划一地家家起了新房，于笔者而言，那一瞬想问的已不是哪一家发生了什么，而是这整个村子经历了什么。

房屋建造本身十分普遍。就房屋而言，人们因各种原因进行个体式的住房修建，通常是一项不大容易引起特别关注的土木行为。但对于章村来说，由于地震震毁了房子，村庄“自然而然”地开始重建，其结果却是如上所述，村落完全变成了另外一种模样。这是如何发生的？

二 “个人困扰”与“公共论题”

要解决这样的困惑，“社会学的想象力”提供了一个启示。按照米尔斯所说，社会学的想象力是“一种心智的品质，这种品质可帮助他们利用信息增进理性，从而使他们能看清世事，以及或许就发生在他们之间的事情的清晰全貌”，是“一种视角转换的能力，从自己的视角切换到他人的视角”，这种能力“涵盖从最不个人化、最间接的社会变迁到人类自我最个人化的方面，并观察二者间的联系”，借助这种想象力，“理解作为社会中个人生活历程与历史的结合面上的一个个细小交点，他们自身发生了什么变化”，将“环境中的个人困扰”和“社会结构中的公众论题”联系起来看待，从“结构性的变化”来思考“各种特定环境中所经历的事情”[①]。在这里，个人困扰一方面有笔者作为一个外来参与者面对灾害与重建之景的困扰，笔者也想当然地认为且事实表明其中也包括章村村民的困扰：灾害与重建给他们造成了前所未有的困扰，如何重建，为什么重建成如此样貌，等等。于是，笔者试图借助社会学的想象力，将这种多重的个人困扰与结构论题联系起来寻找答案。

回首人类的发展历程，人类与自然处于持续的互动过程之中，或平静，或暴烈。自然为人类的存在、延续和发展提供了食物、阳光、空气、水和大地等必不可少的物质条件，人类无时无刻不在自然之中，接受着自然的滋养，将其视作如家一般的静谧港湾。但同时，自然也会时常撕下其平静的面纱，一改温婉柔顺的面貌，呈现出最暴烈、最具摧毁力的一面，如地震、火山、泥石流、龙卷风，等等。此时，平静恬淡的男耕女织和闲适淡雅的田园生活将不复存在，取而代之的是自然带给人类的灾祸：破坏，混乱，家毁人亡，惊恐失措，心伤难复。可以说，人类的历史就是一部灾难史。18 世纪居维叶就用灾变论来解释地球发展和生物演化，认为地球的发展经历了多次突然发生的变革或灾变，如洪水、迅速海浸等；20 世纪中叶开始的新灾变论，开始把地外因素如超新星爆发、小行星或彗星撞击地球、太阳耀斑爆发等引发的地球上的灾变与生物绝灭联系起来。[②] 一部地球史、生物史，也可以说成是一部灾变史；地球、生命、生物都是从灾变中走出来的，人类也可以说是从灾变中诞生的。[③] 以地震为例，根据《全球地震灾害信息目录》显示，从公元前 9999 年到公元 2010 年[④]，地震一直伴随着世界各个国家和地区。从 1900 年到 2011 年，世界范围内有记载的自然灾害事件从每年数十件上升到如今的每年数百件，并持续处于每年 400 件左右的高值区域，全球每年有 2 亿左右的人口受到自然灾害的影响。[⑤] 可见，自然灾害事件

① ［美］C. 赖特·米尔斯：《社会学的想象力》，陈强、张永强译，生活·读书·新知三联书店 2008 年版，第 3—9 页。

② 夏征农、陈至立主编：《辞海：第六版彩图本》，上海辞书出版社 2009 年版，第 2846 页。

③ 罗祖德、徐长乐：《灾害论》，浙江教育出版社 1990 年版，第 37 页。

④ 宋治平、张国民、刘杰、尹继尧、薛艳、宋先月主编：《全球地震灾害信息目录》，地震出版社 2011 年版，第 23 页。

⑤ “Natural Disaster Trends”, February 24 2014, http: //www. emdat. be/disaster_ trends/index. html.

是伴随整个人类历史的。诸如《2012》一类的灾难题材影视，更是提醒着人们，在文明和技术高度发达的今天，人类仍饱受灾害之苦，我们所生活于其中的世界是如此多灾多难。

正因为如此，人类也在不断尝试去认识灾害、理解灾害。在历史中，关于灾难的理解经历了三个重要阶段：最初，灾难被当作是超自然的“神的行为”，这也就意味着人类对之束手无策；其后的启蒙运动激发了人们对于科学的信仰，灾难不再被认为是“神的行为”，而演变为“自然的行为”；近年来，这种“自然的行为”的观点又逐渐被“人类的行为”所替代。[①] 从灾害发生原因的角度，可将人类理解灾害的观念演进简化为：灾害是神之所为，到自然所为，到人之所为。灾害观的变化，也就意味着由此而生的应灾方式的变化：人不再是束手无策的被动受害者，而是具有主观能动性的积极应灾者。今天，灾害防御、减灾、灾后恢复与发展等问题正成为各个领域研究者和实践者共同关注的议题，并产生了丰硕的研究成果和具体的实践策略。工程技术中的防震设计，社会群体中的灾害文化教育，心理创伤干预对受灾人群的关注等，都表明灾害已经渗入到社会生活的方方面面。也就是说，自然灾害正在以其独特的方式形塑着人类社会的技术、经济、社会、文化结构，对人类社会和人们的认知产生着深刻的影响。因此，灾害为人类行为的研究提供了一个在更为常规和稳定的条件下无法实现的优势，即重要的社会过程被压缩成为一个很短的时期，通常的私人行为进入公共凝视，社会过程以及社会的和个人的特征之间的联系越发可见，灾害研究者有机会就人类本质和社会互动的基本过程进行研究和概括。[②]

以具体灾害为例，2008 年汶川地震发生后，新闻机构第一时间予以关注，从播发第一条地震消息开始，便持续跟踪报道。国家领导人也在第一时间赶赴现场，指挥抗震救灾。随着伤亡数字不断更新，紧急救援工作逐步展开，同时也引起了国内、国际社会的高度关注。志愿者、社会组织、国际媒体等纷纷加入震后救灾队伍。震后不到一个月，中国政府便出

---

① 周大鸣、夏少琼：《国外灾难研究百年：十大转变》，《西南民族大学学报》（人文社会科学版）2012 年第 4 期。

② Charles E. Fritz, "Disaster", in Robert K. Merton and Robert A. Nisbet, eds., *Contemporary Social Problems: An Introduction to the Sociology of Deviant Behavior and Social Disorganization*, New York and Burlingame: Harcourt, Brace & World, Inc., 1961, pp. 654 - 655.

台了《汶川地震灾后恢复重建条例》，灾后恢复重建工作亦随之展开。时至今日，距汶川地震发生已近六载，震灾印象也已逐渐从公众视野中淡出，当地人的生活也步入正轨。那么，作为整体的社会是如何形成某种特定的应灾方式的？灾害发生、灾害救援、灾后重建与发展，这些看似顺理成章的社会行动背后暗含着什么样的逻辑？正是这些问题指引着本文的思考。在今天看来，一方面，需要理解灾害是什么、灾害损失、应灾策略、重建方案等事实；另一方面，更需要关注的是，灾害对于人类社会所具有的意味，似乎并非天然存在的，相反，社会的灾害观念、应灾方式在某种程度上都表现为一种社会建构，并时刻处于动态的社会建构过程之中。

基于这样的考虑，笔者再次审视具体的章村居住空间变化与农房重建问题，发现居住空间同样处于社会建构过程之中，尤其在巨大自然灾害的背景之下。要理解这一过程就必然需要将章村个案与潜在的社会逻辑结合起来。因此，笔者以章村震后农房重建过程为例，借助实地经验调查和文本分析试图说明如下问题：

第一，灾后重建是如何在宏观（国家）与微观（社区）两个层面被社会地宣称的；

第二，灾害情境下的居住空间是如何被社会地建构的；

第三，章村居住空间生产可能具有的引申含义。

第二节　研究田野

章村位于四川省西南部，村庄整体地形平坦，走势呈北高南低。全村面积约2200亩，耕地面积1920亩，其中水田1885亩，旱田35亩，人均耕地面积为1.35亩，每户一分四厘的自留地。有养殖水面约3亩。基础设施方面，村内主要道路已经硬化，但从村庄通往公路的道路尚未硬化，村内社道均未硬化；灾前通电和通电话覆盖率已经达到100%；村内现有一个卫生室，两名卫生员，还有一个成立于2002年的老年人活动中心。震前该村共有7个村民小组，农户537户，总人口1422人，其中劳动力960人，非劳动力462人。从年龄分布来看，60岁以上的人口约占村庄总人口的18.6%，老龄化趋势明显。

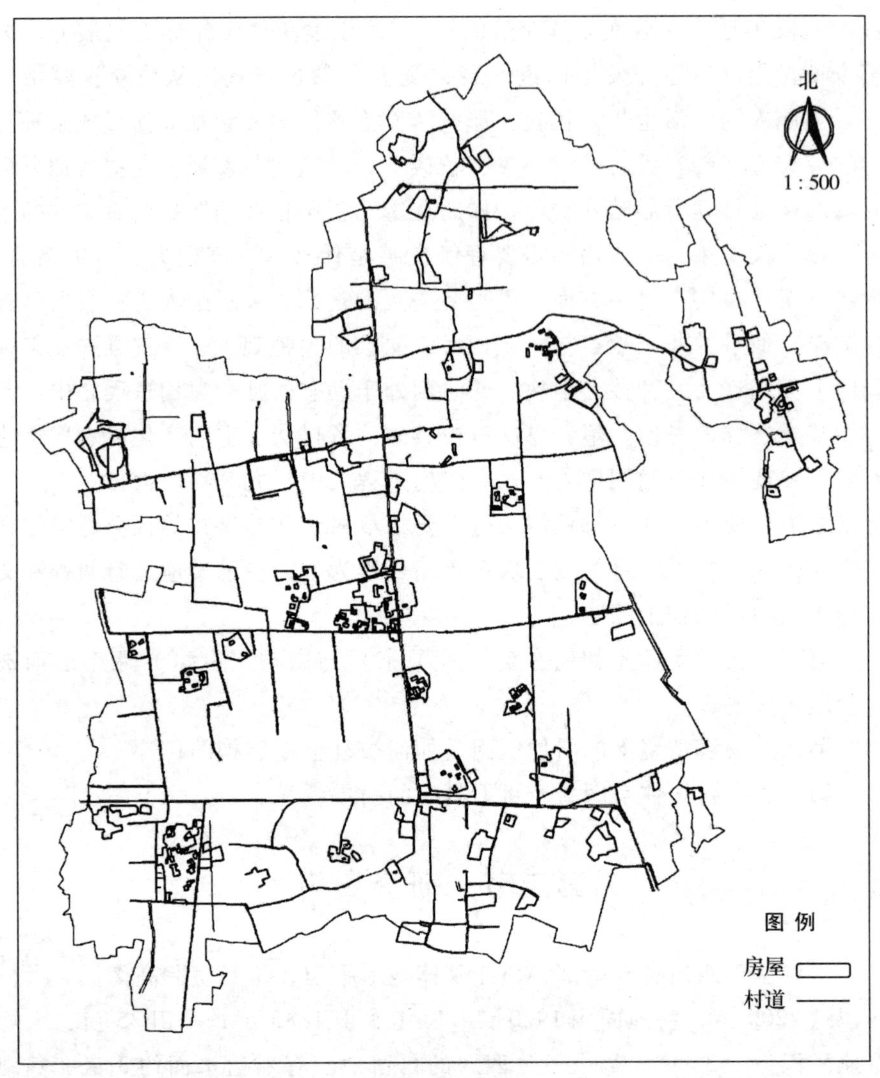

图 1－1　章村震前地形及民居分布

资料来源：根据 Z 基金会的章村测绘图调整而成。

从收入渠道来看，章村村民的收入主要来源于外出打工和传统种植业、养殖业。务工形式主要是在附近的企业打工或就近从事建筑业，外出务工人员达四五百人，绝大多数在该村所在市范围内，仅五六十人在外省打工。村里农副产品主要有水稻、玉米、小麦、大麦、油菜、红苕、土豆、叶菸、肉牛、生猪、小家禽等。部分农户将自家地租给某公司种植经济作物银柳，合计面积230余亩。其中水稻、小麦、油菜的平均产量分别为每亩800～1000斤、600～700斤、400斤；养殖业以养猪、养鸭为主，2007年养猪出栏2000余头，养鸭出栏10万余只。2007年全村农户人均纯收入为4000元左右，其中种植业占收入30%，养殖业和外出务工收入占70%。

第三节　研究内容

基于本文的研究问题，进一步明确了本文的研究内容。

一　章村农房重建的宏观背景与微观背景

宏观背景。即在“5·12”汶川大地震背景下，社会如何框构灾害，灾害如何被有效地纳入社会应对体系，从而使灾后恢复与重建成为有效的问题宣称。

微观背景。包括章村的受灾情况和震后短期响应形式；外部援建机构（如Z基金会等）的介入方式，社区层面恢复与重建议程（尤其是农房重建作为首要议程）的设定等。

基于宏观背景和微观背景两个方面的介绍，说明在灾害背景下，国家层面和社区层面如何框构灾害、实现有效问题宣称，从而为进一步讨论章村农房重建问题提供宏观—微观两个维度的前提。

二　章村农房重建即居住空间的建构过程

农房重建部分包括如下内容：①章村农房重建方案的确立，即基金会如何在事实上作为章村重建的首要协调机构和平台，综合利用信息宣传、借用外部专家资源，以及应用参与式社区工作方法形成统规统建的农房重建规划。②章村农房重建进度的控制方式，包括基金会、地方政府、村组干部以及村民如何共同通过重建过程中的互动，对重建进度进行控制。③重建过程中产生的矛盾的弥合，包括在农房重建过程中，各种参与主体之间形成了何种矛盾与冲突，基金会和村干部如何通过公共活动的举办缓和紧张情绪。④章村农房重建的另类空间安排形式，包括全现浇房屋、全木结构房屋、统规单包房屋、对新居进行个性化空间设置的形式，以及基金会和村干部在农房重建期间对待这些另类空间安排农户的方式。⑤房屋重建的后果，包括重建后的空间格局、空间格局的变迁，以及遭遇暴雨事件所彰显的房屋重建问题。

通过农房重建过程的详细描述，说明居住空间是如何在各参与主体的互动过程中最终得以以现在的形式落实下来的。这成为本文进一步提升分析的基本社会事实。

三 章村农房重建的内在逻辑分析

章村的农房重建格局即最终的空间现实是基于何种逻辑形塑而成的。包括章村农房重建是由谁进行的重建、为了何种目标的重建、依从何种逻辑的重建。进一步，哪些话语形式的存在在章村农房重建中发挥了作用，不同主体是如何应用这些具体的话语形式并形成特定的居住空间格局的。

此部分内容为分析性讨论，通过农房重建的具体过程，分析居住空间生产的内在逻辑，讨论话语与权力的相互建构性。

第四节 研究方法

2008 年汶川地震发生后，四川章村一位村民对笔者说，“如果不是有地震，也不会把你震到我们村，你也不会认识我们。”确实如此，尽管人们都不喜欢灾害，不喜欢地震，笔者却是真切地因为这次地震与章村产生了千丝万缕的联系，并具体地关注灾害议题，以此为起点开展博士论文研究。

本研究为实地研究，根据 2009 年 1 月 9 日—2 月 2 日、2009 年 2 月 27 日—3 月 23 日、2010 年 8 月 18 日—9 月 12 日、2012 年 7 月 17 日—8 月 5 日的四次田野调查所收集的资料进行分析。笔者以参与章村生计规划项目的名义进入田野。2009 年初震区地震活动情况已基本稳定，灾区也早已进入灾后恢复重建阶段。尽管当时的主要任务是参与生计发展项目，但那时章村正在开展的是灾后农房重建，生计项目尚处于筹备阶段，预计在农房重建完成、农户迁入新居后开始实施。因此，在田野调查中，笔者实际上在做的就是尽可能记录所有事情。

但记录“一切”信息令笔者十分困扰。笔者想起初入田野的满眼困惑，眼见着这里每时每刻随处发生很多事情，那都是可能对研究灾后重建来说十分重要的事件，却苦恼于分身乏术，现身彼处，便要付出缺席此处的代价。后来，当逐渐明晰关注议题，又暗自庆幸其实自己并没有落下重建进程中的关键事项。下面这段话，使笔者确信关键性事实比事无巨细收集所有信息更为重要：

我们决不可能“有足够的学问”：社会和历史数据我们是整理不过来的。浓厚的理论意识使我们能够决定什么是关键性事实，什么是理解特定社会运作的主要东西和次要东西。我们选择我们的数据，观察它们是肯定还是否定我们的理论预感，推敲后者，收集更多的数据，这样不断地在理论与资料之间循环往复，直至我们就这一社会此时此地如何“运作”确立似乎言之成理的说明。①

就此而言，对笔者来说的关键性事实就是章村震后的农房重建过程及其他与恢复重建相关的信息。具体来说，主要通过如下几种方法开展资料的收集工作。

一　参与观察

笔者的身份。很明显，笔者是一名来自大学的学生，与老师一同到章村参与生计规划项目。村干部、基金会和笔者后来所居住的农户都很清楚笔者在上学，来村里做论文。但当在村里四处闲逛的时候，笔者去和村民“搭讪”时也会被问到身份的问题，这时就不大好解释了。笔者没有对村民提做论文的事情，因为当时觉得论文不在他们的生活世界中，说也说不清楚。反而他们首先问笔者“你是基金会的噢?”“我看你整天跟基金会那娃在一块”，在部分村民眼里笔者就成了“基金会的人”。以至于有一次笔者直接被当作基金会的人被骂了一顿。当时有几家人在路边的田里“收割”麦子。彼时是3月中旬，麦子当然还没到成熟的季节。不过已经抽穗，穗长已有四五公分。他们要重建，但是不能在原地修建，所以只好占良田，他们说这样才能拿到基金会的钱。当时笔者见“热闹”必看，凑过去，他们正好抓住一个发泄怨气的机会，朝笔者发火，说“你们基金会是怎么搞的啊，有什么规定说非得占良田修房子才拿得到钱啊？你说

① ［英］迈克尔·曼：《社会权力的来源》（第1卷），刘北成、李少军译，上海人民出版社2007年版，前言第2页。

这个废地怎么办嘛？你说还耕，怎么还嘛？在原地修就不行啊，非得要占了良田才得行?!……”当时旁边有几个人劝解说，“他又不是基金会的，人家过来要的，你说话那么难听干嘛？他又不知道这个事情。”有个伯伯又对笔者说，“你别生气啊，就是吹壳子（闲聊）嘛!”这个误会倒是让笔者发觉基金会当时在村里的地位已经到了“可以被骂”的程度了。不过再后来被问起身份，笔者便解释说不是基金会的，只是跟他们住在一起，是来村里实习的。总之，由于笔者在村里“晃荡”的日子长了，基本上认识的就知道笔者了，不认识的也当笔者无害了。

观察什么。观察关于基金会援建的一切事情。①办公室。笔者在村里与基金会工作人员同住一间板房，因此作息时间和行动轨迹基本和他们重叠；而基本上他们所现身的地方，就是有什么情况要处理的地方。所住板房的外间是基金会办公室，也被当作村委办公室使用，人来人往都能看到。基金会举行工作讨论会或者村组干部开会、基金会日常办公、有村民来询问事宜或反映问题，都会在这间办公室进行，笔者自然不会缺场。②房子。房屋重建是整个重建工作的最首要、主要的任务。因此，笔者特别注意观察各个生产队的房屋建造过程，开工情况、建造进展、所遇问题等都成为笔者的关注点。几户未按照统规统建方式重建的农户，从始至终都是笔者关注的重点。③节庆活动。其中有一年春节笔者在章村度过，于是有幸观察到临近新年媒体记者来村里采风的情况，同时也体会到四川村庄春节的风俗习惯。第二次进村恰逢三八妇女节，章村举办盛大的拔河比赛。这些较为大型的活动提供了一个观察整个村落各种群体活动的机会。④参观到访。由于基金会援建章村，有很多机构到村了解基金会工作情况，借鉴经验，或者推介外来经验。这在一定程度上更使笔者确信基金会在实质上成为章村重建的主要协调者。各级领导到村，包括基金会领导与地方政府领导到村也被予以特别关注。⑤其他所有笔者能够看到的、体会到的村中发生的事情，如外地施工队运建材的重车被拒绝通过村路上的小桥等，尽管很多信息未在文中体现。

“被别人牵着鼻子走。”[①] 在田野调查阶段，笔者最欣喜听到的消息就

---

① 中国农业大学人文与发展学院梁永佳老师于2014年11月25日所进行的“博士生田野工作与经验研究”讲座中提到，人类学的田野工作就是要到处跑。怎么跑？就是“被别人牵着鼻子走”。笔者回忆当时的实地经历时，发现当时的自己也是如此按照“被别人牵着鼻子走”这一方式进行的。

是哪个地方有什么活动在进行。笔者听说二队请了人在手工挖井，便跑去跟踪进展。听说四队建房的墙好像出了问题，有好多人在讨论，就赶紧跑过去看。听说哪个队碰到了什么矛盾，也马上跑过去看。过春节村民要登高[①]，去外镇赶梨花会，笔者便也跟着一起去。后来笔者住在一户村民家里，他们春节走亲戚吃饭喝酒，笔者便也跟着乘货三轮去“蹭吃蹭喝”。基金会组织各种外出参观，笔者也通常是参加人员之一。总之，哪里有活动，哪里有事件发生，笔者就基本会出现在那里。

每日“巡视”。田野工作也有无事可干的时候。这时候笔者便带上相机和小本子到村里各个生产队挨个“巡视”。一方面，如果碰到人就聊几句；一方面，看看各处进展，有什么“新闻”发生。有一段时间笔者甚至连续跟踪二队挖井的进展，以及基金会办公室附近建房的每日进度，并拍照做记录。实际上照片虽然未在文中体现，但是提供了直观的“后台”资料，有助于补充各种细节信息。

观察记录。所有参与观察的结果均以文字的形式记录，并养成了每日记录的习惯。即便没有太特别事情发生的一天，笔者也会把头脑中的困惑记录下来。这些第一手的资料成为支撑本研究的核心资料。

二　关键人物访谈

访谈对象的选择。随着在章村逐渐熟识，笔者的访谈对象从最初接触的基金会工作人员、村组干部、社区精英逐渐扩展开来。①基金会工作人员对基金会援建章村的确立、基本工作方法、工作理念、具体工作开展形式、工作预期与困难、村庄发展规划等方面了解全面，并且各种机构进入章村往往通过基金会这一平台，因此与基金会人员一起“工作”，使笔者能够对这些基本信息了解得比较全面，对基金会开展的工作比较熟悉。②村主任。章村村主任对章村整体情况十分清楚，对基金会开展的工作、村民的想法和需求、当地政府的要求等内容十分熟悉，并对章村震后行动有较为系统的信息。③村书记和文书。村书记和文书在相对具体的方面提供了很多信息。④邹文。邹文是村中一位长者，经历丰富，笔者经常与他愉快地交谈，包括章村历史，对基金会工作开展情况的个人看法，对灾害与发展的看法等。⑤其他几位比较特别的村民，他们是建全现浇房的高强、

---

① 当地人提示笔者不能说爬山，因为爬是四脚动物的动作，人应该叫登高。

建木结构房的李牧、欲建木结构房未成的崔刚、统规单包的郭嘉、偶遇的洗衣农妇龚霞、主体墙被砌歪的王杉、笔者所住的农户及几户邻居、妇女主任和各队队长、本地施工队老板等。

关键信息人访谈。对于以上提及的村组干部、基金会工作人员和几位未按照统一方式重建的建房农户，作为关键信息人进行持续的跟踪访谈。基本上四次到章村，每次的必备环节就是去拜见这些朋友，询问村中新的进展。

三　二手资料收集

机构简报、调研报告等构成了丰富的二手资料。基金会与笔者分享了丰富的成文资料，包括《章村灾后重建资源与需求报告》《章村灾后可持续生计重建调研数据》《章村生计规划报告》《章村扶贫手册》《Z 基金会章村灾后重建整体规划方案》《章村灾后经济发展方案》等。这些资料是笔者能够系统了解基金会章村震后重建行动的话语文本。

除此以外，笔者还从农户那里收集到了当时发放给农户的《灾后农房重建及维修加固政策宣传单》《章村灾后重建信息宣讲材料（基金会）》《章村群众安全过冬事项须知》等纸质文档，并拍照留用。这些二手资料使笔者能够了解到相对权威和准确的相关政策安排，从而能够与从访谈和观察中所了解到的信息进行印证。

第五节　研究创新与不足

本研究的创新主要有三点。①社会建构主义研究视角的选取。灾害研究领域已有颇多成果，针对汶川地震的研究也十分丰富。这些研究多以客观存在的、外在的灾害为前提，以及将灾后恢复重建作为不证自明的前提。本文则选取建构主义的视角关注灾害，将灾害现实以及灾后重建现实视作话语性实在，而非外在的、独立的、客观的事实，以此探讨社会现实的话语建构性。②空间生产作为研究对象的确立。空间往往被认为是单纯的物质性存在，灾后农房重建也往往集中关注资金如何获取、组织如何实现、技术标准如何确立等看似十分确凿、无须质疑的问题。本文则在灾害情境下，在空间的物质形态之外关注空间生产的社会动力和社会过程，从而探讨空间建构过程的复杂性。③作为灾害研究领域微观层面的补充。对于何为灾后重建并无定论，灾后重建也往往从表面上被认为是恢复或重建了被破坏的村庄而已，对于灾后重建究竟发生了什么，以及如何发生，则有待深入探究。因此，本文以章村震后居住空间生产为例，进行长时段的参与观察，提供了一个微观侧面——在社区微观层面，灾害如何被理解，以及重建如何被定义、如何被建构。

本研究可能存在的不足主要表现在本文是单一案例研究，针对基金会援建的章村讨论居住空间的生产，具有一定的特殊性。因此，本文作为基于单个案的深度描述和阐释，相对而言可能缺少双案例或多案例研究的对比性。同时，空间议题的复杂性，以及理论积淀的有限性使得对本文个案更深入地探讨和挖掘可能存在一定局限，尚需在以后的研究工作中不断提升。

第二章

研究综述

第一节　灾害概念辨析

在灾害研究领域，究竟如何界定灾害一直是学术界争论不休的一个问题，到目前仍未有共识性的概念生成，众多国内外研究者持续进行着并贡献于这一学术论辩。概念是构造理论的基础，是对研究范围内同类现象的概括性表达，由名词、抽象定义、经验内涵三部分构成：名词是对同一类现象的概括；抽象定义界定出此类现象的范围和主要特征；经验内涵是由名词和抽象定义所指示的那部分现象，在经验层次上与名词和抽象定义相对应。[①] 相应地，灾害的定义同样分为名词层面和内涵层面。按照巴尔特对记号的表述，这一结构也许更为清晰，“记号就是由一个能指和一个所指组成的，能指面构成表达面，所指面则构成内容面”[②]，可简单将灾害这一名词表述对应于能指，将灾害的内在含义对应于所指。而对于灾害来说，这一概念的名词（能指）和内涵（所指）均处于动态的论辩之中。

一　作为名词的灾害

灾害人类学的研究中有很多与灾害相关的名词，它们在各种情境下被使用，中文语境如“灾难、天灾、人祸、危机、风险、突发事件”等，英文语境如“disaster、hazard、catastrophe、calamity、risk、mass emergency、danger”等，较为普遍使用的名词是“灾害”，英文中为“disaster”，[③] 但同

---

① 袁方、王汉生主编：《社会研究方法教程》，北京大学出版社 2006 年版，第 73—75 页。

② ［法］罗兰·巴尔特：《符号学原理》，李幼蒸译，中国人民大学出版社 2012 年版，第 26 页。

③ 李永祥：《什么是灾害？——灾害的人类学研究核心概念辨析》，《西南民族大学学报》（人文社会科学版）2011 年第 11 期。

时，其他一些相关名词同样被不同的研究者在不同的研究语境下所使用。2008年四川汶川地震后，西南民族大学就于当年8月举办题为“灾难与人类学”[①]的学术研讨会，同时在《西南民族大学学报》（人文社会科学版）开办“灾难人类学”[②]专栏，灾难一词在中文语境下的使用频率的增高（尤其是替代灾害来使用）是近期表现出来的一个现象。

从已发表的学术成果来看，亦存在灾害与灾难同时使用的情形。如张原、汤芸的《面向生活世界的灾难研究——人类学的灾难研究及其学术定位》（2011）、彭文斌翻译灾难人类学家霍夫曼（Susanna M. Hoffman）的作品《彰显的关怀：灾难与人类学领域》（2011）、周大鸣等《国外灾难研究百年：十大转变》（2012）等文使用灾难一词；而李永祥《中国灾害人类学研究述评》（2013）、陶鹏等《灾害社会科学：基于脆弱性视角的整合范式》（2011）等文则使用灾害这一表述。国外研究者如罗德里格斯（Rodríguez）等人在其作品《灾害研究手册》（*Handbooks of Disaster Research*）（2007）中使用disaster一词，索罗金（Pitirim Sorokin）在其作品《灾难中的人与社会》（*Man and Society in Calamity*）（1943）中使用了calamity，霍夫曼在其与安东尼·奥利弗－斯密斯（Anthony Oliver-Smith）合作的著作《灾难与文化：灾害的人类学》（*Catastrophe and Culture: The Anthropology of Disaster*）（2002）中使用catastrophe。中英文文献中有关灾害的不同术语的使用，足见概念本身的多样性与共识的缺乏。

中英名词的转译也表现出了一定程度的复杂性。坎农（Cannon）在其研究中指出，灾害（hazards）是自然的，但是通常而言灾难（disasters）却并不是自然的，不应该将灾难视作某个灾害影响下不可避免的后果；重点是人们的状况即人的脆弱性类型和程度使得灾害变成灾难成为可能。[③]在坎农看来，hazard指称的是作为自然现象的灾异情景，是作为客体的自然，对人类而言是一种风险性的存在；而disaster则指称自然变异作用于人类社会，并造成了实际的损伤，是由人类社会所反映出的灾害结

① 张原、汤芸：《“灾难与人类学”学术研讨会纪要》，《西南民族大学学报》（人文社科版）2008年第9期。

② ［美］安东尼·奥立佛－斯密斯：《风暴中的声音：救灾与重建中的社会关系》，彭文斌译，《西南民族大学学报》（人文社科版）2011年第7期。

③ Terry Cannon, Vulnerability Analysis and the Explanation of “Natural” Disasters, in Ann Varley ed., *Disasters, Development and the Environment*, Chichester: John Wiley & Sons Ltd, 1994, p. 13.

果，对人类而言已经成为一种已然发生的实在的危害。在坎农的表述中，从英文语境来看不难理解，但中文语境下的转译则表现出了复杂性，用语的转译和区分也是学界持续讨论的一个问题。名词的使用差异实际上表明不同概念所强调的内涵的差异，或强调归因，或强调后果，或强调应对，等等。不同名词的选用，意味着其内涵的差别。

对于统一概念的必要性与紧迫性，特拉华州立大学灾害研究中心的夸兰泰利（Enrico L. Quarantelli）指出，“除非能够更好地澄清核心概念并更具共识，否则灾害（disaster）领域就不可能很好地发展成一项研究事业”[①]，因此，他就如何概念化灾害进行了论述，并专门编辑了两本书来讨论这个问题：《灾害是什么？关于该问题的诸观点》（*What is a Disaster? Perspectives On the Question*）（1998）以及《灾害是什么？老问题新答案》（*What is a Disaster? New Answers to Old Questions*）（2005），一方面，足见他对如何界定灾害的重视；另一方面，这一概念缺少共识的程度也可见一斑。

但同时又有学者认为，某一领域的知识生命力不一定要建立在某一概念或定义的共识之上，灾难定义的不确定性也不妨碍学术研究，这种关于基本观念的持续对话不仅对学科领域的整体性毫发无损，也没有削弱学科的研究事业，反而是定义上的争辩可以澄清关键性问题、形成新观点与问题领域、探索新的实践潜能。[②] 灾害定义不一致的原因是多种多样的，如民间话语和学术概念的不同、各国语言文化背景的不同、学科背景不同、个人研究取向不同、定义范式不同、灾害内涵和外延的扩大等，都造成了人们对灾害的不同理解和解释。[③] 对于不同的定义而言，其所体现的是关注面的不同。

李永祥在对比灾害和灾难的学术意义和使用状况后，认为灾害更适合汉语的实际情况。从词义上，灾害更多与自然灾害有关，灾难更多与人为和技术灾害有关；从学科上，使用灾害表述便于遵循已有的学科成果，如灾害社会学、灾害管理学、灾害历史学等。[④]

---

① E. L. Quarantelli, “What is a Disaster?”, *International Journal of Mass Emergencies and Disasters*, Vol 13, No. 3, 1995, p. 221.

② ［美］安东尼·奥利弗－斯密斯：《“何为灾难？”：人类学对一个持久问题的观点》，彭文斌、黄春、文军译，《西南民族大学学报》（人文社会科学版）2013 年第 12 期。

③ 李永祥：《什么是灾害？——灾害的人类学研究核心概念辨析》，《西南民族大学学报》（人文社会科学版）2011 年第 11 期。

④ 同上。

夸兰泰利的论述则更为详尽。他认为：

> 灾害（disaster）一词应该处于中心位置，若用致灾因子[①]（hazard）一词替代 disaster，将是一个退步，并且将我们带离危机时期行为（activities）的重要性，仅将它们视作副现象，而不是从根本上必须予以解释的行为。……从术语（terms）的历史连续性上来说，我们倾向于使用 disaster，但是，更为基础的是，标签所指涉的内容更为关键，而不是象征性的术语本身。
>
> 对灾害的定义应该排他性地使用社会术语。不应指涉物理现象，并且对空间和时间的指涉应该是社会时间和社会空间。
>
> 将灾害特征化的时候，应该将其作为社会变迁的一部分，而不是社会问题。……社会变迁的情境不仅考虑到了灾害的正面效应，更为重要的是将灾害置于社会生活的动态之中，将灾害视作通常在社会结构中发生的、不可分割的一部分，而非来自外部的侵扰。
>
> 最好将灾害视作（社会危机）情境（occasion），而非事件。社会情境的说法源自戈夫曼，该概念强调使某些事情发生的机会，而事件一词则倾向于暗示一个后果。换言之，灾害应该被认为为发展提供了多种可能性，而不是导向一个最终结果的线性路径；对情境而非事件的强调，不仅是语义上的变化，而是其指涉物是不同的。
>
> 类型学的划分以及就类型进行对比的维度都是存在缺陷的，它们通常并不是从一个清晰的灾害概念出发的，或者混淆了各自处于不同层面的维度。[②]

夸兰泰利倾向于选用 disaster，并重视其内容面。同时，将灾害置于社会背景下讨论，将其视作社会情境，并明确区分相关概念的维度和层

---

① 在陶鹏、童星的“灾害概念的再认识——兼论灾害社会科学研究流派及整合趋势”（浙江大学学报·人文社会科学版，2012）一文中，hazard 被转译为危险源，这实际上是说得通的。史培军等人则使用“致灾因子”的转译形式，也是可以理解的。他们均强调 hazard（s）的作为灾害动因之一的属性。因此，本文在引用国内学者的转译时，均以其原文为准，并注明英文原词；另外，本文在使用相关外文转译概念时，均注明原文所用词汇，以备读者查验和指正。

② E. L. Quarantelli, “What Should We Study? Questions and Suggestions for Researchers about the Concept of Disaster”, *International Journal of Mass Emergencies and Disasters*, Vol. 5, No. 1, 1987, pp. 21 –27.

级，也即从社会危机情境的角度进行分类对比，如一次爆炸和一次地震尽管动因不同，但它们都没有预警的时间。同样，在国内的研究中，对灾害的定义同样存在此类问题，对于原因、机制、后果等区分不清，也就导致名词的选用大相径庭。

为使本文的讨论简便和一致，本文采用“灾害”这一名词，对应英文中的“disaster”一词。在征引相关文献时，若出现术语差异，采取尊重原文表述但予以注明的方式来使用。此外，对于名词的选择和如何定义来说，最重要的不是名词本身为何，而是名词所指涉的内涵，及其所导向的研究内容、关注议题等。但同样地，学界对于如何定义灾害即灾害的内涵方面亦是纷繁复杂。

二 作为定义的灾害

彭兆荣将灾难分为天灾和人祸：天灾指自然灾害，是由自然的原因所引起、所产生、所导致的灾害，包括地震、火山、海啸、台风；人祸是由人类的行为、人类的观念，人类相互之间的仇视等所引发、所导致、所产生的灾难。[①] 这一相对概括的分类，实际上表明各种分类体系中所使用的灾害内涵的差异性。

1. 经典灾害定义

灾害一词的内涵是处于变迁之中的，可以回溯至词源学上的演变历程。诚如夸兰泰利所指出的：

> 英语中所使用的“disaster”一词其含义一直在变化，至少人们对它的归因在不同历史时期是不同的，就此而言也表明想要得到一个终极的能够一直使用的概念实为空想。从词源学角度来看，英语中的disaster来自法语中的desastre，法语中的desastre又来自拉丁语的dis和astro两个部分，合起来意为“在星星上形成的”。因此早期的灾害（disaster）常指的是源自星星或星球的不受欢迎的或负面的结果，往往是针对个人的。经过一段时间后，disaster一词更多被用于大的物质扰动如地震和洪水，随着世俗观念和非宗教意识形态的传播，自然

① 彭兆荣：《“5·12”汶川：灾难中的人文关怀——灾难与人类》，《广西民族大学学报》（哲学社会科学版）2008年第4期。

> 逐渐取代超自然体，自然灾害（natural disaster）成为核心词汇。最近的几十年，由于无法将所有责任都归于上帝或自然，因此“人（专指男性）的行为”之观念与上帝的行为或自然灾害观念并行。随后由于妇女地位的变化，又认为灾害是男人和女人的行为。在学术界越来越被认可的概念是，灾害被认为是社会系统脆弱性的呈现。这样，灾害作为一种不受欢迎的事物是从一开始就存在的，对其归因包括了从星星到上帝，到自然，到男人和女人，到现在的社会。①

从英语语境中 disaster 的词源演变来看，灾害定义方式的不同主要源于归因方式的差异，灾害原因逐渐从超自然力量到归结为自然力量，直到归结为社会本身的脆弱性。这是将灾害原因逐渐内化到社会本身，从不可控因素转向可控因素的过程。从具体的灾害定义来看，主要关注的是如何对灾害进行归因以及如何表现灾害与人类社会的关系。

关于灾害的经典定义来自弗里茨（Fritz）。他在研究中援引恩德尔曼（Robert Endleman）对灾害的定义，认为“灾害是一个具有时间—空间集聚特征的事件，在这个时空中社会或相对自给自足的社会分支遭受极度危险，并造成社会成员和物质附属物（social appurtenances）的损失，以至于社会结构被打乱，社会的全部或部分基本功能的实现受阻”②。该定义将灾害视作事件，关注社会系统的结构破坏与功能紊乱，反映出“结构—功能”的分析传统。灾害被视作外在于社会的客观存在。正如蒂尔尼（Tierney）所言，对于极端事件的经典研究受到实在论（realist）假设的指引，一方面，灾害被认为是自然力量（物理因素如地震、飓风、龙卷风、工业事故等）和脆弱地方、脆弱人口的共同产物；另一方面，灾害又是外在的独立事件，实在论和事件导向（event-based）主导着该领域的研究。③

---

① E. L. Quarantelli, “What Should We Study? Questions and Suggestions for Researchers About the Concept of Disaster”, *International Journal of Mass Emergencies and Disasters*, Vol. 5, No. 1, 1987, pp. 8 – 9.

② Charles E. Fritz, “Disaster”, in Robert K. Merton and Robert A. Nisbet, eds., *Contemporary Social Problems: An Introduction to the Sociology of Deviant Behavior and Social Disorganization*, New York and Burlingame: Harcourt, Brace & World, Inc., 1961, p. 655.

③ Kathleen J. Tierney, “From the Margins to the Mainstream? Disaster Research at the Crossroads”, *Annual Review of Sociology*, Vol. 33, 2007, p. 506.

克雷普（Gary Kreps）将弗里茨的定义进行了轻微的调整："灾害是社会或较大的社会分支（如地区、社区）中的'非常规事件'（nonroutine events），并造成了社会混乱和物质损失"，此类事件的主要定义属性是预警的时长、影响的程度、范围和持续时间。[①]

斯托林斯（Stallings）用常规（routine）、例外（exception）与例外程式（exception routine）来表述灾害与社会秩序的关系，即灾害是使常规崩溃、被打断、扰乱的众多例外事件之一，应对例外事件的机制本身则是常规的，被称作"例外程式"。[②] 灾害显然不但是事件，而且是作为例外程式的特定对象存在。斯托林斯更为关注的是那些由国家所控制的例外程式，他聚焦于国家—社会关系来阐述社会秩序的理论；同时，他所提出的几个问题也有助于进一步思考，"例外程式告诉了我们有关常规的哪些东西?""为什么某些例外程式高度中央集权，而另外一些则是分权的（如归管于国家或地方政府)?""哪些例外程式主要用于预防，哪些主要用于例外事件发生后?"[③] 这一观点有助于厘清针对某一特定灾害的例外程式在"国家—社会"关系中所处的位置，也即例外程式本身如何界定例外事件，界定标准是什么，由此导致什么样的"未预期后果"等。这实际上就为社会建构预留了空间。虽然灾害仍被视作事件，但已经开始含蓄地转向对社会的关注了。

巴克尔（Buckle）认为，从常识的角度来讲，灾害的含义典型地包含着损害、损失、重要性、不可反转性，或者至少包含长期恢复的需要。[④] 斯密斯（Denis Smith）认为，从最简单的形式来看，灾害可被视作"灾难性的事件，将在特定的社区情境下导致人员伤亡和相当程度的社会、政治、经济中断（disruption）"[⑤]。

---

① Gary A. Kreps, "Disaster as Systematic Event and Social Catalyst: A Clarification of Subject Matter", *International Journal of Mass Emergencies and Disasters*, Vol. 13, No. 3, 1995, p. 258.

② Robert A. Stallings, "Disaster and the Theory of Social Order", in E. L. Quarantelli ed., *What is a Disaster? Pespectives on the Question*, London and New York: Routledge, 1998, pp. 136 - 138.

③ Robert A. Stallings, "Disaster and the Theory of Social Order", in E. L. Quarantelli ed., *What is a Disaster? Pespectives on the Question*, London and New York: Routledge, 1998, p. 138.

④ Philip Buckle, "Disaster: Mandated Definitions, Local Knowledge and Complexity", in Ronald W. Perry and E. L. Quarantelli, eds., *What is a Disaster? New Answers to Old Questions*, Philadelphia: Xlibris Corporation, 2005, p. 179.

⑤ Denis Smith, "Through a Glass Darkly: A Response to Stallings", in Ronald W. Perry and E. L. Quarantelli, eds., *What is a Disaster? New Answers to Old Questions*, Philadelphia: Xlibris Corporation, 2005, pp. 301 - 302.

费希尔（Henry Fischer）认为可以简单把灾害理解为由突发事件（precipitous event）导致的混乱（mess），突发事件本身就是灾害的原因或混乱的诱因，灾害社会学家要研究的就是这种特定情境下的社会结构和社会变迁。弗里茨的灾害定义实际上是两部分的组合：灾害、突发事件导致的广泛的破坏与痛苦；以及灾害的社会学，聚焦于从常规日常生活到短暂危机情况的变迁。① 费希尔实际上是就灾害的社会学研究所关注的研究内容进行了明确，而对灾害的定义则相对简化。

经典灾害定义主要是事件导向和功能导向的，灾害与社会是二分的，灾害具有其自身的生命周期。但“事件—功能主义”的定义和研究范式正在遭受质疑，如传统灾害的“时间—空间”定义中，时间突发性和空间限定性受到挑战，如缓慢发生的、无特定范围的灾害；对社会破坏性的要求过于苛刻（如灾害必须对社会整体价值和秩序造成影响和威胁）；传统定义局限于科技与自然层面，面对恐怖主义事件则定义失效；传统定义强调灾害发生的自然作用过程，关注灾害结果以及个人、群体或组织的反应，忽视致灾社会因素的分析。② 包括弗里茨、费希尔、特纳（Barry Turner）、斯托林斯等在内的研究者，使经典灾害定义的生命力延续至20世纪80年代，这些定义基本都是由弗里茨的初始定义含蓄地演化而来，它们都识别出并强调灾害的“稳定—中断—调整”周期。③

2. 替代定义A：“危险源—灾害”

经典灾害定义所面临的问题，如无法解释新现象，或者原先的理解表现出了局限性，实际上是需要使灾害定义的包容性进一步拓宽以解释新现象，同时随着人们对灾害事件理解的深入提供更具阐释力的灾害定义。在这种情况，也就亟待新的定义范式的出现。

实际上，“危险源—灾害”（hazard-disaster）作为另一种看待灾害和定义灾害的传统，主要源自地理学家和地理物理科学家中常用的危险源视角（hazards perspective），尽管也关注社会问题及其他问题，但真正关注的是危

① Henry W. Fischer, “The Sociology of Disaster: Definitions, Research Questions & Measurements, Continuation of the Discussion in a Post-September 11 Environment”, *International Journal of Mass Emergencies and Disasters*, Vol. 21, No. 1, 2003, pp. 94 – 96.

② 陶鹏、童星：《灾害概念的再认识——兼论灾害社会科学研究流派及整合趋势》，《浙江大学学报》（人文社会科学版）2012年第2期。

③ Ronald W. Perry, “What is a Disaster?”, in Havidán Rodríguez, E. L. Quarantelli and Russell R. Dynes, eds., *Handbooks of Disaster Research*, New York: Springer, 2007, p. 8.

险（如地震、龙卷风、洪水等）与社会发生联系的过程，基于此，灾害被定义为作为正常的环境过程的一部分的事件。[①] 萨斯曼（Susman）、奥基夫（Okeefe）和威斯纳（Wisner）在文章中将灾害定义为“极端自然事件与脆弱人群之间的界面”，接近传统地理学家的观点。[②] 这实际上已经在开始为人为灾害观进行铺垫了。自然的力量触发了灾害事件，但自然力量已经不能被看作是灾害的主要原因了，而是人为因素，如由于贫困和不平等导致的人类脆弱性、土地使用不善导致的环境退化、穷人的人口快速增长等。[③]

经典定义都关注的是危险动因的周期性，随后研究者开始从“动因中心”转向更多关注脆弱性，灾害不再仅仅是事件，而且是事件的社会结果。[④] 卡特（Susan Cutter）认为，在脆弱性背景下的问题不是灾害被看作事件，而是人类对环境威胁和极端事件的脆弱性以及恢复力。[⑤] 危险源—灾害传统下的研究者，既保留着灾害的危险来源，同时又以社会术语尤其是脆弱性和恢复力来检视灾害，将人和社会关系置于灾害研究的核心位置。[⑥]

一些专家从对社会的影响的角度来试图量化地定义灾害。如 1969 年美国科罗拉多大学的自然灾害研究小组将灾害定义为：“超过 100 万美元的损失，或超过 100 人死亡，或超过 100 人受伤。”[⑦] 该定义显然将定义的重点放在灾害后果上，并且这种量化的标准显然并没有严格的依据，但仍可理解为一个互动论式的界定。

3. 替代定义 B：社会现象与生活世界

随后一些研究者在定义灾害的时候强调社会现象（Social phenomenon），将脆弱性视为社会地建构的，关注社会变迁，几乎排除了物理动因（physi-

---

① Ronald W. Perry, “What is a Disaster?”, in Havidán Rodríguez, E. L. Quarantelli and Russell R. Dynes, eds., *Handbooks of Disaster Research*, New York: Springer, 2007, pp. 8－9.

② Ibid., p. 9.

③ Lloyd Timberlake and Anders Wijkman, *Natural Disasters: Acts of God or Acts of Man*, London: International Institute for Environment and Development, 1986, p. 27.

④ Ronald W. Perry, “What is a Disaster?”, in Havidán Rodríguez, E. L. Quarantelli and Russell R. Dynes, eds., *Handbooks of Disaster Research*, New York: Springer, 2007, p. 9.

⑤ Susan L. Cutter, “Are We Asking the Right Question?”, in Ronald W. Perry and E. L. Quarantelli, eds., *What is a Disaster? New Answers to Old Questions*, Philadelphia: Xlibris Corporation, 2005, p. 39.

⑥ Ronald W. Perry, “What is a Disaster?”, in Havidán Rodríguez, E. L. Quarantelli and Russell R. Dynes, eds., *Handbooks of Disaster Research*, New York: Springer, 2007, p. 9.

⑦ Lloyd Timberlake and Anders Wijkman, *Natural Disasters: Acts of God or Acts of Man*, London: International Institute for Environment and Development, 1986, p. 19.

cal agent)，因此，这些定义既不同于灾害的经典定义，也不同于危险源—灾害视角。持此类观点的主要有巴顿（Allen Barton）、夸兰泰利、戴恩斯（Dynes）等。巴顿将灾害视作“群体压力情境”，该情境下一个社会系统的成员无法从该系统得到预期的生活条件。[①] 夸兰泰利强调灾害来源于社会系统本身的性质，灾害是社会脆弱性的显现，是社会结构或社会系统的弱点的表现，因此灾害不应被视作外部力量影响社会系统的结果，而是根植于社会自身的弱点，灾害源自发生灾害的社会系统本身。[②] 戴恩斯将灾害定义为情境（occasion）（而非事件），事件一词暗示着一种决定论，一种预先决定的后果，而情境一词则更有效地表明某事将要发生的机会。[③] 这些人对灾害的共同理解是，将灾害现象置于社会关系之中，灾害是源自社会结构的社会中断，并且能够通过社会结构操纵而得以修复。[④]

如特威格（Twigg）所言，严格来说，没有自然灾害（natural disaster）这样的事情，而只有自然致灾因子（natural hazard），如飓风和地震。[⑤] 地震或引起洪水的降水等自然现象并不必然导致灾害，如地震发生在无人居住的西部茫茫戈壁滩，谁又能说那里发生了灾害呢？这实际上是混淆了灾害（disaster）与致灾因子（hazard）这两个不同的概念，混淆了各种危险的自然现象或社会现象本身与其所造成的后果之间的区别。[⑥] 此处所区分的仍然是致灾因子与灾害，但所强调的是灾害的构成离不开作为承灾体的人类社会，侧重点已经转向社会本身。

类似的，“面向生活世界的灾难研究”同样将对灾害的理解聚焦于人类社会。“灾害作为环境系统的一个基本元素，其所展现的风险场景实为

① Ronald W. Perry, “What is a Disaster?”, in Havidán Rodríguez, E. L. Quarantelli and Russell R. Dynes, eds., *Handbooks of Disaster Research*, New York: Springer, 2007, p. 10.

② E. L. Quarantelli, “A Social Science Research Agenda for the Disasters of the 21st Century: Theoretical, Methodological and Empirical Issues and Their Professional Implementation”, in Ronald W. Perry and E. L. Quarantelli, eds., *What is a Disaster? New Answers to Old Questions*, Philadelphia: Xlibris Corporation, 2005, p. 345.

③ Russell R. Dynes, “Coming to Terms with Community Disaster”, in E. L. Quarantelli ed., *What is a Disaster? Pespectives on the Question*, London and New York: Routledge, 1998, p. 114.

④ Ronald W. Perry, “What is a Disaster?”, in Havidán Rodríguez, E. L. Quarantelli and Russell R. Dynes, eds., *Handbooks of Disaster Research*, New York: Springer, 2007, p. 11.

⑤ John Twigg, “Corporate Social Responsibility and Disaster Reduction: A Global Overview”, http://r4d.dfid.gov.uk/Output/174613/, 2001, p. 6.

⑥ 唐彦东：《灾害经济学》，清华大学出版社 2011 年版，第 17 页。

人类社会文化体系中的一个结构性特征和重要组成部分，而灾难作为人类社会脆弱性的一种表现，则历史地与结构地深植于人类的生活世界之中。……社会科学若要得到一个更准确的灾难概念的话，应该更加强调的是社会环境而非自然环境”[①]。这样，对灾害进行定义的核心就进一步远离自然而走近社会了。

因此，从灾害的经典定义，到互动论式的“危险源—灾害”定义，到社会现象，人们对灾害的定义是将灾害从外在于社会的事件一步步拉近社会，并最终将其置于社会内部的过程。尽管如此，在不同学科那里，灾害定义仍然表现出明显的学科倾向，出现了多种定义并存的局面。

4. 差异化的学科定义

实际上，灾害的定义就如同灾害这一名词的使用一样，充满多样性，灾害的学术定义又依学科差异有所不同。经济学家认为灾害的本质问题是经济损失；社会学家认为灾害是一种社会结构和社会过程的结果；历史学家认为灾害是一部人类与灾害相抗争的历史；而人类学家则认为灾害的核心是对灾害进行文化构建。[②]

自然科学研究者将灾害定义为“在某一地区某一时间内，由地球内部演化、外部自然和人为作用所引起的，突发的或者通过积累在短时间内发生的，对人类的生命财产和生存环境构成严重威胁的，超过承灾能力的，致使当地的社会、生态和环境的全部或部分功能散失的自然—社会现象”[③]，强调地理的、物理的因素。

经济学家认为灾害问题的实质是经济问题，认为灾害是可以计量的经济损失，以国家或社会财富的损失和人员的伤亡为确认灾害的客观标志，凡是能够造成国家或者社会财富损失和人员伤亡的各种自然、社会现象，都可以称为灾害，它们是相对于人类社会而言的异常现象。[④] 经济学家将灾害直接等同于“可以计量的经济损失”。

社会学家将灾害理解为特殊的社会现象，是系统化的事件和社会催化

---

① 张原、汤芸：《面向生活世界的灾难研究——人类学的灾难研究及其学术定位》，《西南民族大学学报》（人文社会科学版）2011 年第 7 期。

② 李永祥：《什么是灾害？——灾害的人类学研究核心概念辨析》，《西南民族大学学报》（人文社会科学版）2011 年第 11 期。

③ 张丽萍、张妙仙主编：《环境灾害学》，科学出版社 2008 年版，第 1 页。

④ 郑功成：《灾害经济学》，商务印书馆 2010 年版，第 1—3 页。

剂，部分地因为灾害都是历史性地发生的（事件），并激起群体反应。[①]王子平等在《灾害社会学》一书中对灾害所做的定义是“指由自然的或社会的原因造成的妨碍人的生存和社会发展的社会性事件”，其基本属性是社会物质财富损失与人身伤亡，其发生由自然的和社会的原因所引起。[②] 马宗晋等人将灾害定义归纳为“由于自然变异、人为因素或自然变异与人为因素相结合的原因所引发的对人类生命、财产和人类生存发展环境造成破坏损失的现象或过程”[③]，该定义强调灾害的起因和后果。

人类学家则将灾害[④]（disaster）表述为“自然、变动或构建环境中有潜在破坏性的因子/力量和某一社会处于经济生产脆弱性条件下的人口相结合的过程/事件，且对个体与社会的物质生存、社会秩序、意义需要的传统、相对性满足造成了可视性的损坏”，并将致灾因子（hazard）表述为“有潜力对社会、基础设施或环境造成损害的力量、条件或技术。致灾因子可以是飓风、地震或雪崩；也可以是核设施或某一社会经济实践，如杀虫剂的使用。灾害的问题进一步牵涉了某一社会在面对环境与技术方面的危险时的认知观念及其将危险纳入风险评估的方式”[⑤]。李永祥在其研究中提出如下定义，“灾害是致灾因子在生态环境脆弱性和人类群体脆弱性相结合的条件下产生的打破社会平衡系统和文化功能，给社会带来重大人员伤亡和财产损失，并产生新的生态环境脆弱性和人类群体脆弱性的自然或社会事件”[⑥]，该定义强调脆弱性与次生灾害的产生。

通过以上回顾，可以发现尽管学者对灾害进行了不同的界定，但他们的定义基本围绕灾害属性、灾害原因、灾害后果等维度进行。这些不同的

---

① Gary A. Kreps, “Disaster As Systematic Event and Social Catalyst: A Clarification of Subject Matter”, *International Journal of Mass Emergencies and Disasters*, Vol. 13, No. 3, 1995, pp. 256 – 257.

② 王子平：《灾害社会学》，湖南人民出版社 1998 年版，第 18 页。

③ 马宗晋、高庆华、张业成、高建国：《灾害学导论》，湖南人民出版社 1998 年版，第 63 页。

④ 安东尼·奥利弗 – 史密斯和苏珊娜·M. 霍夫曼合作的 Why anthropologists should study disasters 一文中，分别使用了 disaster 和 hazard 两个英语表述；彭文斌在将该文翻译并发表于 2011 年的《民族学刊》上时，分别采用灾难（disaster）和灾害（hazard）的译法。实际上本文将有专门章节对灾害的定义及表述进行回顾和评述。在综合考虑学界表述习惯以及本文行文便利的情况下，本文在引用及表述时统一采用灾害（disaster）、危险源（hazard）的表述方式。

⑤ ［美］安东尼·奥利弗 – 史密斯、［美］苏珊娜·M. 霍夫曼：《人类学者为何要研究灾难》，彭文斌译，《民族学刊》2011 年第 4 期。

⑥ 李永祥：《什么是灾害？——灾害的人类学研究核心概念辨析》，《西南民族大学学报》（人文社会科学版）2011 年第 11 期。

定义对本文的讨论具有重要意义，但同时，对灾害的定义还与特定时期的灾害观密切相关。

第二节　灾害观的演变

地震灾害观是人们对地震灾害的基本看法，如地震是什么，是如何发生的；地震灾害与人和社会之间是一种怎样的关系；地震对人和社会能造成哪些危害；人在地震灾害面前应采取什么样的行为；人类是否能够最终战胜地震灾害等。[①] 灾害观实际上最核心的是反映人们对自然灾害生成机制及人类社会与灾害关系的解释。从历史来看，人们对自然灾害的认识经历了从“神的行为”到“自然的行为”到“人类的行为”[②] 的演替，相应地表明了人类灾害观的变化，即从超自然灾害观到自然灾害观，再到社会灾害观的演化。

一　超自然灾害观

人类在不同时期对灾害有着不同的表述。从远古到近古，人类对灾害实质的理解常带有迷信的色彩，多认为灾害是上天或神灵对人类的惩戒，灾害是超自然力作用的结果，人类则只能任其肆虐，借助宗教仪式或迷信活动缓解内心紧张并希望平安度过风险。[③]

公元前 1950 年以前，古巴比伦人将房屋倒塌和村落淹没看成是恶毒的天神所为，把忍受意外当成人类生存的自然伴生物。[④] 实际上，有关古巴比伦的宗教和神话都充分显示出当时人们对人类所遭遇的灾害与神力之间关联的认识。两河流域起初的宗教是自然宗教，宇宙间的风、雨、雷、电等自然现象成为人们崇拜的对象，古代两河流域居民由于生产力低下，无力同大自然做斗争，泛滥的洪水引起了他们深深的恐惧，因而产生了万物有灵的观念。[⑤]

---

① 王子平、孙东富：《地震文化与社会发展》，地震出版社 1996 年版，第 127 页。

② 周大鸣、夏少琼：《国外灾难研究百年：十大转变》，《西南民族大学学报》（人文社会科学版）2012 年第 4 期。

③ 段华明：《城市灾害社会学》，人民出版社 2010 年版，第 123 页。

④ 同上。

⑤ 国洪更编著：《古巴比伦神话故事》，吉林人民出版社 2001 年版，第 2 页。

巴比伦神话中有关人类的浩劫[①]也体现了这种灾害的神力观。古巴比伦神话中讲道：

> 马尔都克创造了人类，让人类代替神灵进行劳作，人类开始在大地上繁衍。两个六百年过去后，人口数量倍增，人们喧哗嘈杂，众神被吵得心神不定。坏脾气的埃利尔便对众神说："人类真是可恶，我们干嘛不把人类消灭一些，以便大家过的安宁些?"众神应允，并提议瘟疫的方法，可以使成千上万人死掉。于是，瘟疫神尼姆塔到人类密集的地方去游荡，人间立即爆发了瘟疫，成批成批的人死去。人类的创造者之一埃阿不忍此景，遂叫来他在地面上的忠实奴仆阿特拉哈西斯，让他传令，命人民不要再崇拜地方神，而是进献瘟疫神尼姆塔。人间的长老们立刻去修筑瘟疫神尼姆塔的神庙，居民们制作祭品以取悦瘟疫神尼姆塔。尼姆塔愉悦地接受供奉，人类终于躲过了一场大浩劫。但是好景不长，两个六百年还没有过完，众神就又因地上人口的膨胀和震天动地而被扰得坐卧不宁。这次雨神阿达德出面，大暴雨冲刷大地，咸水涌进田地。接着风神又用大风刮干土地，烧焦禾苗，滴水不降。此时，阿特拉哈西斯又命地上的人供奉雨神，埃阿监管泉水，并私放泉水，人类才又逃过一劫。

神话中还有一段众神发怒，制造大洪水，阿特拉哈西斯造船挽救人类的故事。总之，这些巴比伦神话所显示的，可以理解为当时人们面对瘟疫、洪水等灾害的一种认知方式，并主要将灾害归结为神力所为。

在中国的传统认识中，同样存在着对灾异的类似理解。根据《辞海》的解释，"灾"又作"災"，原指自然发生的火灾。《左传·宣公十六年》："凡火，人火曰火，天火曰灾。"后泛指水、火、荒旱等所造成的祸害，如：水灾；虫灾；风灾。当时自然灾害和某些特异的自然现象，如水害、山崩、地震、日月食等灾异现象，旧时谓为天对人的示警或惩罚。《汉书·宣帝纪》："盖灾异者，天地之戒也。"又《龚胜传》："灾异数见，不可不忧。"[②]

东汉班固所作的《白虎通德论》之"灾变"提道："天所以有灾变

① 国洪更编著：《古巴比伦神话故事》，吉林人民出版社2001年版，第95—104页。

② 夏征农、陈至立主编：《辞海：第六版彩图本》，上海辞书出版社2009年版，第2723页。

何？所以谴告人君，觉悟其行，欲令悔过修德，深思虑也。《援神契》曰：‘行有玷缺，气逆于天，情感变出，以戒人也。’”意思是说，天之所以有灾变是用来警告君主，醒悟自己的行为，悔恨过错，修养德操，加深思虑。《援神契》所说的是行为有缺点，气逆行触犯上天，天心感动，灾变出现，以此来警诫人们。“尧遭洪水，汤遭大旱，命运时然”，意思是说尧遭受洪水，汤遭受大旱，是命运注定要那样。[①] 灾变现象被理解为天之所为，乃是外在于人力所能控制的超自然因素所致。

最为严重的天谴，甚至可致社稷崩塌。《国语》[②] 记载：

> 幽王二年，西周三川皆震。伯阳父曰：“周将亡矣！夫天地之气，不失其序，若过其序，民乱之也，阳伏而不能出，阴迫而不能烝，于是有地震，今三川实震，是阳失其所而镇阴也。阳失而在阴，川源必塞；源塞，国必亡。夫水土演而民用也。水土无所演，民乏财用，不亡何待？昔伊、洛竭而夏亡，河竭而商亡。今周德若二代之季矣，其川源又塞，塞必竭。夫国必依山川，山崩川竭，亡之征也。川竭，山必崩。若国亡不过十年，数之纪也。夫天之所弃，不过其纪。”是岁也，三川竭，岐山崩。十一年，幽王乃灭，周乃东迁。

根据《全国地震灾害信息目录》的数据，这场公元前780年的地震发生在中国陕西岐山，震级7级，烈度9度。[③] 这场地震与十年后的西周灭亡被人们关联起来构成了“地震天戒”[④] 论，认为种种异象乃是天之所为。此外人们还试图寻找更多的解释。比如地震，古希腊的伊壁鸠鲁和亚里士多德等人都认为地震是由于地下的风和地下灼热的易燃物体造成的。实际上前文提到的伯阳父的“阴阳说”，也已经开始脱离神力观试图另辟解释了。另外还有些其他的解释如中国民间传说的地震解释，“地底下有一条大鳌鱼，驮着大地，时间久了就要翻一翻身，于是大地就抖动起来了”，以及印度一些部落的解

---

① 班固：《白虎通德论》，上海古籍出版社1990年版，第41页。

② 《国语》，上海古籍出版社1978年版，第26页。

③ 宋治平、张国民、刘杰、尹继尧、薛艳、宋先月主编：《全球地震灾害信息目录》，地震出版社2011年版，第24页。

④ 段华明：《城市灾害社会学》，人民出版社2010年版，第123页。

释，“海龟上站着几头大象背负着大地，大象一动就发生地震”[①]。这些解释在一定程度上还是与天、神力有关的，典型地表现为当时人们的超自然灾害观，面对灾害，人类则只能被动承受其后果。

二　自然灾害观

自然灾害从来就是人类的大敌。[②] 灾害，作为一种自然现象，从总体上讲是不可以完全避免的，经常发生的自然灾害具有突发性，严重威胁着人类的生存和发展。[③] 随着人类认识水平的发展，灾害不再神秘，人们开始认识到自然因素在其中的作用。就自然灾害而言，具有明显的自然属性，这一特征表现在当下对灾害物理原因的表述、灾害的分类，以及由此导出的特定应灾方式诸方面。

灾害的物理动因被归结为自然因素。自然环境与自然条件是各种灾害形成的主要原因或重要的背景因素，如天气的异常变化导致暴雨、洪水、风雹、寒潮等气象灾害；海水的异常运动导致风暴潮、海啸等海洋灾害；地壳内能量的急骤释放和岩石、坡体的位移导致地震、火山以及岩崩、滑坡、地陷等地质灾害，就连许多人为事故也与一定的自然条件有着直接或者间接关系：森林火灾多发生在气候干燥的季节，交通事故的多发与雨雪雾天气等相关。[④] 自然灾害的原动力被认为首先来自自然界内部，这是自然灾害的内在自然属性。

同时，诸如地震带的分布、灾害区域的分布，同样表明自然灾害在一定程度上受特定的地质条件、地形条件、气候条件等影响，表现出外在于人类主观意志的客观存在性。如中国台湾受环太平洋地震带影响，云、贵、川、藏等地区受地中海—喜马拉雅地震带影响，中国位于这世界两大地震带之间，受太平洋板块、印度洋板块和菲律宾海板块的挤压，地震频繁。中国的地震活动主要分布在台湾、西南、西北、华南、东南沿海等5个地区的23条地震带上。

除空间分布特征外，灾害的自然属性还决定着灾害的时间分期。以地震为例，近500年来中国正经历两个地震活跃期：1480—1730年的第一

① 车安宁、尚峰：《灾害学新论》，中共中央党校出版社2011年版，第88页。

② 孙绍骋：《中国救灾制度研究》，商务印书馆2004年版，第16页。

③ 郭跃：《自然灾害与社会易损性》，中国社会科学出版社2013年版，第5页。

④ 马宗晋、高庆华、张业成、高建国：《灾害学导论》，湖南人民出版社1998年版，第64页。

活跃期，以及1880年至今的第二活跃期；以气温变化为例，近500年来经历1470—1520年、1620—1720年、1840—1890年、1950年至今的四次变冷期；以旱涝为例，近500年中国北方经历1479—1691年、1891年至今的两个干旱期。[①] 自然灾害的时空特征表明，尽管在一定程度上自然变异会受到人类的影响，但仍是以自然条件的客观存在为先决条件的。

从人们对灾害进行分类的体系中，亦能清晰地看到自然灾害的自然属性。如张丽萍等[②]就根据灾害形成原因列举了灾害的二元分类体系和三元分类体系，见表2－1。

表2－1　　灾害的二元分类体系和三元分类体系

分类体系	类别	内容
二元灾害分类体系	自然灾害	地质灾害：地震、火山爆发、地下毒气、海啸、地火等；
		地貌灾害：山崩、滑坡、泥石流、沙漠化、水土流失等；
		气象灾害：暴雨、洪涝、台风、冰雹、雷电、龙卷风、干旱、酷热、低温等；
		生物灾害：病害、虫害、自然森林火灾、有害动物灾害等；
		天文灾害：天体撞击、太阳活动、宇宙射线等。
	人为灾害	生态灾害：自然资源衰竭、环境污染、人口过剩等；
		工程灾害：工程塌方、工厂爆炸、有害物质泄漏、人为森林火灾等；
		社会生活灾害：交通事故、火灾、战争、社会暴力与动乱等。
三元灾害分类体系	自然灾害	天文灾害：陨石、太阳风等；
		气象灾害：旱灾、飓风暴雨、龙卷风、寒潮、热带风暴与暴风雪、霜冻等；
		水文灾害：洪水、海浸等；
		地质地貌灾害：地震、火山爆发、滑坡、泥石流等；
		生物灾害：病虫害、瘟疫等。
	环境灾害	资源枯竭、重大环境污染事故、酸雨、水土流失、土壤沙化、温室效应、臭氧层破坏、物种灭绝，以及人为诱发的地震、滑坡、泥石流与地面沉降等环境地质灾害。
	人文灾害	政治灾害：战争、犯罪与社会动乱等；
		经济灾害：人口爆炸、能源危机、经济危机等；
		技术灾害：计算机病毒、交通事故、空难、海难与火灾等；
		文化灾害：社会风气败坏、文化落后等。

① 马宗晋、高庆华、张业成、高建国：《灾害学导论》，湖南人民出版社1998年版，第71页。

② 张丽萍、张妙仙主编：《环境灾害学》，科学出版社2008年版，第3—4页。

该分类体系[①]中，三元分类体系将自然与人为灾害的二元划分拆分为自然、环境、人文灾害三元体系。在马宗晋的一个分类体系中则直接按照圈和灾种的形式来分类：大气圈（干旱、雨涝、洪泛、热带气旋、冷、热、雹、雾、陆地风）；海洋圈（风暴潮、海冰、海潮、海浪、海雾）；岩石圈（地震、火山、滑坡、泥石流、山崩、地陷、地裂）；生物圈（农业病虫害、鼠害、林业病虫害、林火）；社会圈（火灾、交通事故、工程及企业事故、疫病、中毒）。[②] 可见，不管采取何种方式分类灾害，今天人们已经能够十分明确地将灾害原因或者归结为自然环境，或者归结为社会环境。就自然灾害来说，如休伊特（Hewitt）所言，"灾害是这样一个事件，物理动因定义着灾害这个问题"[③]。除了人文灾害以外，人们认为自然灾害的动因来自自然环境，是人力所无法掌控的。现在，人们一般认为，致灾因子大体上可分为六大类：①天文活动；②大气活动；③水圈活动；④地壳活动；⑤生物活动；⑥人类活动，灾害的频繁发生和出现，最基本的原因乃是自然环境某些具体条件的影响，如气温、雨量、地形、地质等。[④]

但同时，人们还认识到自然灾害的双重属性，认识到人与自然的双向双效关系。一方面，自然环境与自然条件是各种灾害形成的主要原因或重要的背景因素，地球岩石圈、水圈、大气圈和生物圈的异常运动和变化主要受地球运动控制；另一方面，人既是各种灾害的受灾体，又是动力因素，对许多灾害活动有重要影响。[⑤] 郭跃指出，灾害与人类社会之间是双向互动的，灾害既对人类社会造成破坏，危害人类生命和健康，影响社会运行，也是社会发展的动力；而人类社会的行动既可能促成灾害发生、加剧损失程度，也可能有效削弱灾害程度、减少损失。[⑥] 从社会属性上看，灾害是一个危及一个地区人群的带有社会性的事件，是人的生存能力所不能承受的

---

① 近年来的相关讨论已经涉及诸如空难、"9·11"等事件是否应该纳入灾害范围，灾害的范围表现出扩大的趋势。本文所指灾害为自然灾害（以及三元分类体系中所指的环境灾害），暂未考虑人文灾害。

② 马宗晋、高庆华、张业成、高建国：《灾害学导论》，湖南人民出版社 1998 年版，第 96 页。

③ Kenneth Hewitt, "Excluded Perspectives in the Social Sonctruction of Disaster", in E. L. Quarantelli ed., *What is a Disaster? Pespectives on the Question*, London and New York: Routledge, 1998, p. 73.

④ 孙绍骋：《中国救灾制度研究》，商务印书馆 2004 年版，第 13 页。

⑤ 马宗晋、高庆华、张业成、高建国：《灾害学导论》，湖南人民出版社 1998 年版，第 64—71 页。

⑥ 郭跃：《自然灾害与社会易损性》，中国社会科学出版社 2013 年版，第 103 页。

自然变异或社会变故，是一种建立在自然现象基础之上的社会历史现象。[①] 灾害的最终结果、灾害过程以及灾害原因都具有社会性的一面。[②] 但是，这些对灾害双重属性的理解，仍是将自然因素视作主要诱因，将人类社会视作承灾体，并在这一基本认识框架下，认识到人类对于灾害的部分能动作用，如认识到人类社会的行为可能诱发自然灾害，以及认识到灾害与人类的双向双效作用。从根本上来说，虽然关注到了社会部分，仍是以自然因素为核心来认识灾害的，对人类社会的关注主要集中于自然灾害对人类社会所造成的伤害，对灾害的认识与理解仍是基于自然灾害观的。

坎农在其 1994 年的文章中指出，在数年以前，多数人都还是认为地震、飓风、洪水及其他自然灾害仅是单纯的自然灾害，人们认为能够通过防备、减缓和事后的人类行动降低灾害影响，但重点仍是强调灾害事件的自然属性，这就导致预测或改变灾害影响的技术干预成为灾害管理的主导。[③] 的确，自然灾害观将灾害归因于自然，也就必然形成灾害防备的技术化、工程化倾向。显然，这种趋势在脆弱性视角被引入灾害研究领域之后便发生了变化。

三 社会灾害观

一些社会学家在 20 世纪 70 年代就开始怀疑传统的自然灾害的理解范式，他们认为虽然洪水、地震是自然过程，但与它们有关的灾难不是自然的，为了理解灾难，人们有必要把眼光集中于社会过程，即社会的易损性，相对于人类很难左右的自然系统而言，提高社会对灾害的适应能力，降低自然灾害的社会易损性更值得探讨与关注。[④] 这样，灾害视点被转入社会。休伊特为灾害研究和管理提供了一个不同的思路和方法，他认为，对自然灾害来说，重要的事情不是靠灾害事件的条件或行为来解释灾害的特征、后果及形成原因，而是要分析当代的社会秩序，灾害的日常关系和塑造这些特征的更深远的历史环境。[⑤] 这一思路也提示了一个重要的关注点的转向，即从对灾害中自然维度的关注转向对灾害中社会维度的关注，

① 段华明：《城市灾害社会学》，人民出版社 2010 年版，第 8 页。

② 郭跃：《自然灾害与社会易损性》，中国社会科学出版社 2013 年版，第 101 页。

③ Terry Cannon, "Vulnerability Analysis and the Explanation of 'Natural' Disasters", in Ann Varley ed., *Disasters, Development and the Environment*, Chichester: John Wiley & Sons Ltd, 1994, p. 13.

④ 郭跃：《自然灾害与社会易损性》，中国社会科学出版社 2013 年版，第 6 页。

⑤ Kenneth Hewitt, *Interpretation of Calamity from the Viewpoint of Human Ecology*, Boston: Allen and Uniwin, 1983. //转引自郭跃《自然灾害与社会易损性》，中国社会科学出版社 2013 年版，第 8 页。

从自然机制转向社会机制、社会结构，通过日常关系和社会秩序的变迁来看待社会的运作，转向对灾害的社会原因及内在机制的剖析。在这一视角下，以脆弱性研究最为成果丰硕。

脆弱性被定义为个人或群体的特征及处境，这些特征和处境会影响他们预见、处理、抵御并从自然灾害（hazard）（极端自然事件或过程）影响中的恢复，一些关键因素如阶层、职业、种姓、种族、性别、健康状态、年龄、流动状态、社会网络的性质与程度等会影响人们遭受损害的程度。聚焦于脆弱性人群，使我们在考虑灾害决定因素时，将自然事件置于次要地位考虑。①

同样地，郭跃认为，按人类生态学的观点，人和聚落的易损状态是自然灾害形成的重要原因，因为自然灾害是自然现象与相关的社会易损状态相结合的结果。地震、台风、洪水是自然的力量，但随后我们看到的后果是这些力量对人类及其聚落影响的结果，这个结果与社会对自然灾害的敏感程度有关，而社会和聚落对自然灾害的敏感程度（易损性）则是以社会决策和社会行动为条件的，即社会及其易损性（vulnerability）是灾害的重要原因之一。② 易损性使人们认识到“易损性是人类社会组成和结构的函数”，因而能够从防灾减灾的角度加以改造，同时在灾害管理的视域下，将关注重心从自然事件转向人类社会。

在评估灾害“原因”时，威斯纳试图说明的是要纠正将自然过程视为最重要因素的主导观点，同时关注在承认社会和经济因素是最关键因素的情况下，到底发生了什么。改变社会因素和经济因素通常意味着调整社会中权力运作的方式。通常需要一些激进的政策，其中多数将面对政治阻力，此类政策可能包括土地改革、加强建筑规范和土地使用管制，更多的公共健康投资，洁净水的供给，为边远贫困地区改善交通等。③

威斯纳根据对有关文献的分析，认为在传统灾害研究中，强调大地构造、气候或生物因素的“触发”作用，或者关注人类响应，精神创伤与身体创伤，经济、法律和政治后果，都假定灾害是社会“正常”运转的偏离，恢

① Ben Wisner, Piers Blaikie, Terry Cannon and Ian Davis, *At Risk: Natural Hazards, People's Vulnerability and Disasters*, London and New York: Routledge, 2004, pp. 11 - 12.

② 郭跃：《自然灾害与社会易损性》，中国社会科学出版社 2013 年版，第 13 页。

③ Ben Wisner, Piers Blaikie, Terry Cannon and Ian Davis, *At Risk: Natural Hazards, People's Vulnerability and Disasters*, London and New York: Routledge, 2004, p. 7.

复则意味着向常态的回归。威斯纳并不否认自然致灾因子作为触发事件，而是重点关注社会系统通过使人们变得脆弱、从而制造灾害的运作方式。20世纪七八十年代早期，脆弱性视角开始拒绝接受灾害由外在自然事件引起的假设，并认为灾害是“正常的”，“正常的”日常生活本身是很难与灾害相分离的。在脆弱性视角之前，并没有讨论社会如何制造了使不同人群处于不同灾害的条件，尤其在自然主义者那里，所有的指责都指向自然的暴力或自然的报复。环境决定论的视角认为是人类理性的限制导致对自然的错误认知，比如不断在灾害原址上重建，并归因于现代化的人口压力。尽管在20世纪70年代，政治经济学视角开始回击现代化理论，政治生态学视角开始与环境决定论抗争，这些视角已经有所转向，但仍存在不足。基于此，威斯纳试图重新将人的因素引入灾害研究。①

此外，威斯纳通过分析发现，在风险领域及其他社会科学领域中，认识论立场表现为一个连续统。一端是实在论的视角，将风险视作客观的致灾因子，并能够在社会和文化过程之外独立测量。与该认识论相关的理论与方法是技术科学的，统计学的和保险精算的。沿着连续统移动，可以说是“弱建构论”视角，风险是客观的致灾因子，但始终是以社会和文化过程为中介的。最后在另一端的是强建构论视角，就其本身而言没有风险这回事，而是历史地、社会地、政治地创造的“看待方式”（ways of seeing）的偶然产物。威斯纳采取了与强建构论迥异的立场，采取实在论及弱建构论相结合的视角，因为他相信强建构论不会以任何直接方式导向实践的改善，包括灾害防御与灾后管理。同时，威斯纳所采取的视角也是针对“管理星球”的技术官僚和管理主义视角，采取不同的针对社会本身的视角来考察灾害。②

可见，社会灾害观承认（自然）灾害中自然因素的存在，但同时认为自然因素仅是诱因，只有当自然诱因作用于人类社会这个承灾体之上时，才会造成损失。社会灾害观将自然因素的比重压缩，更为强调社会承灾体本身的属性，尤其是其脆弱性，具有脆弱性特征的人群在面对灾害情境时，会放大自然灾害的社会损失程度，更为强调社会自身属性对灾害的放大效应。社会脆弱性将自然变异视作成灾的必要条件，自然因素只是可

---

① Ben Wisner, Piers Blaikie, Terry Cannon and Ian Davis, *At Risk*: *Natural Hazards*, *People's Vulnerability and Disasters*, London and New York: Routledge, 2004, pp. 9 - 10.

② Ibid., pp. 17 - 21.

能的触发因子，如果社会足够有弹性（resilient），那么依然不会成灾。

因而假设式的灾害定义实际上并不符合实际情况。举例而言，8级地震发生在无人居住的荒野则为自然现象，发生在人类居住区则为灾害。这实际上将灾害视为可分配之物，在空间上分配在荒野、还是分配在人类社会。实际上，从部分地质灾害和气候灾害的空间分布不难看出，它们具有相对的空间固定性。而人类的繁衍和扩散居住是不断占据空间、充满空间的过程，自然而然也就包括了与地质灾害的分布空间重合的可能性。因此，只要该居住区的物理条件发生变化（并多数由于自然原因造成），则人类社会必然会出现一个相应的连带效应——可能是平安无事，就像雨过天晴；也可能出现巨大损失，屋毁人亡等。因此，在自然灾害风险区域与人类居住区域重叠的情况下，自然动因无论如何都是成灾的必要条件，它和其他一些条件共同构成成灾的充分条件。这些条件一方面是自然变异本身的剧烈程度；另一方面是人类社会的特征，如脆弱性或恢复力（resilient）。

最终成灾表现取决于自然—社会互动双方的即时状态或性质，灾害也被认为是致灾因子与脆弱性叠加的后果。对于灾害研究而言，地理学、物理学研究致灾因子（hazard）本身，人类学、社会学、管理学等学科则研究既定致灾因子（hazard）条件下的人类社会不同层面、不同主体的议题，如行为（救援、谣言、混乱、恢复重建、发展）、组织（政府、社区、企业、NGO）、文化（灾民意识、救灾文化）、政治、知识、技术等。

基于以上梳理可见，三类灾害观表明人类对灾害认识的不断加深，其中核心是对灾害归因方式的认知变化，以及基于此认知所形成的社会应对方式。该趋势同时表明，人类越来越将对灾害诱因及应对的认识从超自然灾害观转向自然灾害观和社会灾害观，从外部的不可控转向社会内部控制，从工程技术措施转向社会管理。

表2-2 三种类别的灾害观

灾害观	归因方式	灾害后果	社会应对方式
超自然灾害观	神力所为	上天惩罚，被动承受	祭拜，仪式
自然灾害观	物理动因	自然风险爆发，部分可控	工程防护，规范行为
社会灾害观	社会动因	社会风险爆发，部分可控	能力建设，恢复力（resilience）

第三节　灾害研究范式与议题

自1920年普林斯（Prince）以哈利法克斯港爆炸的首次经验研究以及1942年索罗金的首部灾害理论著作《灾难中的人与社会》问世以来[①]，灾害研究兴起并发展至今日，该研究领域已经累积了丰硕的成果，形成了一些基本议题与研究范式。这些议题与研究范式成为灾害社会学、灾害人类学等领域进一步拓展的基础和前提。

一　范式与议题

根据郭跃对灾害研究起源与发展的梳理，人们对自然灾害的认识是从地理学的环境决定论到环境或然论，到人类生态学派、灾害行为学派，再到区域灾害系统理论的过程。其中，环境决定论强调自然环境的统治地位，认为自然条件是人类社会发展的决定性因素，受此影响，灾害被定义为“上帝的行动”“没人能够对此负责的事件”“不可预测的事件”，人类无法躲避灾害的发生。环境或然论则认为不能用环境决定论来解释一切人生事实，人的因素在灾害中也起到了一定作用，从而将人的角色纳入进来。人类生态学派认为自然灾害是自然和社会两种力量相互作用的结果，灾害的影响可以通过社会和自然的调整来减轻灾害的损失；灾害行为学派则主要关注人为工程技术致灾。区域灾害系统理论[②]将致灾因子论、孕灾环境论、承灾体论统一起来，认为灾情是致灾因子、孕灾环境、承灾体相互作用的产物。[③] 由此分析可见，人们对灾害的认识是随着对致灾原因的认识不断加深而扩展的，从自然到人类社会，再到区域灾害系统论将自然与人类社会的因素共同纳入综合考虑，试图全面理解灾害。现在所说灾害研究主要是在社会研究领域内，以人类社会与自然（灾害）关系为主要研究对象、试图理解自然和社会的这样一个具体领域。因此也就表现出不同的研究主题与研究范式，而既定的研究范式往往针对某一类具体的研究议题。

周利敏梳理了西方灾害社会学研究自普林斯与索罗金以来的研究进

---

① Russell R. Dynes, “Cross-Cultural International Research Sociology and Disaster”, *International Journal of Mass Emergencies and Disasters*, Vol. 6, No. 2, 1988, p. 102.

② 另可参见史培军“再论灾害研究的理论与实践”一文，载于1996年第4期《自然灾害学报》。

③ 郭跃：《自然灾害与社会易损性》，中国社会科学出版社2013年版，第42—61页。

展，即从经典灾害社会学到社会脆弱性，再到社会建构主义三个基本学派①（见表2－3），基本涵盖了当下的灾害研究议题。

表2－3　　西方灾害社会学派别

类别	经典灾害社会学	社会脆弱性	社会建构主义
主张	厘清灾害概念，探讨灾害情境、灾害后果、灾后重建的组织绩效等，形成了灾害人类学研究、提出了灾害政治经济学研究设想。	脆弱性评估不能局限于自然领域，还应扩展到经济、政治与社会等领域。关注结构性因素。	尝试整合功能主义与脆弱性分析。灾害概念、灾害本身、灾害风险认知都是社会建构的。
研究范式	社会资本范式；社会支持范式；社会过程模式；冲突主义范式；资源保留压力模型；集体行动范式；社会运动范式等。	脆弱性是一种灾前既存的条件、是灾害调适与应对能力、是特定地点的灾害程度。	灾害风险是一个政治社会建构过程，是从“隐藏”“选择”到“共识建构”的发展历程。
命题	社会资本命题：受灾者精神压力大小与其社会支持相关，支持网络破坏会产生负面心理影响； 创伤递减命题：随着时间流逝，创伤严重程度逐渐下降； 国家失灵命题：国家和政府在资源分配中会导致资源分配不公、贫富分化等。	“灾害风险不平等命题”：因阶级、族群、性别等灾前社会不平等因素的存在，同一地区的个人与家庭受灾风险不平等。 “社会分化命题”：重建资源的不公平分配将导致弱势群体脆弱性提升，导致灾后社会冲突与政治斗争。	灾害概念的形成、灾害发生原因、灾害结果和减灾手段等都是社会组织“观点制造”的结果； 灾害不仅是自然界的灾害结果，也是社会组织对灾害及其结果建构的产物，灾害发生原因和灾害损失是“被社会定义的”； 不同的社会、政治和文化关系影响灾害风险认知和灾害因应行为的生成。
贡献	破除“灾害迷思”（“灾民恐慌迷思”与“国家全能迷思”）；着重分析灾害过程中的“灾害管理循环”。	取代功能主义的官方立场，关注结构性因素。	关注灾民自主性；关注公共风险和灾害形成过程中的主观能动性，从外部议题转向内部议题。
理论取向	“弱社会建构论”，关注救灾过程的经验研究。	灾害风险研究取向，关注灾后及灾前风险不平等。	“强社会建构论”，认为灾害不平等由利益集团决定，试图克服前两种范式缺陷。
适用范围	灾害防备及灾害应变研究。	灾害预测、评估人们如何适应及面对灾害风险。	公共风险以及灾害形成过程中的主观能动性研究。
理论局限	功能主义取向，近似于官方立场，较少涉及灾前预防与风险分布。	“技术决定论”“结构式减灾”受到质疑，忽视人的主观能动性。	对灾害与社会的互动关系研究缺少理论范式，实际应用困难。

注：周利敏就西方灾害社会学自肇始以来的研究进展进行了详尽的文献梳理，厘清了灾害研究演进趋势；此表根据周利敏的文献梳理整理改编形成。②

① 周利敏：《从经典灾害社会学、社会脆弱性到社会建构主义——西方灾害社会学研究的最新进展及比较启示》，《广州大学学报》（社会科学版）2012年第6期。

② 同上。

灾害研究的三个主要范式反映出灾害研究者讨论灾害问题时的基本立场与基本判断。经典灾害社会学、社会脆弱性与社会建构主义均关注特定的研究议题，并具有不同的侧重点。它们既有适用范围，同时也有相应的理论局限，它们都有自己的“解释边界和限制条件”①，但整体而言，它们为更好地理解灾害、应对灾害提供了更为丰富的理论资源。

从学科范围来看，灾害研究亦涉及广泛。

表2-4　灾害研究学科及示例

学科	代表性学者	研究问题举例
政治科学	Peter May Richard Sylves	哪些政治因素导致社区洪水减灾项目实施效果的差异？
公共管理	William Petak William Waugh	洪水减缓项目共治的立法过程是怎样的？
经济学	Howard Kunreuther	洪水减缓各供选项目的成本—收益比率如何？
人类学	Anthony Oliver-Smith Anthony F. C. Wallace	哪些类型的民俗文化调适加强了针对洪水灾害的社区弹性？
地理学	James K. Mitchell Gilbert F. White	城市与乡村对洪水多发区土地使用的认知有何差别？
心理学	Bonnie L. Green	洪水灾害对精神健康有哪些长期影响？
历史学	David McComb	半干旱地区在历史上洪水发生情况如何？
城市规划	Raymond J. Burby David R. Godschalk	为何社区规划者就洪水易发区土地使用模式给出的建议存在差异？
其他学科	法学，急救医学，医院管理，公共卫生，新闻学，会计学，企业管理	

资料来源：Emergency Management Institute, Sociology of Disaster（SOFDIS44），http://training.fema.gov/emiweb/edu/sodis.asp。另可参见梁茂春在《灾害社会学》（暨南大学出版社，2012，p.17）一书中对该表的引用。

国内的灾害社会学研究同样形成了多种学科视角。在1990—1999年第一个“国际减灾十年”期间，国内就酝酿并出版了一套《中国灾害研究丛书》，包括《灾害学导论》《灾害社会学》《灾害经济学》《灾害管理学》《灾害统计学》《灾害医学》《灾害历史学》《灾害保障学》，以及针对具体灾种进行论述的专著，这些研究对灾害进行了不同学科视角的审

① 周利敏：《从经典灾害社会学、社会脆弱性到社会建构主义——西方灾害社会学研究的最新进展及比较启示》，《广州大学学报》（社会科学版）2012年第6期。

视。汶川地震发生后，学者对国内灾害问题予以了新的关注，如“2013年中国西南人类学论坛”，就设置了“灾难人类学”的专题讨论。《西南民族大学学报》（人文社会科学版）自2008年汶川地震后也专门设置了“灾难人类学”栏目集中刊发相关研究成果。李永祥所著《泥石流灾害的人类学研究——以云南省新平彝族傣族自治县“‘8·14’特大滑坡泥石流”为例》一书，就是针对具体个案的人类学研究。

在灾害研究的众多学科视角以及不同范式中，社会建构主义是新近引起研究者关注的一个领域，并在相关问题的讨论中表现出一定优势。

社会建构论认为灾害的发生原因、后果及应对策略都是“做出宣称”（Claims-making）的社会过程。在灾害原因层面，除了自然客观因素，还关注人为因素，如灾害是“对自然的过度开发、不合理的资源利用、大型水利工程的兴建、灾害管理的缺失造成的”[①]，各种话语的冲击和碰撞，就是在对灾害的发生原因进行建构。在灾害后果方面，政治制度、利益团体、媒体等影响结果的判定，如“分级响应系统”“总统声明”“领导批示”“领导视察”以及媒体聚焦，都会影响灾害响应程度和大众的判断。[②]如斯托林斯就用建构主义的框架说明，在20世纪70年代，科学家、工程师、政府机构、政党就在没有公众关注的情况下至少将地震部分地建构为一个社会问题，他将此过程称为“地震制造”（earthquake establishment），是一种专业化的社会运动。[③] 社会建构主义的灾害观并不是否认灾害发生这一现实，而是认为在理解灾害问题被纳入公共议程与否、采取何种应灾形式等有关“灾害是如何被表述的”这一议题上，必须考虑到不同社会主体所发挥的作用。斯托林斯的“地震制造”所要表明的就是有组织的社会行动者将地震问题框构为一个普遍认可的对社会和经济秩序的威胁，同时框构着项目（program）形成的社会过程，并随后被定义为该问题的解决方案。[④]

克雷普和德拉贝克（Drabek）认为，灾害具有一些无争议的特征，

① 陶鹏、童星：《灾害概念的再认识——兼论灾害社会科学研究流派及整合趋势》，《浙江大学学报》（人文社会科学版）2012年第2期。

② 同上。

③ Kathleen J. Tierney, “From the Margins to the Mainstream? Disaster Research at the Crossroads”, *Annual Review of Sociology*, Vol. 33, 2007, p. 508.

④ Kathleen J. Tierney, “Toward a Critical Sociology of Risk”, *Sociological Forum*, Vol. 14, No. 2, June 1999, p. 221.

如对物质和社会环境造成重大破坏、突然发生或被社会地定义为导致了某种紧急状况①，以及能够通过在灾前或灾后采取行动而减轻损害。②

蒂尔尼以风险研究为例，风险的社会建构首先就涉及社会和文化因素会影响“风险客体”（risk objects）的选择，即包括事件可能性、事件特征、可致影响与损失、事件和损失的源头在内的一个概念，在风险客体的确定、危险边界（boundaries）的划定，以及危险的评估等方面都可表明风险的社会建构性。③ 例如，克里纳伯格（Klinenberg）的热浪研究中指出，芝加哥热浪发生后，习惯于独自主持葬礼的牧师里德威尔（Ledwell）发现在仪式上有这么多记者参加而且不停地拍照，他说“这多么令人伤心，我们只在当有自然灾害的时候才对葬礼感兴趣，热浪之前我主持的那些葬礼却一个记者都没有”。④ 对葬礼的不同态度，正表明这个社会如何划定边界。芝加哥热浪未能成为一个有效的宣称，这就如成功宣称为问题一样，同样对社区产生了重要的影响。在克里纳伯格所关注的热浪个案中，导致大量死亡的极端自然事件并未被政府、媒体甚至灾害研究者们定义为灾害，一个原因就是热浪仅仅导致伤亡，但并未造成财产损失，而物

① Perry 在其文中引述如下：... Kai Erikson's（1976，p. 254）view of disasters... that they “are socially defined as having reached one or more acute stages”（参见：Perry R. W. What is a Disaster? Rodríguez H.，Quarantelli E. L.，Dynes R.，*Handbooks of Disaster Research*，New York：Springer，2007，p. 10）。Kreps 和 Drabek 在其文中则引述为：... they occur suddenly or are socially defined as having reached one or more acute stages...（Erikson 1976；Kreps 1984）（参见：Kreps G. A.，Drabek T. E.，Disasters are Non-routine Social Problems，*International Journal of Mass Emergencies and Disasters*，1996，Vol. 14（No. 2）：pp. 129 - 153，p. 133）。陶鹏在其文中则引述为：Kai Erikson 也认为，灾害损失及灾害发生原因都是被“社会定义”的（参见陶鹏、童星《灾害概念的再认识——兼论灾害社会科学研究流派及整合趋势》，《浙江大学学报》（人文社会科学版）2012 年第 2 期，第 112 页）。但笔者查 Erikson 原文 *Everything in Its Path*（1976）第 254 页，并无“are socially defined as having reached one or more acute stages”的原话。笔者以为，加双引号似乎表明该引文是原文直引的，但此处则查不到原文，且原文中此意并不明显。笔者以为，有可能是 Kreps 和 Drabek 对 Erikson 的研究观点进行了重新表述，而之后的研究者（Perry、陶鹏等）则直接从 Kreps 和 Drabek 这二人的研究中转引 Erikson 的观点，但仍将来源注为 Erikson。因此，在无法回溯原文的情况下，此处引用采用 Kreps 和 Drabek 的表述。

② Gary A. Kreps and Thomas E. Drabek，“Disasters are Non-routine Social Problems”，*International Journal of Mass Emergencies and Disasters*，Vol. 14，No. 2，1996，p. 133.

③ Kathleen J. Tierney，“Toward a Critical Sociology of Risk”，*Sociological Forum*，Vol. 14，No. 2，June 1999，pp. 220 - 221.

④ Eric Klinenberg，Heat Wave：A Social Autopsy of Disaster in Chicago，Chicago：University of Chicago Press，2003，p. 241.

质损失对灾害的概念化是必不可少的。[①] 热浪就像空气污染一样，具有缓发性特点，而且不会导致物质环境的剧烈破坏。

传统灾害研究将灾害视为源自地球和大气系统的事件，物理事件对环境系统和社会系统产生影响，除非这些系统是脆弱的，否则物理事件本身不构成灾害；只有当人类和社会系统受到负面影响时，这个事件才是灾害。灾害被看成是有起点（爆发期）、中间段（应急期）和终点的（当社会生活回归正常或展开恢复工作），是片段式的、可预见式的对形塑社会的更广泛的力量的显示。[②] 这个定义暗示灾害具有自身的生命周期，并因国别情况、学术定义情况而不同，从数月到数年不等。还暗示一种转变，从非常复归如常的转变，并通过非常这一片段呈现形塑如常社会的力量。而质疑传统灾害观的替代性视角，使灾害的社会学研究重点从灾难性事件及其后果上转移到政府、精英及其支持财团、全球工业和金融机构等的决策和行动上，正是他们使灾害不可避免。[③] 当然这一点更适用于慢性的气候灾害，比如空气污染。

在社会建构主义灾害观下，灾害被从上帝那里、自然那里拉回到社会内部，灾害不再被认为是外在的客体，而是社会的建构。传统灾害研究是为了研究灾害本体，是发现灾害；社会建构论视角所关注的则是基于灾害客体的表述和宣称，是揭示社会和群体“发现灾害”的内在逻辑，即对解释的再解释，呈现灾害被表述的逻辑。从建构论的角度来讲，人们不是在建构灾害发生的原因本身，而是形成关于灾害的特定表述，所建构的乃是特定表述和特定理解形式。它强调的是表述灾害的方式，它不是在生产知识，而是在表述意义——建构论视角下的相关结论是区别于任何减灾防灾的具体措施的，它所揭示的是采取某一种具体的减灾措施的内在逻辑和意义生产。因此，如果说某种具体减灾防灾措施是人们对灾害原因、防灾逻辑的特定时期的理解方式的话，那么建构论就是针对这种理解的理解，并且是历史的、比较的理解。因此，建构论并不是建构了灾害本身，这是不妥当的；而是建构了一种灾害观念，一

---

① Kathleen J. Tierney, “Toward a Critical Sociology of Risk”, *Sociological Forum*, Vol. 14, No. 2, June 1999, p. 508.

② Kathleen J. Tierney, “From the Margins to the Mainstream? Disaster Research at the Crossroads”, *Annual Review of Sociology*, Vol. 33, 2007, p. 509.

③ Ibid., p. 510.

整套的知识体系和话语体系。

二　汶川震灾研究

汶川地震发生后，学术团体纷纷开展多学科、多视角的研究。这些研究涵盖了基于实践的应用研究，以及反思性研究、批判性研究。这些研究成果进一步使本文明确了研究议题。

1. 恢复与重建的内涵

王宏伟认为，灾后恢复重建包括两个层面：一是恢复社会生产生活运行的常态；二是重建因灾影响不能恢复的设施；恢复重建是使受灾害影响的社区回到或超过灾前状况的活动，不仅意味着补救，也意味着发展，既包括挑战，也蕴藏机遇，因此恢复重建是突发事件处置过程中实现转危为机的关键环节。他基于此提出，恢复重建应包含的四项主要活动，即最大限度地限制灾害结果的升级；弥合或弥补社会、情感、经济和物理的创伤与损失；抓住机遇，进行调整，满足人们对社会、经济、自然和环境的需要；减少未来社会所面临的风险。①

韩伟也认为恢复与重建要与发展相结合，认为灾后恢复重建的目标不仅是减轻地震灾害的影响、满足当前救灾的需求，更重要的是实施生产和生活重建、持续改善社区群众生活质量、提高收入水平。②

《汶川地震灾后恢复重建条例》（以下简称《条例》）的发布，也在一定程度上表明人们对恢复重建的认知。陈菲③指出，该条例的实施对于规范汶川地震灾后恢复重建活动，明确各级政府和国务院有关部门在恢复重建中的责任，确保地震灾后恢复重建工作有力、有序、有效地进行，将起到十分积极的作用。沈清基等通过对 1976 年唐山地震灾后重建规划编制过程、规划指导原则及规划特点等的回顾总结，提出了震后重建规划的跨越性和提升性。④

由此可见，在实践层面灾后恢复重建被视作恢复原状与未来发展的统

---

① 王宏伟：《试析汶川震后的恢复与重建》，《中国应急救援》2009 年第 1 期。

② 韩伟：《参与式灾后重建的实践和思考——以四川省茂县雅都乡大寨村灾后重建调查为例》，《农村经济》2009 年第 10 期。

③ 陈菲：《明确政府部门责任　确保地震灾后恢复重建顺利进行——国务院法制办主任曹康泰就〈汶川地震灾后恢复重建条例〉答记者问》，《政府法制》2008 年第 13 期。

④ 沈清基、马继武：《唐山地震灾后重建规划：回顾、分析及思考》，《城市规划学刊》2008 年第 4 期。

一体。

2. 震后研究的关注议题

从汶川地震后的相关研究来看，其关注议题涉及灾后重建理念与经验借鉴、灾害社会评估、灾后重建参与主体、重建模式，以及灾后心理问题等多个方面。

第一，灾后重建理念的倡导与经验借鉴。

学者强调参与式理念与方法在灾后恢复与重建中的应用。王卓认为，“参与式”方法所强调的是对弱势群体赋权、使社会成员平等磋商、提高发展进程中各种投入的效率，其本质意义是激发各利益相关方的主体意识和主体行为。[①] 韩伟提出灾后恢复重建中的农户参与包括促进社区内部不同农户主动参与项目建设的能力、参与社区管理和解决社区冲突的能力，以此为基础重构运行效率更高、管理成本更低的新的农村社区管理体制，能够为实现灾后重建目标提供重要支撑。[②] 彭新万也提出“参与式发展体现了农民在重建中的主体地位”，“培养新型农民是重建工作中的重中之重”，还认为，“现代西方乡村发展理论是以乡村相对独立性为研究前提、以乡村地区发展为内容、空间均衡发展为核心的乡村发展的理论，该理论对灾后农村重建政策的制定与模式选择具有重要的启示意义”，为受灾地区乡村恢复重建提供了新的思路和视角。[③]

对于地震灾后恢复重建经验的研究，学者主要从灾后恢复重建标准、参与主体、生活重建工作、金融支持、灾后恢复重建教训等几个方面进行了论述，指出汶川震后灾区应积极借鉴国内外经验，搞好恢复重建工作。其中，(1)重建标准方面，可借鉴美联邦及地方政府灾后重建“不能重蹈覆辙”的原则，从长远考虑提高灾后重建标准，避免今后出现类似灾难时的生命和财产损失；[④] (2)参与主体方面，日本已形成居民、政府、非政府组织、志愿者相互合作的“自救”“公救”“共救”体系，在灾后重建中发

---

① 王卓：《参与式方法对灾后乡村重建的作用和影响》，未刊稿，四川大学，2008 年 10 月 16 日。

② 韩伟：《参与式灾后重建的实践和思考——以四川省茂县雅都乡大寨村灾后重建调查为例》，《农村经济》2009 年第 10 期。

③ 彭新万：《现代乡村发展理论述评及其对灾后农村重建的启示》，《理论与改革》2009 年第 1 期。

④ 北京国际城市发展研究院：《汶川地震灾后恢复重建借鉴国际经验的若干建议》，《领导决策信息》2008 年第 30 期。

挥了重要作用；印度尼西亚实现非营利机构参与救援和灾后重建，成为当地灾后恢复重建工作顺利推进的关键因素；[①] “台湾‘9·21’震灾”灾后生活重建工作也实行“中央”主导，吸纳民间团体的支持和地方政府配合的模式，其运作体系包括官方组织、半官方组织和民间团体，彼此互相配合、承担不同责任；[②] (3)生活重建方面，基于“台湾‘9·21’震灾”，提出台湾生活重建工作经验的启示，即制订短期方案，建构长期策略；整合各方资源，注重社工运用；满足多元需要，强化自助互助；善用赈灾捐款，维护捐助利益；[③] (4)金融支持方面，即借鉴国外政府或机构在应对突发性灾害事故方面的经验与应对机制，鼓励市场力量参与灾后重建、金融机构积极配合并完善相关金融制度，提高应对灾害冲击的能力；[④] (5)灾后恢复重建教训，即要警惕唐山地震后家庭重组过快导致重组家庭快速破裂的问题，同时要警惕心理援助不足导致的各种社会问题。[⑤]

第二，灾害社会评估的基础性作用。

灾后社会评估对于灾后恢复重建至关重要，这已成为共识，众多学者就灾后社会评估的重要性都进行了论述。李小云提出，自然灾害不仅造成了直接的、显性的物质资本、人力资本、社会资本、金融资本和自然资本损失，而且还造成了隐性的社会系统的紊乱，因此，灾后重建工作不仅面临生产发展的困境，同时还面临着整个灾区社会公共系统的重建和恢复，涉及社会系统的恢复、家庭的重建、社会组织的重建、救助人口的确定和救助等一系列的社会工作，及时对自然灾害所造成的社会系统的紊乱进行评估将有助于更好地进行灾后重建工作。[⑥] 在评估视角方面，李小云、赵旭东提出要体现贫困、生计、性别、权利和生态环境等多个视角，并基于参与式灾后社会评估工具，构建了完整的灾后社会评估框架。[⑦]

---

① 北京国际城市发展研究院：《汶川地震灾后恢复重建借鉴国际经验的若干建议》，《领导决策信息》2008 年第 30 期。

② 沈黎、刘斌志：《台湾“9·21”灾后重建的经验与启示》，《社会福利》2008 年第 8 期。

③ 同上。

④ 人民银行成都分行金融研究处课题组：《巨灾后部分国家和地区恢复重建经验的比较与借鉴——基于资金筹集方式及制度的视角》，《西南金融》2008 年第 9 期。

⑤ 魏曙光：《唐山地震灾后援助行动的经验教训及政策启示》，《前沿》2010 年第 2 期。

⑥ 李小云：《应该切实重视灾后社会评估工作》，《四川省情》2008 年第 9 期。

⑦ 李小云、赵旭东主编：《灾后社会评估：框架·方法》，社会科学文献出版社 2008 年版，第 4 页。

除此之外，唐钧认为要从社会工作、社会政策和社会学的立场看待社会评估，重视对社区居民感受的评估、对新的城市和城镇规划以及灾区居民实际需要等方面的社会评估。[①] 郭虹等认为，灾后社会评估旨在科学了解和分析灾害对社会生活、人民生计、社会结构、社会发展等的影响，为灾后的社会重建提供具体的行动建议，以促使灾后社会重建工作的顺利开展，促进社会公平与和谐发展。[②] 韩伟通过调查发现，受灾农户最主要的需求集中在以下几个方面：一是恢复和重建住房；二是希望通过打工或者获得生产性贷款来增加收入；三是改善社区基础设施；四是改善社会服务。[③] 灾后社会评估强调通过评估明确受灾现状与重建需求，为后续的恢复重建打好基础。

第三，灾后重建的多主体参与。

灾后恢复重建是一项全局性的、系统性的工程，众多学者的相关研究中都体现出多主体参与重建这一特征，具体表现为以政府为主导、灾区民众为主体，包括非政府组织、社会团体、志愿者、企事业单位，以及个人在内的多主体参与。

政府作为主导者与协调者参与重建。学者认为在灾后恢复重建过程中要科学定位政府角色，发挥政府的主导作用[④]，并进一步指出，灾后重建是一个长期复杂的社会工程，灾后重建工作必须依靠政府的力量，发挥政府的主导作用，才能有望尽快恢复灾区社会经济面貌[⑤]。政府在灾后重建中的角色定位应是服务者，同时在公民社会中要扮演召集人、组织者、协调者、引导者的角色[⑥]；中央政府应为灾区农村重建提供必要的财政支持和公共服务，地方政府应依据本地农村的实际情况，提供相关的地方性公

① 唐钧：《应该重视灾后重建的社会评估》，《中国党政干部论坛》2008 年第 6 期。

② 郭虹、杨娜：《灾害及灾后重建社会评估研讨会综述》，《社会科学研究》2008 年第 5 期。

③ 韩伟：《汶川地震灾后重建需求评估和建议》，《农村经济》2008 年第 12 期。

④ 彭新万：《现代乡村发展理论述评及其对灾后农村重建的启示》，《理论与改革》2009 年第 1 期。

⑤ 梁鑫巍、徐右谦、廖金萍：《浅析灾后政府管理——危机处理和灾后经济重建的初步探讨》，《商场现代化》2008 年第 24 期。

⑥ 刘海：《论我国政府在灾后恢复重建中的角色与作用》，《云南行政学院学报》2008 年第 6 期。

共服务产品，创建并有条件地保护本地农村市场[①]；政府还应在恢复重建过程中加强和提升自身的统筹规划能力、资金融通调配能力、对建筑质量的监控能力以及综合执政能力[②]；同时有关政府部门应以震后社区和村民的现实问题和发展需求为导向，促进灾区民众参与重建，并强化政策支持[③]。

灾区民众作为主体参与重建。刘国栋认为，与抗震救灾的紧迫性相比，灾后恢复重建则更是一项长期而系统的工程，离不开政府的主导作用，但广大受灾民众才是灾后重建的真正主体，在长期的恢复重建过程中调动灾区民众的参与积极性，可提高灾后重建的效率、提高灾区政府的公信力，推进灾后重建工作。[④] 谢金林也提出，公民参与是提高灾后恢复重建工作效率，提升公众对恢复重建工作满意度双重目标的必然性要求，除此之外，公民参与还具有监督功能，能够有效地预防并减少恢复重建过程中的腐败问题；公民参与有利于增强政府与公民之间的相互信任，增加社会资本的积累，加快灾区社会秩序的恢复进程。[⑤] 彭新万也在研究中指出，灾后恢复重建过程中，农民的主体地位必须确定并要有制度保证。[⑥]

民间力量的协调与补充。丁一在研究中提出了民间组织在灾后农村社区重建中，能够以其较高的专业化程度直接参与灾后农村社区重建，借助植根民间的特殊性吸纳整合社会资源，并为政府和组织反馈重建需求，在调动社会力量、筹集资金以及提供协调机制等方面都能够发挥重要作用。[⑦] 孟李娜认为，灾后恢复重建过程中非政府组织（NGO）的参与及其

---

① 彭新万：《现代乡村发展理论述评及其对灾后农村重建的启示》，《理论与改革》2009 年第 1 期。

② 梁鑫巍、徐右谦、廖金萍：《浅析灾后政府管理——危机处理和灾后经济重建的初步探讨》，《商场现代化》2008 年第 24 期。

③ 韩伟：《参与式灾后重建的实践和思考——以四川省茂县雅都乡大寨村灾后重建调查为例》，《农村经济》2009 年第 10 期。

④ 刘国栋：《地震灾后重建中的灾民参与研究》，《中学英语之友》（教育研究与实践）2008 年第 10 期。

⑤ 谢金林：《公民有效参与灾后恢复重建：以汶川震后恢复重建为例——兼及托马斯“有效决策模型”的应用》，《云南财经大学学报》2008 年第 6 期。

⑥ 彭新万：《现代乡村发展理论述评及其对灾后农村重建的启示》，《理论与改革》2009 年第 1 期。

⑦ 丁一：《民间组织在灾后农村社区重建中的作用探析——基于成都市灾区重建调查的思考》，《农村经济》2009 年第 9 期。

功能的充分发挥，能够协助政府保证恢复重建工作顺利进行。[①] 此外，学者也对民间组织参与灾后恢复重建面临的双重困境进行了分析：外部制度环境如缺乏发展的法制环境、“归口分级，双重负责”的管理制约其发展、社会监督缺位；自身制约因素如获取和运用资源不足、协调关系与发挥功能等方面不存在优势以及经费不足等困境。[②]

多主体协同参与灾后恢复重建。丁一认为随着灾后恢复重建工作的展开，仅仅依靠政府不足以应对灾后重建的需要，必须实现民间组织和社会力量的共同参与才能顺利完成。[③] 因此，举全国之力，政府、企业、民间组织、志愿者、灾区人民等各种主体积极参与，成为灾后恢复重建的必然趋势。刘斌志提出，灾区重建多元主体的存在是基本事实，包括中央政府、地方政府、对口支持政府和单位、企业、NGO、志愿者、灾民等，都是灾区重建的实施主体。[④] 其他学者如庄天慧等人提出灾后新农村建设要处理好政府主导和农民主体的关系，政府从宏观上规划灾后新农村建设、健全机制、强化服务、培养新型农民，农民则应积极参与，发挥主动性、积极性和创造性；[⑤] 谢金林提出要充分调动政府、市场、社会的力量，明确中央、地方、社会与公民个人的职责，并协调好彼此关系，形成整体性灾后恢复重建力量体系，而如何从救灾时期的“政治动员”模式走向常态管理模式，早日恢复灾区社会秩序，则是灾后恢复重建的关键；[⑥] 李琴等还基于协同善治的视角，阐述行政力量和民间力量的协同善治，构建了以灾区需求为导向、政府为主导、多中心治理主体（政府、企业、NGO 组织、志愿者、社会精英、普通民众等）互动合作的抗震救灾新模式，通过培育公民社会、

---

① 孟李娜：《汶川特大地震灾后重建 NGO 与政府合作模式》，《宜宾学院学报》2008 年第 11 期。

② 吴铀生、丁一：《汶川灾后重建中民间组织的困境与发展》，《西南民族大学学报》（人文社科版）2009 年第 5 期。

③ 丁一：《民间组织在灾后农村社区重建中的作用探析——基于成都市灾区重建调查的思考》，《农村经济》2009 年第 9 期。

④ 刘斌志：《“5·12”震灾后的社区重建：含义、策略及其服务框架》，《城市发展研究》2009 年第 4 期。

⑤ 庄天慧、牛廷立、张玉玺：《灾后新农村建设中政府主导与农民主体作用发挥的机制探析——以“5·12”大地震四川农村灾区为例》，《农村经济》2009 年第 9 期。

⑥ 谢金林：《公民有效参与灾后恢复重建：以汶川震后恢复重建为例——兼及托马斯“有效决策模型”的应用》，《云南财经大学学报》2008 年第 6 期。

降低政府成本、促进资源整合，最终实现恢复重建的顺利完成。①

第四，重建模式总结与倡导。

如何根据受灾地区现状有针对性地开展灾后恢复重建也是学者广泛关注的一个重点。部分学者专门就重建方法进行了讨论，其中韩伟就认为，多数地区一般的灾后重建项目实施程序均沿用从上到下的工作方式，由于农民参与度不够，项目选择和实施不可避免地与农户最为迫切的需求存在差距，而社区参与式灾后重建项目能够准确表达当地群众的真实需求、动员广大农民群众主动组织起来实施可持续的灾后重建工作，是一个值得探索和推广的途径。② 王卓则就政府与社会组织在“5·12”地震重灾区开展“参与式”灾后重建规划的实践进行了分析，认为“参与式”灾后乡村重建可以为新农村建设和统筹城乡发展提供借鉴。③ 李宏伟等也提出将参与式重建作为灾后重建的主要模式。④ 另外，顾东辉还提出了以外来经验本土化、本土方法专业化为特点的本土导向的社区重建实践智慧。⑤ 此外，针对对口援建这一中国式赈灾模式，研究者认为重灾地区在较短时间内能够恢复重建、获得显著程度的跨越式发展，完全得益于对口援建的灾害风险和灾害损失的跨区域分担机制效率的发挥，因此对口援建这一巨灾风险分担模式，对创新灾害风险管理具有重要意义。⑥

如何通过恢复重建促进发展也是学者关注的焦点。李宏伟等提出要正确处理当前重建工作与未来发展的关系，灾后恢复重建应与民生和反贫困问题、多元社会的建立、公平正义社会体系的建立及行政改革结合起来。⑦ 李棉管在研究中通过分析指出“整村推进”模式是引领灾后重建和

① 李琴、杨娇：《试论汶川地震行政力量与民间力量协同善治——兼论抗震救灾新模式：“政府主导+社会参与”》，《高等函授学报》（哲学社会科学版）2008年第12期。

② 韩伟：《参与式灾后重建的实践和思考——以四川省茂县雅都乡大寨村灾后重建调查为例》，《农村经济》2009年第10期。

③ 王卓：《参与式方法对灾后乡村重建的作用和影响》，未刊稿，四川大学，2008年10月16日。

④ 李宏伟、屈锡华、严敏：《社会再适应、参与式重建与反脆弱性发展——汶川地震灾后重建启示录》，《社会科学研究》2009年第3期。

⑤ 顾东辉：《本土导向：灾后社区社会重建的实践智慧》，《杭州师范大学学报》（社会科学版）2009年第2期。

⑥ 杨正文：《巨灾风险分担机制探讨——兼论“5·12”汶川大地震“对口援建”模式》，《西南民族大学学报》（人文社会科学版）2013年第5期。

⑦ 李宏伟、屈锡华、严敏：《社会再适应、参与式重建与反脆弱性发展——汶川地震灾后重建启示录》，《社会科学研究》2009年第3期。

扶贫开发的有效模式，进一步完善和推广“整村推进”模式是今后灾后实践和相关研究的重点之一。[①] 覃继牧等以雅安市灾后重建城镇体系规划为例，分别从规划布局、产业发展、土地利用、防灾减灾四个层面对重建规划模式进行了实证分析，提出生态安全这一主题，也是未来可持续发展所需要解决的核心问题。[②] 何传启将预防原则、创新原则、效率原则、绿色化原则和生态化原则结合起来，提出了汶川地震灾区走绿色发展道路，实现预防、应对、重建、发展和现代化的有机结合，实现灾后恢复重建。[③] 黄寰也提出，要搞好生态重建，实现经济、生态、社会三大效益的协调统一。[④] 学者还从其他一些角度提出了灾后恢复重建的思路，如杨春燕等提出了社区重建模式，以细胞再生模式强调社区结构和形态的重构，为灾后社区集中安置提供灵活的空间建设策略。[⑤]

第五，关注灾后恢复与重建的其他实践议题。

除前述几个方面的问题，研究者的关注角度涉及灾后恢复与重建过程中社会的方方面面。(1) 社会资本问题，符平基于川、陕、甘三省灾后贫困村的质性调查资料，揭示了社会资本在村庄灾后重建中的表现及问题，提出灾后重建应该充分重视社会资本的投资与积累，将培育和扩大基于信任、规范和互惠网络之上的社会资本作为灾后重建的基础性工作之一。[⑥] 张克俊等论述了大爱文化的社会资本属性，提出应采取措施引导和培育以大爱文化为基础的社会资本在恢复重建中发挥更大的作用。[⑦] (2) 灾后心理问题，要重视灾后社区心理重建，并按照灾后初期、灾后中期和灾后长期三个阶段，来构建灾后心理援助模式。[⑧] (3) 文化问题，喇明英认为在未来村寨灾后重建工作中，应当高度重视建筑与文化的关系，克服重居住功能而忽视文化功能的

---

① 李棉管：《贫困村灾后重建中的扶贫开发模式——“整村推进”与“单项突破”的村庄比较》，《人文杂志》2010 年第 2 期。

② 覃继牧、易峥、何波、曹春霞：《生态安全目标导向下的灾后重建规划模式探讨》，《城市规划》2009 年第 11 期。

③ 何传启：《生态现代化与灾后重建》，《世界科技研究与发展》2009 年第 1 期。

④ 黄寰：《论灾区重建中的生态重建与经济发展》，《社会科学家》2009 年第 1 期。

⑤ 杨春燕、姜熙：《都江堰灾后社区重建模式探索》，《新建筑》2009 年第 6 期。

⑥ 符平：《贫困村灾后重建中的社会资本问题》，《人文杂志》2010 年第 2 期。

⑦ 张克俊、张鸣鸣：《以大爱文化为基础的社会资本培育和灾后重建问题研究》，《社会科学研究》2010 年第 2 期。

⑧ 徐玖平、刘雪梅：《汶川特大地震灾后社区心理援助的统筹优选模式》，《管理学报》2009 年第 12 期。

倾向，要根据当地村寨的文化状况因地制宜做好规划设计，促进民族文化的保护、传承与发展。[①]（4）土地问题，刘红勇等通过分析灾后重建中的土地权属问题产生的原因，提出灾后应通过尽快明确并恢复权属、结合土地权属问题来制定灾后重建规划以及发挥市场调节作用三个方面的措施来解决灾后重建中的土地权属问题。[②]（5）社区融入问题，陶斯文通过对北川张坪村和黄坪坝村的调查，从经济、社会和文化心理三个层面提出灾后社区融入的对策和措施。[③] 李宏伟等提出社会关系重建是受灾群体社会再适应的核心内容，在灾后恢复重建中应对此予以关注。[④] 其他一些议题如震灾保险问题、灾后金融问题、媒体报道问题也受到了一定程度的关注。

第六，灾害研究的学理阐释与反思。

到2012年初，历时三年多，汶川地震震后恢复重建工作基本完成。相关学术研究也逐步从先期对恢复重建实践的关注转向后期的学理反思，并在灾害/灾难人类学、灾害社会学等领域形成了一系列反思性研究成果，关注点从灾后重建本身转向以灾害为情境探讨相关社会问题或理论问题，主要包括三个方面的内容，分别是灾害是什么、如何看待灾害、如何理解灾后恢复重建。

对于灾害是什么这一问题的讨论主要集中于灾害的概念及其内涵方面。如纳日碧力戈的《灾难的人类学辨析》（2008），李永祥的《什么是灾害？——灾害的人类学研究核心概念辨析》（2011），陶鹏、童星的《灾害概念的再认识——兼论灾害社会科学研究流派及整合趋势》（2012），刘芳的《“灾害”、“灾难”和“灾变”：人类学灾厄研究关键词辨析》（2013），包括李永祥的《灾害的人类学研究述评》（2010）在内，这些文章都就灾害（disaster）概念进行了辨析，从而为灾害研究的深入发展提供了概念基础。

对于如何看待灾害，研究者就灾害研究范式、研究视角进行了梳理。周

① 喇明英：《羌族村寨重建模式和建筑类型对羌族文化重构的影响分析》，《中华文化论坛》2009年第3期。

② 刘红勇、韩能、韩侠：《汶川地震灾后重建规划中城市土地权属研究——以都江堰市为例》，《科技进步与对策》2009年第21期。

③ 陶斯文：《灾后重建过程中受灾群众的社区融入与适应——以“一村两地”居住模式下的羌村为个案》，《西北人口》2010年第1期。

④ 李宏伟、屈锡华、严敏：《社会再适应、参与式重建与反脆弱性发展——汶川地震灾后重建启示录》，《社会科学研究》2009年第3期。

利敏的《从自然脆弱性到社会脆弱性：灾害研究的范式转型》(2012)、《从经典灾害社会学、社会脆弱性到社会建构主义——西方灾害社会学研究的最新进展及比较启示》(2012)，郭跃的《自然灾害与社会易损性》(2013)，陶鹏和童星的《灾害社会科学：基于脆弱性视角的整合范式》(2011)，陶鹏的《基于脆弱性视角的灾害管理整合研究》(2013) 等成果针对脆弱性视角进行了集中论述。夏少琼的《国外灾难研究历史、现状与趋势》(2011)，周大鸣和夏少琼的《国外灾难研究百年：十大转变》(2012) 则系统地梳理了国外灾难研究的基本脉络，从而为国内灾害研究提供了借鉴。2008 年汶川地震发生后，以《西南民族大学学报》(人文社会科学版) 为阵地开设了“灾难人类学专栏”，集中译介并刊发了一系列国外关于灾难的人类学研究成果，如安东尼·奥利弗－斯密斯的《“何为灾难?”：人类学对一个持久问题的观点》(2013)、《风暴中的声音：救灾与重建中的社会关系》(2011)，苏珊娜·M. 霍夫曼的《彰显的关怀：灾难与人类学领域》(2011)，为国内基于人类学视角的灾害研究提供了智力支持。

同时，变迁的视角也被研究者频繁引入，如卢阳旭的《突生与连续：西方灾后恢复的社会学研究述评》(2011)，陈世栋等的《从断裂到弥合——国家主导型发展干预过程中的日常政治》(2012)，夏少琼的《断裂与链接——灾后重建中关于地点的思考》(2011) 等文章从社会结构的断裂与连续即变迁的角度来讨论灾害问题。此外还包括文化视角的灾害研究，如唐代兴的《为何研究灾疫文化？——探求当代灾疫的治本之道》(2011)，张纯刚等的《震后标语与灾害文化的构建——以〈标语如潮见真情〉为例》(2013)，这些不同的视角或范式为更好地理解灾害问题提供了多种选择。

对于如何理解灾后重建，集中于以经验现象为基础的阐释与解构分析。如陈世栋的《发现灾民：灾害心理问题的构建》(2011)，陈世栋等的《从断裂到弥合——国家主导型发展干预过程中的日常政治》(2012)，陈世栋等的《灾害应对机制中的发展主义“框构”——以汶川地震灾害应对与甬温线高铁事故处理为例》(2013)，辛允星的《“捆绑式发展”与“隐喻型政治”：对汶川地震灾区平坝羌寨的案例研究》(2013) 等，这些研究集中反思灾后恢复重建过程中的权力关系，就其中的灾民问题、国家干预、灾后发展进行解构分析，从学理角度提供更为深刻的认识。解构分析往往高于实践并且无法提供实践建议，但他们将灾后恢复重建的社会实践置于权力关系体系中予以审视，有效地提供了理解灾后重建过程和发展过程的另一种框架。

3. 汶川震后研究文献述评

从汶川震后的学术研究成果来看，大体表现出从初期关注理念倡导、经验借鉴、实践问题解决，发现问题或就实践问题探索解决方案，到后期关注学理性研究、反思性探讨的变化趋势。这一方面表明研究的不断深入和扩展，逐步从经验层面扩展到理论层面，从行动层面扩展到思辨层面；另一方面表明研究议题的不断挖掘，从最初的具体层面到后来的抽象层面。

但从关注角度来说，尽管夏少琼在其文章《断裂与链接——灾后重建中关于地点的思考》（2011）中开始涉及地点的问题，从研究整体来说，仍表现出对空间持一种不证自明的，或不加反思的立场，这表明空间尚未引起充分关注。这也就表明对震后社会的理解还可以从人们如何对待空间的角度来阐释，以反思的方式来阐释。因此，基于震后研究文献的回顾可以发现，在研究者那里，灾后恢复与重建被视作分时期、分阶段的线性过程，而对其中复杂的社会过程关注不足。对于空间问题而言，掩藏在物质空间背后的更为复杂的社会运作机制尚未被揭示出来。而正是这些社会机制的存在，才使得空间以这样一种特定的形式从构想转化为现实。这一文献梳理过程，直接提醒笔者，可以从空间的角度来理解灾后重建的社会过程。

第四节　空间理论与经验研究

空间作为一种基本的物理存在，是万事万物得以存在的条件之一。空间既是人类实践展开的场域，亦是人类生命寄寓的处所，它具有多方面的社会意蕴。[①] 盘古开天辟地，清气上升，浊气下降，就表现了特定的空间观念。但同时，尽管每个人都能够切实感受到空间，但空间本身却是既看似确凿又充满不确定感的。透过有关空间的理论研究和经验研究，就愈发能够发现空间的复杂性。

一　空间的内涵及理论脉络

1. 空间的内涵

空间是一种普遍的存在，但空间作为概念却具有多义性。《辞海》将

① 胡潇：《空间的社会逻辑——关于马克思恩格斯空间理论的思考》，《中国社会科学》2013 年第 1 期。

空间定义为如下四个方面：(1)广义上指宇宙空间，包容所有物质的三维空间容积；(2)特定意义上指太空、外层空间；(3)在哲学上与“时间”一起构成运动着的物质存在的两种基本形式，指物质存在的广延性；(4)一定的范围。①詹和平在《空间》一书中对空间概念的详尽梳理也表明，西方与中国的空间概念不同、不同学科的空间概念又不同②，空间也就成为一个既熟悉又陌生的词汇。

周岚在对 798 艺术社区变迁的研究中，将空间定义为三个面向③：(1)实物空间，由真实、具体的东西构成，能够被观察到和感觉到的直观、有形的空间；(2)关系空间，基于实物空间的“场域”，以实物空间为基础而形成的各种位置之间的关系网络；(3)精神空间或意义空间，是基于空间被理解和评估的方式的空间意义与概念。

童强将“空间”一词的内涵界定为可能有如下一种或几种含义：(1)空间指的是现实当中某个空的、有余地的、腾出来的空地、空场，如学生坐在教室这个建筑所形成的空间之中；(2)空间也指形成某个空地、场所的建筑或者设置；(3)空间特指人所在的空间。④

叶涯剑指出，空间本身具有三种基本要素：物质特征、象征意义和社会效用，这些要素使空间成为一种特殊的“物”，既是社会行动的中介和影响因素，也是社会过程的原料和产物，既是一种可以感知的物质性存在，也是一种经过想象和阅读的精神产物。⑤

空间是城市社会学研究的合理领域，在其研究视域下，空间是一种实体化了的并可以辨识的社会产物，本质上是一种社会空间。此时空间一方面是物质性的，一切社会活动都必须依托物质载体进行，意义、观念和认识必须通过可见的物质实体进行表现；另一方面，空间就是社会，城市空间结构与社会结构是同一的，空间结构成为社会关系的表现。⑥

因此，从不同的维度看待空间，空间内涵也就不尽相同。空间往往一

---

① 夏征农、陈至立主编：《辞海：第六版彩图本》，上海辞书出版社 2009 年版，第 1252 页。

② 詹和平：《空间》，东南大学出版社 2006 年版，第 1—32 页。

③ 周岚：《空间的向度：798 艺术区的社会变迁》，中国轻工业出版社 2012 年版，第 48 页。

④ 童强：《空间哲学》，北京大学出版社 2011 年版，第 10 页。

⑤ 叶涯剑：《空间重构的社会学解释——黔灵山的历程与言说》，中国社会科学出版社 2013 年版，第 36 页。

⑥ 张品：《何谓“空间”——一种来自城市社会学学科的思考》，《前沿》2011 年第 15 期。

方面被认为是一种物理性存在，如童强所述；另一方面，这种物理性存在又往往具有某种社会意涵。空间的普遍性及其多义性所形成的矛盾提示我们，需要在具体的经验研究中对空间进行具体界定。

2. 空间的理论研究脉络

叶涯剑从学术史角度将空间社会学的起源和发展过程分为三个阶段，齐美尔、列斐伏尔和吉登斯分别是这三个阶段的代表性学者。社会学初创时期，空间似乎是一种外在于社会的给定的背景，社会行动的特征和分布不过是对空间形态的适应或利用，因此齐美尔提出社会属性高于自然属性这一贡献十分珍贵；列斐伏尔承前启后，提出严密的空间理论体系，空间结构和社会行动之间的辩证关系得以清晰呈现；今天则以吉登斯的结构化理论为代表，表明空间社会学研究已经成为普遍性社会理论框架的组成部分。①

高峰对空间研究的理论演进及各时期代表人物进行了更为详尽的梳理②，如表 2 – 5 所示，不同时期的理论家在探讨空间问题时的空间关切和理论建构亦呈现出变化与延续。

表 2 – 5　　空间研究的理论演进

分期	人物	代表作（主要论述）
早期探索	恩格斯	《论住宅问题》通过对 19 世纪曼彻斯特社会空间模式的研究，将穷人—富人社会阶层的划分投影到城市空间，揭示城市内在贫富现象。
	涂尔干	《宗教生活的基本形式》发现空间是重要的社会要素，在图腾崇拜和宗教仪式中，空间安排折射出主导性的社会组织模式。
	滕尼斯	《共同体与社会》将社会生活组织形式划分为乡村礼俗社会与城市法理社会。
	齐美尔	《社会学——关于社会化形式的研究》中专辟章节论述“社会的空间和空间的秩序”，指出空间是心灵的活动，发现社会行动与空间特质的交织。在《桥与门》一书中论述“大城市与精神生活”，看到了都市空间对都市居民人格塑造的重要影响。
	美国芝加哥学派	人类生态学，城市空间被看作纯粹自然现象，城市空间区位结构和社会结构是竞争和选择的自然结果，社会行动和空间结构的关系被简化为经济关系。

① 叶涯剑：《空间社会学的缘起及发展——社会研究的一种新视角》，《河南社会科学》2005 年第 5 期。

② 高峰：《空间的社会意义：一种社会学的理论探索》，《江海学刊》2007 年第 2 期。

续表

分期	人物	代表作（主要论述）
20 世纪 70 年代	列斐伏尔	《空间的生产》指出，空间生产不是空间内部的物质生产，空间不仅仅是物质生产的器皿和媒介，而是空间本身的生产，空间被有意图生产出来，成为产品。空间不是自然性的，而是人造的、政治的，是社会的产物。城市空间是资本主义生产方式的产物。
	哈维	城市空间本质上是一种建构环境，是人为建构的“第二自然”。资本主义条件下城市空间建构和再建构是为了使资本运转更有效，创造更多利润。
	卡斯特	不同于列斐伏尔、哈维从生产角度研究空间问题，卡斯特认为城市主要功能是消费，服务于劳动力的再生产。进而提及个人消费品和集体消费品，而围绕集体消费展开的冲突成为城市社会冲突的主要内容。
20 世纪 80 年代	福柯	《规训与惩罚》采用空间研究方法考察权力支配的演变问题，从政治的角度，从统治技术的角度讨论空间与个体的关系，空间成为政治统治和管理最重要一环，是一种有效的治理术。现代社会就是一个通过空间统治和管制的空间化社会。
	吉登斯	现代性正是时间与空间的演变，理解现代性关键之一就是认识时间与空间的延伸与分离。
20 世纪 90 年代	“文化再现”	“新文化地理学”与“空间、认同与再现”的研究，呈现多种不同主题，如主体认同、族群、性别、地方感、空间政治等。与“文化再现”主题密切相关，与之前空间研究的经济、政治之维形成鲜明对照。

注：根据《空间的社会意义：一种社会学的理论探索》（载于《江海学刊》2007 年第 2 期）一文整理而成。

由此可见，不同理论家对空间表现出了浓厚的兴趣。但实际上，空间成为社会学理论核心概念只是近期的事情。直到 20 世纪 70 年代，在列斐伏尔、福柯、吉登斯、哈维、苏贾、卡斯特、布迪厄等一批社会理论家的共同推动下，空间问题才成为西方主流社会学的核心问题，空间概念也才成为社会学理论的核心概念。① 对空间的关注，也如列斐伏尔所说，从空间中的生产转向空间本身的生产。

二　空间的经验研究

有关空间的经验研究，提供了一个更为直观的渠道来理解空间内涵，以及具体情境下的空间生产、空间形式与社会意涵。

1. 空间经验研究及其关注点

扬·盖尔主要关注室外空间，他在《交往与空间》一书中对空间的

① 郑震：《空间：一个社会学的概念》，《社会学研究》2010 年第 5 期。

讨论较为单纯地关注“城市、建筑及规划如何影响户外生活乃至人们生活的各个方面”，因此，实际上也可以将他对空间的关注理解为如何通过更为合理的空间建构以满足人们的“日常社会生活及其对人造环境的特殊要求”①。

王敏通过对南疆乡村“巴扎”（集市）的研究发现，空间体系由顶棚、主干道、铺位、围栏、“档”区（停车区）、边界、缝隙等一系列具体的空间结构构成，这些表面看来具有具体形式的空间，其界限完全是人们行为的结果，也是社会化的产物，是人的意志的外在物理形态，各个元素间有规律地互相重叠、交叉、补充，共同生成一个有关“巴扎”空间体系的统一印象。这一空间结构背后的文化寓意表明，作为处所的“巴扎”其内部空间区域的划分界限本质上完全是人的行为轨迹的结果，也是一种社会化的产物，是“赶巴扎的人”主观意志的外在物理形态。②

张海超通过对大理白族住屋的人类学考察，发现白族民居“三房一照壁”的风格背后实际有多样的存在形式和更为复杂的空间观念，如大门和照壁被家庭作为宣扬经济状况、艺术品位的最直观手段，用工和选材是整个院落中最讲究的部分、花费心血超过住房；居住格局安排遵循特定规矩，成为家庭内部权力安排的结果；堂屋则更多具有仪式性的属性和功能。基于此作者认为房间的修建和分配形式体现了人们的权力观念、等级制度以及性别关系，因此人类学家从居于其中的人们对房屋的认知和利用方式角度能够获得更多发现。③

刘晓茜（Xiaoqian LIU）在她对敬老院的研究中，针对依规划建成的敬老院的空间设置进行了细致的描述，表明激进的空间重组产生了大量的空间模糊性。她借用两个例证对此进行了说明，一个例子是敬老院的女性卫生检查员在检查房间卫生时，与作为敬老院居住者的裸体男性老人遭遇并发生争吵，但实际上卫生检查员是作为被授权的工作者进入居住者房间以完成敬老院规定的工作，而不是侵犯性闯入，但居住者以房间作为私人空间、隐私受到侵犯为由进行反抗，从而表明居住者房间以及敬老院整体是私人的还是公共的模糊性；另一个例子是由于敬老院由男性主导，导致

① ［丹麦］扬·盖尔：《交往与空间》，何人可译，中国建筑工业出版社 2012 年版。

② 王敏：《“巴扎”（集市）里的空间与文化含义》，《西北民族研究》2013 年第 3 期。

③ 张海超：《建筑、空间与神圣领域的营建——大理白族住屋的人类学考察》，《云南社会科学》2009 年第 3 期。

同楼层女厕所被男性占用，这一情况抵消了男女均分使用厕所的文明规范，假定的标准所确定的“厕所”性别由男性占主导这一特例而被颠覆，厕所具有了性别模糊性。基于这些争议，刘晓茜认为这些空间实际上既不是私人的也不是公共的，既不是男性的也不是女性的，而是双重的，即敬老院成为异托邦。①

叶涯剑对黔灵山的考察发现，一方面，空间的固定只是就整体物理状态而言，在其他状态下则随时在变，随时因社会行动的注入而在形态、尺度、结构、内部划分、用途、意义上发生变动；另一方面，空间的改造必须有社会行动的注入才能生效。② 基于此，作者秉承列斐伏尔空间生产的视角，将空间视为一种社会产品，从谁来生产、为什么生产、生产什么、怎样生产这四个连贯的方面来具体阐释黔灵公园的空间生产过程，其观察结论之一便是“在国家威权主导空间实践的情境下，空间的政治品质会特别突出，成为权力化的空间”③。

陈映芳等发现中国的城市开发目前已经形成一套体制。它具有中层制度的一些基本特点：一方面，它以根本性制度（如国家政治制度、土地制度、户籍制度等）为依托；另一方面，它借由一系列操作性的具体制度（如土地租让法规、住房供给制度 、动迁政策等）来得以实施。作为中层制度的城市开发体制，其确立不仅起始于一定的需求动力（如城市地位诉求、投资利润目标、市民住房需求等），同时也有赖于必要的观念支撑（如发展主义、城市主义、消费主义），以及相应的角色（如主导者、参与者）、操作形式（如机构、制度、实施方式等）。④

2. “异托邦”研究

讨论“异托邦”，则不得不提及乌托邦。乌托邦一词出自莫尔于1516年所作的《关于最完美的国家制度和乌托邦新岛的既有益又有趣的金书》（简称《乌托邦》）。该书中人名、地名以及其他专名都是杜撰，“乌托邦”（Utopia）这个词本身就是据古希腊语虚造出来的，六个字母中有四

① Xiaoqian Liu, The State Through Its Mirrors: An Anthropological Study of A “Respect-the-Elderly Home” In Rural China At The Turn of The 21st Century, Ph. D Dissertation, LSE, 2013, pp. 133 - 136.

② 叶涯剑：《空间重构的社会学解释——黔灵山的历程与言说》，中国社会科学出版社2013年版，第4页。

③ 同上书，第238页。

④ 陈映芳等：《都市大开发——空间生产的政治社会学》，上海古籍出版社2009年版，第4—5页。

个元音，读起来很响，指的却是“无何有之乡”，不存在于客观世界。[①]包括柏拉图《理想国》在内，表达此类主题的作品还有康帕内拉的《太阳城》(1601)、安德里亚的《基督城》(1619)、培根的《新大西岛》(1627)等，这些乌托邦“泛指现实世界中不存在的完美社会”[②]。在福柯看来，“异托邦”(Heterotopia)是根据乌托邦(Utopia)创造出来的，后者是不在场的，而前者则是现实存在的，是一种不同于自我文化的“他者空间”，同时具有想象和真实的双重属性。[③] 在1967年的《另类空间：乌托邦与异托邦》(*Of Other Spaces: Utopias and Heterotopias*)一文中，福柯进一步对“异托邦”进行了阐释，并将之与乌托邦对比。包亚明在书中收录了该文的中文译文，题为《不同空间的正文与上下文》[④]，对乌托邦与异托邦的阐释如下：

> 首先有一类是虚构地点“乌托邦”(utopia)。虚构地点是那些没有真实地点的基地(site)。它们是那些与社会的真实空间，有一个直接或倒转类比的普遍关系的基地。它们或以一个完美化的形式呈现社会本身，或将社会倒转，但无论如何，虚构地点是一个非真实空间。
>
> 同时，可能在每一文化、文明中，也存在着另一种真实空间——它们确实存在，并且形成社会的真正基础——它们是那些对立基地(counter-sites)，是一种有效制定的虚构地点，通过对立基地真实基地与所有可在文化中找到的不同的真实基地，被同时地再现、对立与倒转。这类地点是在所有地点之外，纵然如此，却仍然可以指出它们在现实中的位置。由于这些地点绝对地异于它们所反映与讨论的所有基地，更由于它们与虚构地点的差别，我称之为差异地点(heterotopias)。[⑤]

---

① [英]托马斯·莫尔：《乌托邦》，戴镏龄译，商务印书馆1996年版，序言第3页。

② 吕超：《从“乌托邦”到“异托邦”》，《中国社会科学报》，2013年12月27日第B01版。

③ 同上。

④ 中译本收录的该文该标题属误译，按照相关考证，《不同空间的正文与下文》应译为《另类空间》。详见罗敏的《〈不同空间的正文与上下文〉的翻译出版考察》一文(载于《外国语文》2013年第4期)。

⑤ [法]米歇尔·福柯：《不同空间的正文与上下文》，载包亚明主编《后现代性与地理学的政治》，上海教育出版社2001年版，第21—22页。

乌托邦是一种不存在的空间，乌托邦被意指一种完美状态，并与现实世界的不完美进行对比，它是一种虚构的、虚幻的空间，并不存在于现实世界。“异托邦”则是现实存在的，是差异性的同时再现。福柯看来，“异托邦”有如下六个特征：

> ①“异托邦”具有普遍性，没有任何文化不参与建构差异地点[①]；②差异地点的功能因所在文化情境的不同而发挥不同作用；③差异地点可在一个单独地点中并列数个彼此矛盾的空间与基地，如波斯花园这一神圣化空间对意义的叠合；④差异地点通常与时间的片断性相关，它们对差异时间开放，如博物馆对时间的无限累积，或游乐场的瞬时性；⑤差异地点经常预设一个开关系统，以隔离或使它们变成可以进入；⑥差异地点具有两极化特征，一方面，它们的角色是创造一个幻想空间，以揭露所有的真实空间是更具幻觉性的；另一方面，它们的角色是创造一个不同的空间，另一个完美的、拘谨的、仔细安排的真实空间，以显现我们的空间是污秽的、病态的和混乱的。[②]

在“异托邦”思想的影响下，研究者发现并探讨了一系列“异托邦”空间。

（1）学校空间。石艳将学校空间称作“异托邦”，认为学校空间意象是一种想象中的真实，是矛盾重叠的，既崇尚公认的、权威的文化，也有留存隐匿的附属文化；既生产驯顺的个体，也培养创造性的“另类”；既是一个真实存在的地方，又是一个令人遐想的空间，它将控制与规训、自由与解放并置在一起，超越真实，超越当下，也超越自身，成为具有神话与真实双重属性的“异托邦”空间。[③]

（2）798 艺术区。周岚以 798 艺术区为例，认为 798 艺术区既具有真实的物质形态，又具有对逃离都市生活的想象；既是艺术家反抗的空间又是他

① 注“异托邦”、“差异地点”的译法均对应 heterotopia 一词。因此笔者在引用时采用原文表述，在行文时采用“异托邦”表述，因为“异托邦”的含义是对立于乌托邦的，因此采用“异托邦”的译法更明了。

② ［法］米歇尔·福柯：《不同空间的正文与上下文》，载包亚明主编《后现代性与地理学的政治》，上海教育出版社 2001 年版，第 22—27 页。

③ 石艳：《我们的“异托邦”——学校空间社会学研究》，南京师范大学出版社 2009 年版，第 318—321 页。

们必须服从控制的空间；既是一个日常生活空间又是一个艺术空间；既是旧的（厂房）又是新的（雕塑、涂鸦）；既是本土的，又是国际化的；既是保守的，又是创造的——798 艺术区因此成为一个矛盾重叠的“异托邦”。①

（3）花园空间。周宁将花园视作戏曲想象的“异托邦”，认为花园是从现实中分隔出来的幻觉空间，一方面作为乌托邦与现实相对；另一方面又是现实中实存的地点，反使现实暴露其幻觉性，正如戏曲中的花园之情最终都否定“父母之命、媒妁之言”的现实婚姻秩序，使后者变得荒诞虚假，花园成为既开放供观赏的游览之地，又是隐秘私情的禁地，花园成为既现实又超越现实的“异托邦”。②

诸如学校空间、798 艺术区、花园空间，其真实与想象并置的特征，引起研究者的注意，并将其作为“异托邦”来加以审视。

3. 灾后重建与空间

灾后重建同样是与空间相互关联的。灾害首先发生在一定的空间范围内；其次是对空间的破坏，因此重建也往往表现为空间的重建。如汉旺镇区灾后重建选址进行了“缓冲”处理，即由北向南分别设立遗址保留区、低密度缓冲区、新建城镇区，即通过适度隔离和缓冲，以此为（当地人）心理的“缓释”提供必备的空间和地理条件，并为游人提供进入场景前的情感酝酿空间。③ 这一空间安排清晰地表明了空间设置与情感引导之间的内在关联，强调空间的功能性。

此外，聚落空间的重建还与城镇化相关联。孟莹探讨了汶川震后的民族地区重建，认为灾后重建是特殊环境条件下短时间内凝聚聚落人群建立起来的系统，包括产业转移、空间集聚和社会结构重组等。聚落人群及聚落空间特色的关联、人口转移方式的改变（主动变被动）、产业系统的建立（市场主导变为政府主导）、聚落空间的选择（自主选择变被动选择），使民族地区的灾后重建成为一条特殊条件下的城镇化路径。④

周俭等以都江堰城区灾后重建规划为对象表明，灾后重建规划用地布

---

① 周岚：《僭越与合谋：798 异托邦的空间实践研究》，博士学位论文，上海大学，2009 年，第 147—148 页。

② 周宁：《花园：戏曲想象的异托邦》，《戏剧文学》2004 年第 3 期。

③ 毕婧、黄耀志：《基于情感引导的灾后重建空间组织实践——在绵竹市汉旺镇灾后重建中的思考》，《四川建筑科学研究》2013 年第 1 期。

④ 孟莹：《灾后重建路径下的四川少数民族地区聚落空间探讨》，《规划师》2012 年第 S2 期。

局、规模和形态确立，其重要条件之一就是地质灾害评估，在城市规划中应充分考虑抗震减灾系统，建构生命线系统和疏散运输通道网。同时，空间规划还被寄予跨越发展的战略思想，如建立国际性旅游城市、建设优势突出的产业结构、建设一个城市新都心等。①

从以上有关灾后重建对空间进行干预的例证不难发现，一方面，表明空间成为灾害管理的手段；另一方面，恰好表明空间并非自然，而是人类社会的产物，是按照特定理念规划的非自然空间。

三　简评：空间的社会建构

空间研究往往依托于有形的场所，此时的空间通常具有两种功能，一种是连通功能，如路、桥、门等；一种是容纳功能，如房屋、公园、教室、广场、集市等建筑物或公共空间。这些空间往往首先表现为一种物质性存在。

但同时，在社会秩序中，人们常常围绕时空的公共意义争来争去。②冯雷认为，柯布西耶表达了现代主义的一个坚定信念：空间是实现社会改造的强有力的手段。③ 福柯的权力空间化则更为直接地指出空间是权力得以实施的场所，如他所借用的圆形监狱所揭示的权力控制关系。④ 连同列斐伏尔对空间生产的关注，都集中表明，空间不再是一种不证自明的、固化的物质性存在，而是人为建构的“第二自然”。此时，也就需要重新定位人自身，即人（及社会）并非仅仅是空间中的被动的生存者，他们是空间的生产者，空间无疑具有了人和社会的色彩。这样，空间也就不单具有空间本身所能够提供的功能，如连通或容纳；空间同时还能管理，空间被作为管理社会、治理社会的手段，如通过空间规划管理灾害风险；空间还能够表征，表征特定的社会群体对空间的理解和意义赋予，如学校以及798 艺术空间等空间形式所表征的特定符号意义。

---

① 周俭、夏南凯：《立足跨越发展的都江堰城区灾后重建规划思想——关于空间、时间、形态的关系》，《城市规划学刊》2008 年第 4 期。

② ［美］戴维·哈维：《正义、自然和差异地理学》，胡大平译，上海人民出版社 2010 年版，第 255 页。

③ 冯雷：《当代空间批判理论的四个主题——对后现代空间论的批判性重构》，《中国社会科学》2008 年第 3 期。

④ 吴飞：《“空间实践”与诗意的抵抗——解读米歇尔·德赛图的日常生活实践理论》，《社会学研究》2009 年第 2 期。

第五节　社会建构主义与话语分析

一　社会建构主义的内涵

社会建构主义正在变得越来越“时髦”，很多事物都被认为是社会地建构的，学术研究中的被“建构”之物也不在少数。哈金（Hacking）就从图书馆目录中得到了一系列建构论的标题①（如表 2－6 所示），由表可知被“建构”之物甚多。

表 2－6　　文献中的被“建构”之物

被“建构”之物	原文对照	文献来源
作者身份	Authorship	Woodmansee and Jaszi, 1994
兄弟关系	Brotherhood	Clawson, 1989
儿童电视观众	The child viewer of television	Luke, 1990
危险	Danger	McCormick, 1995
激情	Emotions	Harre, 1986
事实	Facts	Latour and Woolgar, 1979
性别	Gender	Dewar, 1986; Lorber and Farrell, 1991
同性恋文化	Homosexual culture	Kinsman, 1983
疾病	Illness	Lorber, 1997
知识	Knowledge	MacKenzie, 1981; Myers, 1990; Barrett, 1992; Torkington, 1996
读写能力	Literacy	Cook-Gumperz, 1986
医疗移民	The medicalized immigrant	Wilkins, 1993
自然	Nature	Eder, 1996
口述史	Oral history	Tonkin, 1992
后现代主义	Postmodernism	McHale, 1992
夸克	Quarks	Pickering, 1986
现实	Reality	Berger and Luckmann, 1966
连环杀人者	Serial homicide	Jenkins, 1994

① Ian Hacking, *The Social Construction of What?*, Cambridge, Massachusetts and London: Harvard University Press, 1999, p. 1.

续表

被“建构”之物	原文对照	文献来源
技术系统	Technological systems	Bijker, Hughes and Pinch, 1987
城市教育	Urban schooling	Miron, 1996
人口统计	Vital statistics	Emery, 1993
女性难民	Women refugees	Moussa, 1992
无家可归少年	Youth homelessness	Huston and Liddiard, 1994
祖鲁民族主义	Zulu nationalism	Golan, 1994

注：此表根据哈金在其著作 *The Social Construction of What*? 中的内容制表而成；表头为笔者所加。

哈金所列举的例子几乎囊括了从字母 A 到 Z 的事物。尽管如此受欢迎，仍需就建构主义的概念界定进行谨慎梳理并谨慎使用。社会建构主义作为一种认识论和思维方式所指涉的是，人类不是简单地认识或发现这个世界，而是经由认识和发现过程本身不断赋予这个世界以意义结构，从而在某种程度上创造着这个世界。[①]《剑桥哲学词典（英文第二版）》中写道：

> 社会建构主义的诸多观点均宣称，某些领域的知识，是我们的社会实践和社会制度的产物，或者是相关社会群体互动和协商的产物。温和版本的社会建构主义观点认为，社会因素形塑着对世界的解释。激进版本则认为，世界或者它的某些重要部分，在某种程度上是由理论、实践和制度构成的。[②]

闫志刚认为，建构主义作为一种不同于传统的认识论和思维方式，它所指涉的是这样一种思想，即人类不是静态地认识、发现外在的客体世界，而是经由认识、发现过程本身，不断构造着新的现实世界。同时，社会问题的社会学研究主题不是“有问题的”客观事实或状态，而是这些

① 闫志刚：《社会建构论视角下的社会问题研究：农民工问题的社会建构过程》，中国社会科学出版社 2010 年版，第 21 页。

② Robert Audi, *The Cambridge Dictionary of Philosophy*, Cambridge: Cambridge University Press, 1999, p. 855.

事实或状态被宣称成为社会问题的活动和过程。经由这些活动和过程，社会问题建构性地存在着。①

在伯尔（Burr）看来，社会建构主义并没有一个统一的定义，但是可以宽泛地认为以如下关键假设之一或几个为基础的进路便是社会建构主义的。这些假设包括：(1)对理所当然的知识持批判立场；(2)历史的以及文化的特殊性；(3)知识是由社会过程支撑的；(4)知识与社会行动密切相关。这四个原则进一步表现出如下特征：①反本质论，事物或人并非是由其内在本质决定的，而是社会过程；②质疑实在论，拒绝知识是对现实的直接认识，没有恒存的客观事实；③知识的历史特殊性和文化特殊性，与时间和文化相关的理论或解释不能普适于所有人；④语言是思想的先决条件，理解世界的方式来自他人而非客观实在；⑤语言是社会行动的一种形式，相互交谈，使世界得以建构，语言对人产生实际的影响；⑥关注互动和社会实践；⑦关注过程，知识不是谁拥有与否的，而是人们共同生产出来的。②

对于何为建构，哈金进行了较为细致的阐述。在他看来，当人们主张 X 是社会地建构出来的时候，是以如下情况为前提的：就目前的情况来看，X 被认为是理所当然的；X 表现为不可避免的。③ 同时他提到，客体（object）与观念（idea）是不同的，以夸克为例，或许可以说夸克的观念而非夸克本身是社会建构物，观念是有社会历史的，但夸克本身不是建构物，不是社会的，也不是历史的。④ 据此或许可以简单类比，地震是客观存在，但有关地震的观念是社会建构物。

就目前来看，社会建构的工作是批判性的。X 的社会建构论者，倾向于持有如下观点：(1) X 并不需要存在，或者并不必然是现在这个样子。X，或者当下的 X，并不是由事物的本质决定的；它并非是不可避免的。通常社会建构论者会走得更远，并敦促道：(2) X 就其本身而言是非常坏的。(3) 如果除掉 X，或者至少很根本地对其进行改革，我们将变得更好。其中 (1) 是起点：X 或者 X 的特征并不是由事物的本质决定的，

---

① 闫志刚：《社会建构论：社会问题理论研究的一种新视角》，《社会》2006 年第 1 期。

② Vivien Burr, *Social Constructionism*, London and New York: Routledge, 2003, pp. 2 – 9.

③ Ian Hacking, *The Social Construction of What*?, Cambridge, Massachusetts and London: Harvard University Press, 1999, p. 12.

④ Ibid., pp. 29 – 30.

X 并非不可避免的。X 是由社会事件、社会力量、历史等造成的或形塑的，所有这些都可能以不同的面貌呈现。很多社会建构的论文马上推进到（2）和（3），但它们并不需要这么做。有些就目前来看不可避免的事物，并非不可避免，而且也并非因此就是一个坏的事物。但很多人在使用社会建构论观点时，满腔热情地希望去批评、改变或摧毁既存秩序中他们所讨厌的诸 X。[①]

哈金就社会建构主义者的承诺进行了分级，并将之划分为六个层次，这六个层次分别对前述（1）（2）（3）这三个方面做出程度递进的反应（如表 2－7 所示）。

表 2－7　　建构主义的递进层次

递进层级	简　述	所持立场
1. 历史性建构主义	X 是历史的，建构主义的最低限度。X 是在社会过程中被建构的，对 X 的好坏不予置评。	（1）
2. 反语性建构主义	世界或观念结构中我们认为不可避免的部分是偶然的，是社会历史和社会力量的产物，我们却不可避免地将之视为宇宙的一部分。	（1）
3. 揭露性建构主义 4. 改良性建构主义	揭露性：戳穿观念的虚假形式，不是为了粉碎该观念，而是剥除其错误的诉求或权威；改良性：X 很坏，又无法去除，但并非不可避免，可以改良某些方面。由于二者可能同时处于或不处于两种状态，因此被并置于此。	（1）（2）
5. 反叛性建构主义	积极倡导（1）（2）（3）这三个方面	（1）（2）（3）
6. 革命性建构主义	超越这个世界有关 X 的观念，并改变世界	（1）（2）（3）

注：此表根据哈金在其著作 *The Social Construction of What?* 中第 19—21 页的内容整理而成。

也即，被建构之物是观念、知识、概念等，并且我们不能说所有事物都是社会地建构的。如果说所有事物都是社会地建构的，那么说危险或者妇女难民是社会地建构的也就没什么意义了。[②] 因此，社会建构主义有其解释限度。

斯佩克特（Spector）和基特苏塞（Kitsuse）以社会问题为例对“建构论”范式进行了阐释，即社会问题不是“状况”（conditions），而是将

① Ian Hacking, *The Social Construction of What?*, Cambridge, Massachusetts and London: Harvard University Press, 1999, pp. 6－7.

② Ibid., p. 24.

这些“状况”的存在定义为问题的“活动”（activities），他们感兴趣的是建立有关行动宣称（claims-making）的理论，而不是关于某种状况的理论。①

简言之，社会建构主义作为一种看待世界的方式，它并不将社会现实视作理所当然和不可避免的，它不是确信无疑地接受社会现实，而是对其加以审视，批判性地揭示其社会地、历史地被“建构”的过程。

二 社会建构主义的研究途径

提到社会建构主义，往往让人联想到话语分析。但是，社会建构主义作为理论视角的一个松散集合，与作为社会研究途径的话语分析并不是一对一的关系；但看起来话语分析正被很多建构主义者热烈地用之为研究途径。② 社会建构主义研究至少有四种方式，谈话分析（conversation analysis）、话语心理学（discursive psychology）、解释性言辞表（interpretative repertoires）以及福柯式话语分析（Foucauldian discourse analysis）。③

表 2-8 社会建构主义的研究途径

类 别	内 容
谈话分析	关注自然言语的结构，研究操控社会互动的现象，如转变谈话、争论、对话修补等。可以说是话语分析的最“微观”层面。
话语心理学	源自社会心理学家，关注身份与主观性。首要关注人们如何建构他们自己，如何建造防御型身份，如何将自身及事件呈现为事实，以及如何合法化其行动。同上，关注互动的微观过程，可通过有目的的访谈进行。
解释性言辞表	源自话语心理学。需要识别讲者建造自己的解释时所使用的文化性语言资源，而不是具体的修辞。关注人们建构自己的解释时所使用的隐喻、语法结构等。解释性言辞表存在于小范围内，且是讲者的资源，而不是对其施加某种主观性的结构，这一点是区别于福柯话语分析的。
福柯式话语分析	话语即言说或表征世界的方式，这种方式使我们成为人。我们是多种话语的对象。一是关注与特定话语关联的实践；二是关注形成这些实践的背景的物质状况和社会结构。话语分析致力于识别生活的某领域中运作的话语，并检视其对于主体性、实践和权力关系所具有的含义。

注：此表根据伯尔在其著作 *Social Constructionism* 中第 159—174 页的内容整理而成。

---

① Malcolm Spector and John I. Kitsuse, *Constructing Social Problems*, New Brunswick and London: Transaction Publishers, pp. 74 - 76.

② Vivien Burr, *Social Constructionism*, London and New York: Routledge, 2003, p. 150.

③ Ibid., p. 159.

在费尔克拉夫看来，福柯的话语分析方法被社会科学家广泛地当作一种模式[①]。在灾害研究和管理问题上，休伊特认为，对自然灾害来说，重要的事情不是靠灾害事件的条件或行为来解释灾害的特征、后果及形成原因，而是要分析当代的社会秩序，灾害的日常关系和塑造这些特征的更深远的历史环境。[②] 显然，结合以上伯尔的分类，笔者认为应用福柯式的话语分析是较为合适的选择，话语分析适于揭示灾害以及灾后重建背后的话语运作与权力关系。

福柯将话语定义为“系统地形成这些话语所言及的对象的实践”[③]。一个话语指称一套意义、隐喻、表征、图像、故事、陈述，等等，它们以某种方式共同生成关于事件的一个特定版本，它指称一个事件、一个人或一个阶层所被描绘的一幅特定图像，对其进行表征的一个特定方式；这也就意味着针对某一事物都有多种不同话语，每种话语都是讲述有关该事物的不同的故事，都是向世界表征该物的不同的方式。[④] 换言之，社会现实通过话语被生产出来、变成真实，如果不考虑这些话语对意义的赋予，社会互动就无法得到充分的理解；而作为话语分析者，就是要揭示话语与现实（reality）之间的关系。[⑤] 话语分析通过对文本（texts）的研究，关注话语的建构性效果，即话语如何通过使社会关系和物质客体有意义，从而使现实得以形成。[⑥]

话语分析的资料为文本。文本是“能够用于阅读、观察或听取的任何印刷的、视觉的、口头的或听觉的作品，如一篇文章，一部电影，一幅画，一首歌”[⑦]，任何能够被“读解”为意义的东西都可以视作一种或多种话语的体现，都能够被视作“文本”[⑧]。类似地，菲利普斯（Phillips）等认为文本包括

---

① ［英］诺曼·费尔克拉夫：《话语与社会变迁》，殷晓蓉译，华夏出版社 2003 年版，第 36 页。

② Kenneth Hewitt, *Interpretation of Calamity from the Viewpoint of Human Ecology*, Boston: Allen and Uniwin, 1983. 转引自郭跃《自然灾害与社会易损性》（第 1 版），中国社会科学出版社 2013 年版，第 8 页。

③ ［法］米歇尔·福柯：《知识考古学》，谢强、马月译，生活·读书·新知三联书店 2007 年版，第 53 页。

④ Vivien Burr, *Social Constructionism*, London and New York: Routledge, 2003, p. 64.

⑤ Nelson Phillips and Cynthia Hardy, *Discourse Analysis: Investigating Processes of Social Construction*, Thousand Oaks, London and New Delhi: Sage Publications, 2002, p. 3.

⑥ Cynthia Hardy, "Researching Organizational Discourse", *International Studies of Management & Organization*, Vol. 31, No. 3, 2001, p. 29.

⑦ Vivien Burr, *Social Constructionism*, London and New York: Routledge, 2003, p. 18.

⑧ Ibid., p. 66.

一系列事物，如书面文本，非语言互动，电影，电视节目，以及其他媒介、象征、人造物等。[①] 福柯式的话语分析可能使用各种形式的口头的或书面文本，或者任何带有象征性内容的物品，如电影、照片、衣服或建筑[②]，可见作为文本的研究对象之普遍。对于话语分析方法的实际应用，菲利普斯选取一系列话语分析的经验研究，经汇总发现，其数据来源包括故事、（历史）档案、民族志、访谈、直接观察、商业杂志、文本的或口述的公司纪实、《国家地理》杂志、公共研究报告等，分析方法包括了谈话分析、图像分析、叙事分析、内容与语言分析、制度分析、民族志分析等。[③]

以闫志刚的《社会建构论视角下的社会问题研究：农民工问题的社会建构过程》（2010）为例，该书就是采用文本和话语的研究方法，数据包括不同时期公共政策、大众传媒、学术活动的文本资料，通过文献分析、内容分析、框架分析[④]等方法进行分析研究，分析政策、传媒以及学术话语对农民工问题的建构过程，研究有关农民工问题的“表达性”事实。[⑤] 谢立中的《社会现实的话语建构——以“罗斯福新政”为例》（2012），则试图以话语分析的方法解释20世纪前期西方发达资本主义国家当中普遍出现的干预主义转向可能并不是自由资本主义制度内在矛盾发展的必然结果，而只是由特定话语建构出来的一种历史过程[⑥]，该研究使用了大量历史文献。

三 福柯的话语分析及意义

按照谢立中的分析[⑦]，“知识考古学”和“权力谱系学”是福柯在其

---

① Nelson Phillips and Cynthia Hardy, *Discourse Analysis: Investigating Processes of Social Construction*, Thousand Oaks, London and New Delhi: Sage Publications, 2002, p. 70.

② Vivien Burr, *Social Constructionism*, London and New York: Routledge, 2003, p. 150.

③ Nelson Phillips and Cynthia Hardy, *Discourse Analysis: Investigating Processes of Social Construction*, Thousand Oaks, London and New Delhi: Sage Publications, 2002, pp. 34 - 38.

④ 闫志刚：《社会建构论视角下的社会问题研究：农民工问题的社会建构过程》，中国社会科学出版社2010年版，第10页。

⑤ 同上书，第241页。

⑥ 谢立中：《社会现实的话语建构——以“罗斯福新政”为例》，北京大学出版社2012年版，引言第2页。

⑦ 注：本部分对福柯话语分析的回顾和梳理主要参照谢立中的《走向多元话语分析：后现代思潮的社会学意涵》[（第1版），中国人民大学出版社2009年版]，该书第八章“话语或权力：福柯前后期话语分析理论之间的矛盾及其消解之道”、第九章“多元话语分析：社会分析模式的新尝试（代结语）”对于福柯前后期的话语分析及其观念转变进行了详尽的梳理。

写作生涯的不同时期对“话语”进行分析时采用的两种基本模式，“知识考古学”就是一种应用“考古学”的意识和方法来对“知识”或“观念”的构成（前提、条件、机制）与演变过程进行考察和分析的方法。[①] 福柯在《词与物——人文科学考古学》中进行了如下阐述：

> （知识考古学）旨在重新发现在何种基础上，知识和理论才是可能的；知识在哪个秩序空间内被构建起来；在何种历史先天性基础上，在何种确实性要素中，观念得以呈现，科学得以确立，经验得以在哲学中被反思，合理性得以塑成，以便也许以后不久就会消失。……我设法阐明的是认识论领域，是认识型……应该显现的是知识空间内的那些构型，它们产生了各种各样的经验知识。[②]

福柯将西方近现代思想的历史划分为“文艺复兴时期”“古典时期”和“现代时期”，相应的三种不同的知识型就是：以“相似性”原理为特征的文艺复兴时期的知识型、以同一性与差异性原理以及“表象分析”为特征的古典知识型和以解构分析与历史分析为特征的现代知识型，《疯癫与文明》《临床医学的诞生》《词与物——人文科学考古学》等书也就成为“知识考古学”的案例研究。[③] 福柯提出，话语分析就是对“知识”和“观念”类型进行分析，并通过对象构成规则的同一性、陈述模式构成规则的同一性、概念构成规则的同一性和主题构成规则的同一性四个维度来确认一个话语类型，“话语分析”也就成了对“话语构成”的分析。[④]

福柯后期的话语分析则转向权力谱系学，即前期所探讨的知识（话语）构成规则的来源，转向对“现代社会中的权力及其与话语之间关系的探讨，试图由此获得对现代社会中的权力运作和话语形成机制的一种恰

① 谢立中：《走向多元话语分析：后现代思潮的社会学意涵》，中国人民大学出版社 2009 年版，第 236 页。

② ［法］米歇尔·福柯：《词与物——人文科学考古学》，莫伟民译，上海三联书店 2012 年版，前言第 10 页。

③ 谢立中：《走向多元话语分析：后现代思潮的社会学意涵》，中国人民大学出版社 2009 年版，第 238 页。

④ 同上书，第 241 页。

当理解”[①]。在《尼采、谱系学、历史》《话语的秩序》等文章中，福柯“一直接受了传统的有关权力的概念，即把权力看成本质上是一种司法机制，它制定法律，实行禁止和拒绝，产生一系列否定的效果：排除、拒斥、否定、阻碍、掩藏等”，而到《规训与惩罚》以及《性史》中，福柯则用“技术和战略的分析替代了法律和否定性的概念”[②]，意在表明“权力对话语形成、保存、分布和流传的作用并不完全都是通过禁止和控制之类的方式来展开的；权力（尤其是现代社会中的权力）不仅仅是一种压制性的力量，而且也可以是（并更多的是）一种生产性的、建构性的力量；权力和知识/话语之间是相互建构的”[③]，“权力能够生产，它生产现实，生产对象的领域和真理的仪式。个人及从他身上获得的知识都属于这种生产”[④]。

由上可见，福柯的话语分析虽然表现出前期与后期关注点的转变，但这一转变同时凸显了两方面的重要意义。其中，一方面是话语的建构性，话语（即知识或观念）并非现成地存在于那里等待认识和了解的自然现象，“而是‘社会空间’中的一个知觉对象，是在历史过程当中由多种社会实践建构起来的”[⑤]，话语的建构性意味着“话语不再被视为对某种纯粹外在于话语、先于话语而存在的东西的表达或再现”“话语的陈述主体也同样不是某种在话语之外、先于话语而存在的东西”，话语的陈述对象和陈述主体“都是由人们通过特定的话语实践、按照特定的话语构成规则建构起来的”[⑥]。另一方面是话语与权力的关联性、相互渗透性和相互建构性，尤其是“权力对于话语的优先地位和支配作用”[⑦]。“权力关系造

① 谢立中：《走向多元话语分析：后现代思潮的社会学意涵》，中国人民大学出版社 2009 年版，第 249 页。

② ［法］米歇尔·福柯：《权力的眼睛——福柯访谈录》，严锋译，上海人民出版社 1997 年版，第 172—173 页。

③ 谢立中：《走向多元话语分析：后现代思潮的社会学意涵》，中国人民大学出版社 2009 年版，第 254 页。

④ ［法］米歇尔·福柯：《规训与惩罚》，刘北成、杨远婴译，生活·读书·新知三联书店 2007 年版，第 218 页。

⑤ 谢立中：《走向多元话语分析：后现代思潮的社会学意涵》，中国人民大学出版社 2009 年版，第 237 页。

⑥ 同上书，第 260—263 页。

⑦ 同上书，第 264 页。

就了一种知识体系，而知识则扩大和强化了这种权力的效应”①。但按照谢立中的分析，福柯晚期权力—话语分析与早期的话语分析之间存在对立和冲突，即福柯早期话语分析理论中突出强调的话语自主性在晚期权力—话语分析中遭到了否定，话语建构性思想也遭到了一定程度的否定，对此，谢立中个人倾向于选择福柯的“话语建构论”而非“权力建构论”，因为权力是特定“知识/话语/文本”的效应，“知识/话语/文本”并不像福柯所说完全受权力支配，它们不仅有着相对的独立性，而且权力还要受到“知识/话语/文本”的支配；特定的权力与特定的话语系统相联系，并由特定的话语系统所赋予，而非相反，如现代社会中“正常人”对于“精神病人”的权力是由“精神病学话语”所赋予的。② 对此，谢立中给出的策略是进行多元话语分析，即强调多元立场、多元视角，反对一元论，强调多元主义，允许多种分析结果同时存在，不一定要排斥其他答案。

据此，本文就灾后居住空间的生产进行话语分析，有如下借鉴。第一，强调居住空间的话语建构性，章村震后居住空间是在特定话语系统的约束和引导下被建构出来的，对此进行话语分析就是考察建构的过程和机制；第二，权力对话语的支配性作用，即谁能够通过话语影响现实的建构；第三，话语对权力的约束性作用，即各种话语形式建构社会现实的过程中，不可能是顺风顺水的，拥有权力者也不可能无所忌惮肆意而为，此时话语反过来约束权力的实施。

第六节　常与非常：本文分析框架

从灾害研究的文献可见，人们对灾害的认识处于动态的变化过程之中。灾害从名词表述到内涵都是处于论辩中的、动态的状态。这种动态性又与灾害观的演变密切相关，人们看待灾害的方式已经从超自然转向自然与社会两方面；社会研究领域的灾害研究也更加聚焦于社会本身如何理解和看待灾害。借此可以将灾害研究大致划分为两个类别。一是研究灾害本

① 谢立中：《走向多元话语分析：后现代思潮的社会学意涵》，中国人民大学出版社 2009 年版，第 265 页。

② 同上书，第 268—271 页。

身，如灾害概念辨析、灾害观的演替、灾害研究的议题及范式等。这可能包括一系列实然问题与应然问题，如社会评估与灾后重建需求、重建模式与经验借鉴、灾后恢复重建的反思性探讨与应然问题探讨等。二是以灾害为场域，通过灾害这一社会舞台，研究社会本身的结构、功能、逻辑等其他社会问题。如灾后恢复重建中的社会资本问题、社会变迁问题、国家与社会关系问题等。二者的区别在于将灾害视作研究问题或研究对象本身，还是将灾害视作研究相关社会问题的基本背景。

但值得强调的一点是，灾害的非常性仍是其主要特征之一。以汶川地震为例，无论如何看待灾害，灾害尤其是地震灾害仍然是突发性的、剧烈的、破坏性的，是不常见的、对常态的破坏。人们用百年不遇、天灾等词汇表述灾害的这一特性；新闻则往往以紧急插播的形式播报此类新闻，高层直接关注、社会各界密集关注等仍表明地震的非常性质。地震成为常态的破坏的一个节点，也成为常态的续接的一个界面。因此，本文将地震之下常与非常的互动与转换作为一个分析框架，灾后恢复重建活动都发生在“常态—破坏—恢复/重建”这一脉络之下。

一　常的意涵

常字有多种解释。以《辞海》为例，对“常”字的解释[①]有：①古旗帜名。②指恒久不易或变化的规律。③经常；时常。④普通；平常。⑤伦常；纲常。⑥古长度单位名。⑦“常棣”的简称。⑧通“尝”。⑨姓。对“非常”的解释[②]有：①异乎寻常的；特殊的。②指突如其来的事变。③十分；很。本文将常与非常作为一对概念来使用，是从正常/平常/常态与异常/反常这个角度来讲的。

康敏提出从三个层面来理解常[③]。一是量的规定性，如经常、通常，数量上占优、反复出现，以致不以为怪，如日常生活。二是质的规定性，由量到质，形成潮流、趋势、规律，成为标准状态，成为正常、常态，反之为反常、变态。三是共识，常蕴含社会里人们共同的道德判断和价值追

① 夏征农、陈至立主编：《辞海：第六版彩图本》，上海辞书出版社 2009 年版，第 253—254 页。

② 同上书，第 589 页。

③ 康敏：《“习以为常”之蔽——一个马来村庄日常生活的民族志》，北京大学出版社 2009 年版，第 9 页。

求。如灾害面前，奉献行为普遍受到赞誉，个别的“跑跑”（如汶川大地震中扔下学生逃跑的范美忠被网友称为“范跑跑”）现象则饱受挞伐，正说明了推崇奉献的共识判断。

从这个意义来说，与常意思最为密切的就是日常、正常、平常三者，唐敏对此进行了精致的梳理。日常即日常生活，是西方哲学家那里与理性思维对立的、感性的、现实的日常生活，是人类学家那里人们每天过的日子，与宗教活动、庆典、特殊事件等非日常生活相对应。正常即日常生活中符合文化体系常识的部分，符合、反映常识，或符合普遍性经验的思想与行为就是正常的，反之就是“荒诞不经”或“胡作非为”，如玛丽·道格拉斯所言的“异常物”与福柯所言的“不正常的人”。平常意味着平淡无奇，在预料和期待之中，平常的生活就是日常生活，平常的知识就是常识，平常的人就是常人。[①]

金光亿针对文化研究倾向于对事件的研究进行了反思，认为这会导致等待特殊事件发生，忽视日常生活。而事件是日常的延伸，往往具有与日常相反的意义，日常与非日常，并非独立存在，而是联系的。同时，日常并非人们以自身的力量去定义的，而是被一种强大的外力如政治权力或资本力量所左右的，即人们的日常是在政治理念、权力、资本力之间的相互关系中规定并实践的。[②] 金光亿对外在力量的关注，与福柯对不正常的人的判断是一致的。在福柯那里，被建构为“不正常的人”是法律、教育、医学，尤其是精神病学的知识和权力的对象，这些机构共同承担起保卫社会的责任，对付来自不正常的人的危险。[③] 显然可以推论，既然日常是作为外部力量的对象而存在的，则非常亦然。

对于非常而言，则是与平常的安定状态相反的不安定期，是一种非常状态。对于农业社会来说，好的年景，决定了一种太平的生活；差的年景，特别是像灾荒、战争这类会波及很多人的重大灾害，就会导致既有正常生活的瓦解，以及象征苦难日子的非正常生活的来临，这也就导

① 康敏：《“习以为常”之蔽——一个马来村庄日常生活的民族志》，北京大学出版社2009年版，第9—15页。

② ［韩］金光亿：《日常世界与人类学》，载马戎、周星《21世纪：文化自觉与跨文化对话（一）》，北京大学出版社2001年版，第444—446页。

③ ［法］米歇尔·福柯：《不正常的人——法兰西学院演讲系列（1974—1975）》，钱翰译，上海人民出版社2003年版，第5页。

致外部力量如帝国控制的介入，并使之恢复如常。[①] 因此，常与非常作为一对概念并不是分立的两面，而是相互联结、动态转换的关系。

二 常与非常：状态与过程

人类学者的关注点既包括了仪式、庆典等非日常生活的部分，也包括了日常生活那部分，同时也有对日常与非日常关联的讨论，如通过非日常的庆典或仪式去理解日常生活。林耀华先生对金翼之家的描述[②]中，多次提到生活“恢复常态”“平衡”“回到常规”“纳入常规”“和往常一样”“回到正常轨道”“恢复到平静”等表述，表明了常与非常之间的动态转换关系。一方面，从静态的视角来看，常或非常表征社会状态；另一方面，从动态的视角来看，常与非常并非两个毫无关联的事项，而是相互转化的过程。换言之，常与非常既是对状态的描述，又是对过程的描述。

赵旭东对晚清乡村危机的探讨，提供了一个将常与非常联系起来讨论的例子。在他看来，村落共同体开放性和闭合性的条件，依赖于生活世界中人生历程的平常与非常的划分。平常期的闭合性使村落共同体生活得以保持，非常状态的不安定期则往往导致乡村共同体的门户开放，由此使外部力量尤其是国家以各种方式进入乡村社会中来。危机对于中国社会而言，既是一种不幸，同时也是能够真正体现国家或帝国力量强大以及控制能力的一种契机。在依靠自己的力量无法使原有秩序得到恢复的前提下，借助外部力量的秩序恢复就成为一种必然，此时乡村转变为开放状态，帝国影响力也在此种情形之下得以实质性地渗入乡村生活中去，并借此使混乱的生活得到极为快速的恢复，使社会秩序再一次回归到平常状态。平常时期规律性的生活和非常时期不确定性的生活以及帝国的控制，共同构成为人们生活的整体。[③] 由此论述可见常与非常之间的“常—非常—常”的动态关联。

---

① 赵旭东：《平常的日子与非常的控制——一次晚清乡村危机及其社会结构的再思考》，《民俗研究》2013 年第 3 期。

② 林耀华：《金翼：中国家族制度的社会学研究》，生活·读书·新知三联书店 2008 年版，第 2、13、14、17、22、29、46、61、66、103、107、109、126、129、159、190、191、195、205 等页。

③ 赵旭东：《平常的日子与非常的控制——一次晚清乡村危机及其社会结构的再思考》，《民俗研究》2013 年第 3 期。

李丰楙则直接以干宝的《搜神记》为例就“常与非常”的文化思维进行了论述。干宝按照“怪异非常”的神话思维，在《搜神记》中收录诸多精怪传说事迹，并明白指出“怪异非常”即为气乱（元气的紊乱）、气贸（元气的变易）的不正常状态。人们本来能认识世界，却又不断创造精怪反常传说，反映了人类坚信其正常经验：非我物类的精怪就不能变化为人；纵使变为人也不可能永远存在于人间，因为破坏了整个“正常”的生存秩序。[①] 作者李丰楙本意是以干宝的例子来解释道教的“宗教突破”，但对常与非常的论述则启发了本文，对于反常之精怪采取非常之应对的方式，正可类比于非常之灾害对应于非常之救灾机制，以及常与非常之间的转化。以地震灾害相关研究为例，夏少琼的《断裂与链接——灾后重建中关于地点的思考》就表明从地点的断裂到链接的转化趋向，即从非常到常的转化趋向。

三　常与非常框架下农房重建话语的建构过程

基于以上回顾，本文在讨论灾后重建议题时，尝试将此“常与非常”作为分析框架。一方面，对于地震灾害而言，地震被认为是天灾，是例外事件、非常规事件，地震破坏了之前的常，并使受灾地区房倒屋塌、路毁人亡，进入非常状态。另一方面，对正常秩序的诉求与灾后恢复重建的开展，使得非常得以向新的常转化，这就形成了（旧）常—非常—（新）常的社会过程。

在这一转换过程中，话语体系的运作发挥着至关重要的作用。一方面，常与非常的状态分别都是被社会地定义的，是被表述的；另一方面，转换的实践是基于话语的运作，经由权力与知识的运作，最终形塑新的社会现实。因此，灾害作为一个场景，是非常的，是自然致灾因子与人类社会脆弱性共同作用的结果；而重建则是恢复如常的过程。正是在这个场景中，发生了以农房这一空间的重建为载体/对象的灾后重建的社会过程，并由一整套话语形塑社会现实。在此，“常—非常”的框架既是背景——灾后重建话语建构的背景，也是框架——农房重建话语建构的框架。如图 2－1 所示。

① 李丰楙：《神化与变异：一个常与非常的文化思维》，中华书局 2010 年版，第 8—9 页。

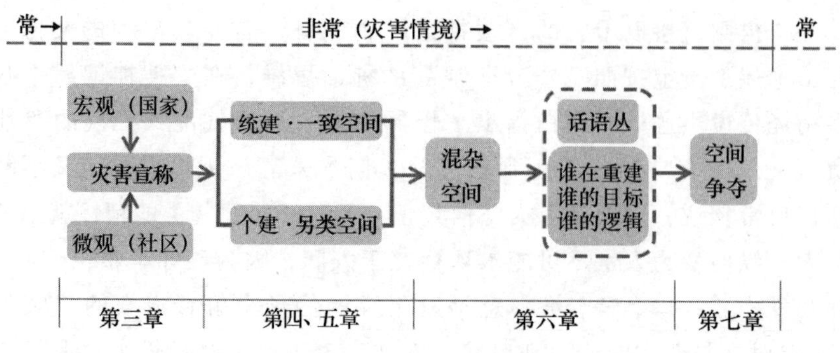

图 2－1　本文分析框架

具体而言，本文各章节安排如下：

第一章　简述研究问题、研究缘起及研究内容与方法，并提出本研究的创新与不足。提出社会建构主义的研究视角，将章村震后居住空间的建构作为主要探讨问题。

第二章　分别从灾害、空间和社会建构主义（话语分析）三个方面进行文献综述，在此基础上提出本文“常与非常”的分析框架，作为社区居住空间建构的宏观背景。

第三章　从宏观层面与微观层面共同说明灾后重建干预、章村社区重建议程的确立都是问题宣称的结果，“自然”灾害借助这一社会过程转变为社会问题。

第四章　详细描述了在 Z 基金会的主导之下，章村统规统建的一致空间生成的过程。

第五章　详细描述了与基金会主导的统规统建并行的、农房重建个体安排所致的另类空间的生成。

第六章　重点分析章村农房重建所形成的一致空间与另类空间并置的混杂现实，进而从话语与权力关系的角度分析这一混杂空间的社会建构过程。

第七章　简要梳理灾害情境下经由话语建构形塑混杂空间的过程，提出这一空间争夺的意义及章村个案的可能引申含义。

第三章

灾害宣称：非常之震与农房重建

基特苏塞等人建议将社会问题视作并定义为由特定团体将之确定为“问题”的一项活动，这些团体宣称这些“问题”是有害的、不被希望的、不公正的、需要予以关注并矫正的。这样，后果之一便是社会问题不被视作一种“客观状况”，而是主张者之间、由他们所宣称的“问题”所引致的互动过程。① 从这个角度来看，2008 年汶川地震发生后的灾后恢复与重建，就是灾害宣称制造的过程。一方面，无论是在灾区宏观层面还是村落微观层面，地震都成为一个具有严重后果的非常事件，是国家的灾难，因而也是成为问题的；另一方面，在行动层面，村落的自然状态与界限被打破，外部力量借此进入村落就农房重建进行大举干预。

第一节　多难之邦：大灾与国家响应

中国是一个自然灾害多发的国家。面对频发的灾害，作为承灾体的社会形成了一整套应对灾害的体系和框架，一旦灾害发生，就自动将其纳入社会框构。在地震发生的瞬间，自然力的不可抗性得以集中彰显，处于地震直接影响地区的人们对此的第一反应是“地震了!”，但随后更为精确的信息则是被告知的。戴恩斯等人在对“卡特里娜”飓风的研究中就指出，电视报道中所出现的节目主题就包括发现损失、发现死亡人数、发现帮助、发现权威以及发现坏家伙，以此来框构（framing）飓风。② 同样地，汶川地震发生后，人

---

① Malcolm Spector and John I. Kitsuse, *Constructing Social Problems*, New Brunswick and London: Transaction Publishers, pp. ix – x.

② David L. Brunsma, David Overfelt and J. Steven Picou, eds., *The Sociology of Katrina: Perspectives on a Modern Catastrophe*, Lanham: Rowman & Littlefield Publishers, 2010, p. 27.

们通过媒体报道、领导人亲临现场指挥等信息，逐步了解到地震的相关情形及其性质的严重性，此时地震已经开始逐步被纳入预定的应对框架，即框构灾害。

一　被告知的地震

通常而言，地震尚不能通过科学手段进行精确预测和发布预警。因此，实际上，除了处于地震直接影响区域的人们对地震有直接经验感知，以及震感区域能够隐约感觉到地震发生之外，作为受灾区域之外的多数公众是通过媒体获知地震信息的。即便是对于地震区域的人而言，震级、烈度、损失等精确数据也是由媒体或机构告知的，也即对于地震区域之外的公众以及直接受灾的人们而言，地震都是被告知的，人们通过国家、政府部门、地震局等相关机构发布的信息了解地震。

以四川汶川地震为例，基本信息包括时间、震级、伤亡、严重程度等。地震发生于2008年5月12日14时28分04秒，四川省汶川县，震中心为四川省汶川县映秀镇，其次为北川，都江堰市西21千米，崇州市西北48千米，大邑县西北48千米，成都市西北75千米。震源深度10千米，里氏震级8.0级，矩震级7.9级，震中烈度最大11度。地震造成69227人遇难，374643人受伤，17923人失踪。这可以视作对汶川地震的科学描述，由地震局等专门机构进行震级测定。地震发生在野外、无人地区，则为自然现象，一旦与人类社会发生互动并造成损失，则为灾难。汶川地震被视为新中国成立以来国内破坏性最强、波及范围最广、总伤亡人数最多的地震之一，被称为“汶川大地震”。

但同时应注意到的是，这些信息是在地震发生后由媒体或机构进行传达的。地震发生后，主流媒体紧密关注、密集播报，灾难图像被迅速传达，“灾区”迅速成为关注的焦点。

> 5月12日14时28分汶川发生地震，14时35分北京地区出现震感。新华社打破常规，14时45分发出第一条英文快讯。随后第一时间根据中国地震局震情通报，向全世界发布了权威、准确的消息。14时56分，新华社从成都发出第一张地震的图片，时效领先全球各大媒体。人民日报社收到汶川地震信息后，当场决定派记者去前线。报社立即成立了“抗震救灾领导小组”。15时04分，中央人民广播电台中国之声收到中国地震局传真后立即插播地震消息。15时30分，

该台成为第一家采访到中国地震局专家的媒体。16 时 30 分，召开紧急会议，决定从 19 时至次日凌晨 1 时 30 分推出特别节目《汶川紧急救援》。央视新闻频道在地震发生后 32 分钟首发新闻；52 分钟后即推出直播特别节目《关注汶川地震》。

5 月 13 日，在全国宣传系统电视电话会议上，李长春同志强调，抗震救灾报道要上重要版面时段。

人民日报社 5 月 13 日关于抗震救灾的版面占了总版数的 40%，14 日为 60%，15 日为 80%。人民日报社要求要全力保证抗震救灾版面，一切报道都要为抗震救灾让路。

从 12 日地震发生后至 16 日，新华社已播发有关四川汶川大地震和抗震救灾的中英文文字和图片稿件 7000 多条，其中，对内中文稿 1300 多条；对外中文稿 1200 条，英文稿 880 条；对内中文图片 1400 张；对外中文图片 1300 张，英文图片 750 张。播发音视频节目总计 310 条，730 分钟。

中央人民广播电台中国之声从 5 月 12 日晚 19 时至次日凌晨 1 时 30 分紧急推出特别节目《汶川紧急救援》。5 月 13 日全天 24 小时继续播出特别节目《汶川紧急救援》，这是中国之声第一次在全天 24 小时开通直播节目。

中央电视台直播特别节目《关注汶川地震》，从 5 月 12 日 15 时 20 分至 5 月 13 日 20 时，节目跨度超过 26 小时，以“同一主题不间断播出”，对白天和午夜时段实施了直播全覆盖。其中，自 5 月 12 日 20 时起，综合频道还与新闻频道实现了同步并机播出。直播节目首播新闻 200 余条次，成为国内外新闻媒体获取震区新闻的主要信息源。①

由是可见，人们所了解的地震是由媒体所表述的地震，人们通过媒体间接了解有关地震及灾区的信息。从这个角度来看，对所有人来讲，地震都是“被告知的”。

二　作为事实的伤亡数字

数字被视作“沟通的策略”，对数字的信任使对广博知识和个人信任的需

① 《四川汶川大地震中央媒体报道纪实》，2008 年 6 月 3 日，http：//news. qq. com/a/20090427/001278_ 1. htm，2013 年 12 月 20 日。

求降到最低，量化方法尤其适用于超越现场和社区边界的沟通。[①] 地震发生后，伤亡数字不仅仅是作为一个表述震灾严重程度的工具，同时是作为沟通的工具，人们通过数字了解震灾的严重性。因此，如果说震后新闻机构的即刻关注，意味着地震这一事件开始引起公众注意的话，随后不断播报的灾区的伤亡数字，则进一步使灾难形象具体化。伤亡人数随着统计不断更新[②]：

5月12日 截至22时：四川地震灾区已发现死亡人数7651人。

5月13日 截至12时：汶川地震已造成四川、甘肃、陕西、重庆、云南、湖北6省（市）因灾死亡11921人。

5月13日 截至19时：据不完全统计，四川地震灾区死亡12012人，9404人被废墟掩埋，7841人失踪，收治26206人。

5月14日16时许：官方宣布四川在汶川地震中遇难人数上升至14463人，被埋25788人，失踪1405人，受伤64746人，6万多人获救。

5月15日16时：地震已经造成四川死亡19500余人，遇难估计5万人以上，受伤102100余人，被埋12300人，目前已经从废墟中救出13400余人。

5月18日 截至16时：地震造成四川死亡31900余人，受伤20.99万余人，被埋9500余人。从废墟中救出36563人，临时安置456.53万人。

这仅是一份报道对截至18日的伤亡人数统计。后续及至当年9月份，由民政部报告的伤亡人数统计数字仍在不断更新中：截至9月11日12时，四川汶川地震已确认69226人遇难，374643人受伤，失踪17923人[③]。此时，数字在一定程度上成为衡量地震严重性的依据。数字一方面具有对事实描述的客观性；另一方面也是抽象性的，因此，电视新闻画面成为对抽象性的弥补，提供了直观的现场感受。视觉图像提供了一种非常清楚的“描述性信息”，包括场景、人物和事件的具体细节。[④]

---

① Theodore M. Porter, *Trust in Numbers*: *The Pursuit of Objectivity in Science and Public Life*, Princeton and New Jersey: Princeton University Press, 1995, pp. viii – ix.

② 阮修星、童芬芬、朱振、刘婷婷、张媛源：《一场8级地震的突袭：汶川地震150小时全纪录》，《中国工商时报》2008年5月19日。

③ 《四川汶川地震抗震救灾进展情况（9月11日）》，2008年9月11日，http：//news. xinhuanet. com/newscenter/2008 –09/11/content_ 9923910. htm，2014年7月24日。

④ 陈向明：《质的研究方法与社会科学研究》，教育科学出版社2012年版，第262页。

在中央电视台新闻频道插播的一段由汶川同行拍摄的汶川县城震后10分钟的画面显示，人们聚集到街上、空地上，空气中尘土飞扬，可见建筑物断裂、倒塌，能够看到有人从楼内奔跑出来。到5月13日的新闻图片主要为通讯中断、道路中断、断壁残垣、建筑物垮塌、滚石堵塞道路、路面塌陷等画面。

电视新闻及网络等媒体对此“突发事件”的报道就以宏观数字统计以及具体现场画面的形式不断向外界传达出来。地震的具体情况及地震的严重性质逐步被确定下来。

三 权威人物的在场

中央领导作为权威形象在震后灾区的在场，一方面，表明中央政府对震灾的高度重视；另一方面，表明此次震灾的严重性。

2008年5月12日四川汶川发生地震后，胡锦涛总书记立即做出重要指示，要求尽快抢救伤员，保证灾区人民生命安全。地震当天，温家宝总理就乘专机赶往灾区，并于当晚20时抵达地震灾区四川省都江堰市开始指挥抗震救灾工作，并深夜前往医院、学校看望受灾群众。13日，在全国宣传系统电视电话会议上，李长春强调，抗震救灾报道要上重要版面时段。5月16日，中共中央总书记、国家主席、中央军委主席胡锦涛乘飞机抵达四川绵阳，慰问灾区干部群众，看望抗震救灾一线的部队官兵和医护人员。新华网的“汶川地震抗震救灾特别报道”[①] 专题其中一个栏目为“高层关怀”，记录了从地震发生后直至2009年初中央领导亲临灾区的情况。温家宝、胡锦涛、吴邦国、回良玉、李源潮、贾庆林、刘延东、李长春、习近平、李克强等中央领导均在灾后进入灾区考察。

江泽民、朱镕基等第三代领导集体亲临“九八”抗洪前线，以及此次胡锦涛、温家宝等第四代领导集体身赴汶川救灾现场，都表现出新时期领导人更加务实，更加注重抗灾本身，与“卡特里娜”飓风之后美国总统布什未出现在灾区的情况相比，中国领导人更加务实，以至于汶川地震后，美国的中国问题研究专家申卡尔表示：“中国在这方面的表现要好得多，中国领导人马上到了现场，卷起袖子救灾。”[②]

---

① 参见新华网汶川地震抗震救灾特别报道：http：//www. xinhuanet. com/politics/kzjz/。

② 孙晓晖：《中国应对自然灾害的社会动员问题刍议》，《江西社会科学》2009年第11期。

由上，地震后媒体的密集报道，伤亡人数的统计，国家领导人在灾区的出现，使得汶川地震的灾难性质逐步突显，并最终被定性为新中国成立以来国内破坏性最强、波及范围最广、总伤亡人数最多的地震之一。

四　震灾应急预案与响应级别

中国应急管理体系可以概括为“一案三制”，即应急预案，应急机制、体制与法制。[①]“一案三制”是一个密不可分的有机整体，共同构成了应急管理体系的基本框架。[②]“一案三制”具体内容如下：

> 应急预案的基本内容包括总则、组织机构与职责、预测预警、应急响应、后期处置、保障措施、宣传培训和演习、附则、附录九大部分，涵盖了突发公共事件应急响应的全过程和全方位，如应急组织体系框架描述，明确各类突发公共事件预测、预警、报警、接警、处置、结束、善后和灾后重建等环节的主管部门、协作部门、参与单位及其职责，并体现应急联动的要求，最好附图表说明；预警级别及发布，明确本地区、本部门、本单位预警级别的确定原则、条件和发布程序等，按照突发公共事件严重性和紧急程度，可分为一般（Ⅳ级）、较重（Ⅲ级）、严重（Ⅱ级）和特别严重（Ⅰ级）四级预警，并依次用蓝色、黄色、橙色和红色表示；基本响应程序中，又分基本应急和扩大应急，前者明确信息研判、应急启动、抢险救助、医疗救护、卫生防疫、交通管制、现场监控、人员疏散、安全防护、社会动员、损失评估、现场应急结束等程序和要求，明确基本应急程序中各相关机构、责任人、组织方式、队伍调遣、物资使用、征用、调用等要求；后者是在事态难以控制或有扩大、发展趋势时，明确有关应急机构的行动程序与要求，等等。
>
> “三制”中，应急管理体制方面，包括集中统一的指挥机构，强大的社会动员体系，以事发地党委和政府为主、有关部门和相关地区

---

① 瞿剑：《“一案三制”应对突发公共事件》，《科技日报》2004年9月3日。

② 钟开斌：《“一案三制”：中国应急管理体系建设的基本框架》，《南京社会科学》2009年第11期。

协调配合的领导责任制，应急处置的专业救援队伍、专家咨询队伍。运行机制方面，包括监测预警机制、应急信息报告机制、应急决策和协调机制、分级负责与响应机制、公众沟通与动员机制、应急资源配置与征用机制、奖惩机制和社会治安综合治理、城乡社区管理等。法制建设方面，主要是依法行政，努力使突发公共事件的应急处置逐步走向规范化、制度化和法制化轨道，并注意通过对实践的总结，促进法律、法规和规章的不断完善。①

中国《国家自然灾害救助应急预案》规定，根据自然灾害的危害程度等因素，国家减灾委设定四个国家自然灾害救助应急响应等级。Ⅰ级响应由国家减灾委主任统一组织、领导；Ⅱ级响应由国家减灾委副主任（民政部部长）组织协调；Ⅲ级响应由国家减灾委秘书长组织协调；Ⅳ级响应由国家减灾委办公室组织协调。预案规定了相应响应级别的启动条件、启动程序及响应措施。

表 3－1　　国家自然灾害救助应急响应级别

级别	启动条件	启动程序	响应措施
Ⅰ级响应	a. 死亡 200 人以上； b. 紧急转移安置或需紧急生活救助 100 万人以上； c. 倒塌和严重损坏房屋 20 万间以上。	灾害发生后，国家减灾委办公室经分析评估，认定灾情达到启动标准，向国家减灾委提出进入Ⅰ级响应的建议；国家减灾委决定进入Ⅰ级响应状态。	由国家减灾委统一领导、组织自然灾害减灾救灾工作。
Ⅱ级响应	a. 死亡 100 人以上，200 人以下； b. 紧急转移安置或需紧急生活救助 80 万人以上，100 万人以下； c. 倒塌和严重损坏房屋 15 万间以上，20 万间以下。	灾害发生后，国家减灾委办公室经分析评估，认定灾情达到启动标准，向国家减灾委提出进入Ⅱ级响应的建议；国家减灾委副主任（民政部部长）决定进入Ⅱ级响应状态。	由国家减灾委副主任（民政部部长）组织协调自然灾害救助工作。
Ⅲ级响应	a. 死亡 50 人以上，100 人以下； b. 紧急转移安置或需紧急生活救助 30 万人以上，80 万人以下； c. 倒塌和严重损坏房屋 10 万间以上，15 万间以下。	灾害发生后，国家减灾委办公室经分析评估，认定灾情达到启动标准，向国家减灾委提出进入Ⅲ级响应的建议；国家减灾委秘书长决定进入Ⅲ级响应状态。	由国家减灾委秘书长组织协调自然灾害救助工作。

① 瞿剑：《“一案三制”应对突发公共事件》，《科技日报》2004 年 9 月 3 日。

续表

级别	启动条件	启动程序	响应措施
Ⅳ级响应	a. 死亡30人以上，50人以下； b. 紧急转移安置或需紧急生活救助10万人以上，30万人以下； c. 倒塌房屋和严重损坏房屋1万间以上，10万间以下。	灾害发生后，国家减灾委办公室经分析评估，认定灾情达到启动标准，由国家减灾委办公室常务副主任决定进入Ⅳ级响应状态。	由国家减灾委办公室组织协调自然灾害救助工作。

注：整理自《国家自然灾害救助应急预案》（2011年10月16日修订）。

以地震灾害为例，《国家地震应急预案》（2012年8月28日修订）规定，国务院抗震救灾指挥部负责统一领导、指挥和协调全国抗震救灾工作。地震局承担国务院抗震救灾指挥部日常工作。必要时，成立国务院抗震救灾总指挥部，负责统一领导、指挥和协调全国抗震救灾工作；在地震灾区成立现场指挥机构，在国务院抗震救灾指挥机构的领导下开展工作。县级以上地方人民政府抗震救灾指挥部负责统一领导、指挥和协调本行政区域的抗震救灾工作。地方有关部门和单位、当地解放军、武警部队和民兵组织等，按照职责分工，各负其责，密切配合，共同做好抗震救灾工作。针对地震灾害确定灾害分级并启动分级响应。

表3－2　地震灾害分级响应

响应级别	类别	三个初判条件			特殊情况
		死亡人数（含失踪）	经济损失	震级标准	
Ⅰ级响应	特别重大地震灾害	300人以上	直接经济损失占地震发生地省（区、市）上年国内生产总值1%以上	人口较密集地区发生7.0级以上地震；人口密集地区发生6.0级以上地震	地震发生在边疆地区、少数民族聚居地区和其他特殊地区，可根据需要适当提高响应级别。地震应急响应启动后，可视灾情及其发展情况对响应级别及时进行相应调整，避免响应不足或响应过度。
Ⅱ级响应	重大地震灾害	50人以上、300人以下	造成严重经济损失	人口较密集地区发生6.0级以上、7.0级以下地震；人口密集地区发生5.0级以上、6.0级以下地震	
Ⅲ级响应	较大地震灾害	20人以上、50人以下	较重经济损失	人口较密集地区发生5.0级以上、6.0级以下地震；人口密集地区发生4.0级以上、5.0级以下地震	
Ⅳ级响应	一般地震灾害	20人以下	一定经济损失	人口较密集地区发生4.0级以上、5.0级以下地震	

注：整理自《国家地震应急预案》（2012年8月28日修订）；另参见《地震“启动响应级别”是怎么划定的?》http：//news. youth. cn/gn/201304/t20130420_ 3128626. htm。

目前，由于震级、震源深度、震中人口密度、房屋结构和质量等决定人员伤亡和财产损失的因素较多，所以震后短时间内不能准确掌握人员伤亡和财产损失，震级在震后几分钟内可以用地震仪器测定，所以通常以震级作为主要判断标准。[①]

此外，地震发生后汶川通讯中断，直到 15 日才逐步恢复与外界的通讯[②]，因此地震程度主要依靠地震局判断。自 5 月 12 日 14 时 28 分，四川汶川发生 7.8 级地震后，截至当天 22 点 25 分，中国地震局已经正式对外发布了 3 次消息，第一次在 15 点半，核实确认了地震震级；第二次是 16 点半，将北京当晚 22 点至 24 点将发生余震的传言归属为谣言；第三次是 19 点，再次确认汶川地震震级，并给予定性："本次地震震级高、有感范围大"，同时就北京等其他地区出现的地震传言予以了否定。[③]

汶川地震发生当天 16 时 40 分许，国家减灾委紧急启动国家Ⅱ级救灾应急响应，并组成救灾工作组即赴四川汶川灾区，协助指导抗震救灾工作。到当晚 22 时 15 分，国家减灾委针对地震灾情紧急启动一级救灾应急响应。截至地震当天 24 时，中国地震局、中国气象局、卫生部、交通运输部、国家电网、安监总局、外交部等部门均启动应急预案，对汶川地震做出响应。可见，自然灾害一旦发生，便被纳入相应的响应程序，予以应对。

五　灾情统计制度

灾情统计自古有之。自然灾害灾情是国情的重要组成部分，是制定抗灾救灾减灾对策和社会经济发展计划的依据，也是灾害科学研究的最重要的基础资料。自然灾害灾情统计是按照有关法规的要求，对一个地区所发生的自然灾害及其破坏损失情况进行调查分析和总结整理的工作，同时也形成了具体的灾害统计办法和规范。[④]（见表 3－3）

---

① 参见《地震"启动响应级别"是怎么划定的?》，http：//news. youth. cn/gn/201304/t 20130420_ 3128626. htm。

② 参见《汶川通信保障性恢复的前前后后》，http：//www. legaldaily. com. cn/zt/content/2008－05/20/content_ 858574. htm。

③ 参见《中国地震局就汶川地震发布三次消息》，http：//news. sciencenet. cn/htmlnews//2008513871781206495. html。

④ 袁艺、张磊：《中国自然灾害灾情统计现状及展望》，《灾害学》2006 年第 4 期。

表 3－3　　主要灾害管理部门的灾情统计情况

部门	统计的灾种	统计形式	统计内容
民政部	干旱、洪涝、风雹（包括龙卷风、飓风、沙尘暴等）、台风（包括热带风暴）、地震、低温冷冻、雪灾、山体滑坡和泥石流、病虫害等	新灾快报、核报；（半）年报	①基本情况：灾害种类、灾害发生时间、受灾区域等；②人口受灾情况：受灾人口、死亡（失踪）人口、伤病人口、饮水困难人口、紧急转移安置人口等；③农作物受灾情况：受灾面积、绝收面积、毁坏耕地等；④损失情况：倒塌（损坏）房屋、直接经济损失、因灾死亡大牲畜等；⑤救灾工作：口粮（衣被、伤病）需（已）救济情况、倒房恢复情况、救灾资金（物资）投入情况
国家防总	洪涝灾（含台风、热带风暴、风暴潮）、旱灾	实时上报；定期上报（月报、年报）	①洪涝灾：洪涝发生的基本情况（时间、地点、受灾范围）、人口受灾情况，以及对农林牧渔业、工交运输业、水利设施等方面造成的损失；②旱灾：主要包括旱情发生的时间、地点、受旱面积、受旱程度，对城乡居民生活、工农业生产造成的影响，以及抗旱情况、抗旱效益等
国土资源部	山体滑坡、崩塌、地面塌陷和泥石流等地质灾害	速报、月报	①灾害基本情况：灾害发生地点、时间、伤亡人数、地质灾害类型，灾害体的规模、诱发因素、地质成因和发展趋势；②灾害损失情况：伤亡人数，已造成直接经济损失，可能的间接经济损失，地质灾害类型；③防治工作：采取的防范对策和防治工作建议
农业部	干旱、洪涝、风雹和低温冻害（含雪灾）	定期上报［月报、（半）年报］	①农作物受灾情况：受灾面积、成灾面积、绝收面积、因旱不能播种面积、因旱未出苗面积、缺苗断垄面积、旱地缺墒面积、严重缺墒面积、水田缺水面积；②自然灾害损失情况：自然灾害造成的粮食、棉花、油料、糖料、蔬菜的减产情况及对农林牧副渔业造成的直接经济损失
中国地震局	地震	速报	①震情：发震时刻、震中经纬度、实测震级、震源深度、震中参考地名、定位精度；②人口受灾情况：包括受灾户数、受灾人口、死亡人数、重伤人数、轻伤人数和无家可归人数；③建筑物及其他工程结构受灾情况：包括房屋、生命线工程、工业构筑物、水工结构、土工结构、地下结构和重大工程设施的损坏情况；④经济损失情况：包括工业和民用建筑破坏损失值、室内外财产损失值、各类生命线工程损失值、各类工业构筑物损失值、其他水工土工地下结构损失值、其他直接经济损失值、地震救灾直接投入费用、地震间接经济损失总值等；⑤地面及其他破坏情况
中国气象局	气象灾害		①灾害天气信息：降水（温度）实况监测、预测、分析，台风预警预报，沙尘暴、寒潮预报等信息

续表

部门	统计的灾种	统计形式	统计内容
国家海洋局	海洋灾害（风暴潮、海浪灾害、赤潮灾害、溢油灾害、海岸侵蚀）		①灾害基本信息：发生时间、持续时间、地点或范围、致灾原因；②灾情信息：受灾人口、死亡人口、受淹农田、损坏房屋、损毁房屋、海洋工程破坏情况、水产养殖损失、直接经济损失
国家林业局	火灾		①受灾面积；②森林火灾经济损失（森林资源损失、直接经济损失、间接经济损失和森林环境资源损失）

注：此表摘自袁艺、张磊《中国自然灾害灾情统计现状及展望》，《灾害学》2006 年第 4 期。

如表 3－3 所示，不同的灾种被划归不同的部门负责，相关信息由特定部门组织统计，体现出中国灾害统计中分类、分部门的特点。当作为自然现象的灾害一旦发生，就即刻被纳入相应的社会应对部门，与之对应的社会过程开始启动。

以地震为例，地震局通过测定的数据确定震级、震中、烈度等信息，并以此为依据启动应急响应程序，使地震这一自然现象在与人类社会接触后，进入社会应变流程，对灾害进行框构。

六　规划出台

2008 年 6 月 8 日国务院公布《汶川地震灾后恢复重建条例》，以保障灾后恢复重建工作的有力、有序、有效开展。2008 年 9 月 19 日，国务院印发《汶川地震灾后恢复重建总体规划》（以下简称《总体规划》），从重建基础、指导思想、基本原则、重建目标、空间布局、城乡住房、农村建设、公共服务、基础设施、产业重建、防灾减灾、生态环境、精神家园、政策措施、重建资金、规划实施等十几个方面，对灾后恢复重建工作的完成、灾区正常的经济社会秩序的恢复工作进行了总体安排。《总体规划》指出，“本规划是制订恢复重建专项规划、政策措施和恢复重建实施规划的基本依据，是开展恢复重建工作的重要依据，任何单位和个人在恢复重建中都要遵守并执行本规划，服从规划管理”。《总体规划》的出台标志着政府主导下的灾后恢复重建工作全面启动[①]，“用三年左右时间完成恢复重建的主要任务，基本生活条件和经

① 黄承伟、彭善朴：《〈汶川地震灾后恢复重建总体规划〉实施社会影响评估》，社会科学文献出版社 2010 年版，第 1 页。

济社会发展水平达到或超过灾前水平，努力建设安居乐业、生态文明、安全和谐的新家园，为经济社会可持续发展奠定坚实基础”。

在总体规划基础上，各专项规划也随之发布。见表3－4：

表3－4　　专项规划及发布单位

专项规划	发布单位	发布时间
汶川地震灾后恢复重建农村建设专项规划	国家发展改革委、住房和城乡建设部、农业部、交通运输部、国务院扶贫办	2008.11.5
汶川地震灾后恢复重建土地利用专项规划	国家发展改革委、国土资源部	2008.11.5
汶川地震灾后恢复重建生态修复专项规划	国家发展改革委、国家林业局、环保部、农业部、水利部	2008.11.5
汶川地震灾后恢复重建城镇体系专项规划	国家发展改革委、住房和城乡建设部	2008.11.5
汶川地震灾后恢复重建城乡住房建设专项规划	国家发展改革委、住房和城乡建设部、民政部	2008.11.5
汶川地震灾后恢复重建市场服务体系专项规划	发展改革委、商务部会同中国人民银行以及四川、甘肃、陕西省政府编制	2008.11.5
汶川地震灾后恢复重建公共服务设施建设专项规划	国家发展改革委、教育部、卫生部、民政部、文化部、人力资源和社会保障部、人口计生委、体育总局、广电总局、新闻出版总署、国家文物局	2008.11.5
汶川地震灾后恢复重建基础设施专项规划	国家发展改革委、交通运输部、铁道部、工业和信息化部、水利部、国家能源局	2008.11.7
汶川地震灾后恢复重建生产力布局和产业调整专项规划	国家发展改革委、工业和信息化部、农业部、文化部和国家旅游局与四川省、甘肃省和陕西省人民政府	2008.11.5
汶川地震灾后恢复重建防灾减灾专项规划	国家发展改革委、民政部、国土资源部、地震局	2008.11.7

由上，总体规划及十项专项规划就灾后恢复重建进行了规定，以规划的形式应对地震造成的负面后果。陈世栋等将“规划”视作国家自然灾害应对中的一个重要举措，并且现代国家的规划都以发展主义元叙事为指导，通过总方针的建立，再经由各领域具体工作的实施，服务于经济增长和资本扩张目标的实现。[①] 海尔曼（Heilmann）指出在中国几乎所有公共政策制定领域，以及在塑造了中国高速增长和经济稳定的政治体制中，规

① 陈世栋、王为径、叶敬忠：《灾害应对机制中的发展主义“框构”——以汶川地震灾害应对与甬温线高铁事故处理为例》，《西南民族大学学报》（人文社会科学版）2013年第5期。

划体系都是处于中心位置的。[1] 显然，在巨灾应对中，国家作为灾害管理的一个重要的、不可或缺的主体，规划被作为一项重要的治理策略来使用。通过规划，由地震所造成的人员财产伤亡、物质损失、经济损失以及社会失序，统统被纳入有序的国家应对体系中来。

面对巨灾，面对强震，国家从初期的启动应急预案，到随后的灾情统计、灾后恢复重建规划及专项规划的出台，宏观层面的国家灾害响应有条不紊地进行着。从宏观层面来讲，作为自然现象的地震、作为突发事件的地震已经被逐步纳入有效的社会应对体系。

第二节　重创之村：外部力量与农房重建

从宏观层面来讲，四川汶川地震直接波及地区遭受严重损失。地震作为一种非常力量，打破了村庄震前与外界所保持的社会关联，使相对封闭的边界被打破，各种外部力量得以以各种形式进入村庄，将震后之村作为干预对象，作为自身无力应对的、需要帮助的、需要支援的对象加以处置。从这个角度说，正是大震给外部力量创造了大举干预村庄发展的可能性，这些外部力量既包括国家、政府，也包括社会组织、个人等，它们共同地、进一步地将村落层面微观干预的议题具体化。

一　震后章村面貌

按照戴维·英格利斯所说，没有什么比我们日复一日的生活更清楚明了的了，吃饭、睡觉等所有这些加上其他不计其数的平凡琐碎的事情，构成了我们日常生活的内容。[2] 但同时，在齐美尔看来，“即使是最为普通、不起眼的生活形态”，也是对更为普遍的社会和文化秩序的表达。[3] 从对章村轮廓的简要勾勒来看，一方面，作为对村庄概貌的一个描述，往往包含幅员、人口、种养结构、收入结构等方面；另一方面，章村就像我们所理解的多数村庄一样，安静地存在着，村民过着平静的生活，处于我们通

① Sebastian Heilmann and Oliver Melton, “The Reinvention of Development Planning in China, 1993 - 2012”, *Modern China*, Vol. 39, No. 6, 2013, p. 581.

② ［英］戴维·英格利斯：《文化与日常生活》，张秋月等译，中央编译出版社 2010 年版，第 2 页。

③ 同上书，第 4 页。

常所理解的常态之中。也即，此时的章村是处于常态的存在，它以此表达着“常”的秩序。而当2008年5月12日的下午，大地开始摇晃、发生地震的时候，章村人也就被迫从常态生活转入非常状态。章村位处大震波及范围之内，大震打破了小村的平静，瞬间将其置于混乱与无助之中。

地震发生时，其景显然迥异于往日：

> 当时只是看到一股黑烟子，就像拍电视，妖精来了那种。一股黑烟下来，房子就全部倒完了。哗哗哗，就喊妈呀爹呀的，到处都是叫唤。其他就没有了，只看到黑烟子，到处都喊救人。就喊村里赤脚医生拖一张桌子出来，拿纱布包扎。能包的就包，不能包的就送到医院。到处都是死人。当时都没有收钱，现在是要收钱的，当时都是义务的。纱布、药都是免费的。当时有个大娘，手杆砸断了，就找了一根铁丝，给她绑起来，缠起来，结果失血过多。一个外地的人，养青蛙，拿拉粪的货三轮拉到镇上。抢液体，输液的那些，抢人家的，给两个人，结果只救了一个，死了一个。抢了人家不给锥（注：扎针输液），他就自己锥，他说不晓得怎么有那么大的勇气，就拿起来就锥。回来车子又不见了，被人家弄走又拉人去了。那天还在医院守了一晚上。现在回忆起来，真的太惊人了。一辈子都忘不了，太惨了。
>
> 我都不晓得哭了好多次。救出来的人还好好的，到了晚上没医到，就死了，都是年轻轻的，好惨噢。有头脑的，就往成都转（院）。没条件的就在我们这里等死了，没得办法。这个村子就死了27个。有一家子就死了两个，儿媳妇和老人都死了。五队死人死得多。
>
> （地震）那天晚上，一会儿摇，一会儿摇。反正住在帐篷里，砸不到，也就不管了。当时有一个人捡东西，钉子锥到脚上，包了两天，腿就全肿了，另外一个村的，后来就死了。（C20090131a）

地震瞬间造成房屋破损倒塌，打破了往日的稳固生存空间，直接破坏了人们的生存条件。地震所带来的巨大慌乱，扰乱了生活的正常进行。

> 地震时候样子还记得，吓惨了。上午在给花老板打花，银柳花。老板说一中队还有38亩，三点钟出工。好，咋子吃过晌午饭我就去

喷瞌睡，我都在沙发高头喷，你伯伯就在床上喷，吃了晌午嘛。喝了酒，就说休息一下嘛，三点钟出工啊。咋子将要迷糊糊睡着，我光听到打炸雷的声音，原先我们那个中间有个堂屋嘛，睡房在那头嘛，咋子的时间，我从睡房跑到堂屋来，去扯插头，噢，光听到划嗤嗤的声音，房子倒光坝坝我才拱出来，晓不嘛。简直吓人哦。扯插头，等于电视机插头嘛。电视机放在写字台上，在堂屋，一下子就趴下去了，房子就倒平了。大腿上砸了一个窝窝，屁股砸了一下，擦蛇药酒，一个月就好了。打（砸）好凶哦，运气有点好。我们家（老公）还在床上睡，脑壳打了这么长一个口子（三四厘米），喊赤脚医生补个疤。那些肠都断了的，也没有补。回来擦蛇药酒，擦了几天就对了。医生没有空缝，满脸都是血，要走医院又不去。我走路又一拐一拐的。从废墟里面拱出来的时候，都是光着脚的。砖把四兄弟媳妇的肋巴骨打断两根，尽叫唤，我又去看她。弄到医院，弄到眉山去，才医好的，国家给她一个三轮。三兄弟媳妇，下身打了，大出血，还是弄到上海，还是新疆哪个地方，也打到了。都在屋头，那个时候。那天早上四点钟我就去扯菜桩桩，割菜籽，一分多田，到七点，清早，又给花老板打花，用机动喷雾器。（C20120723c）

以上访谈资料所反映的是地震发生的时候，个体的具体感受，已足见地震的破坏性之大，对人的伤害之大。作为整个村子，震后的损伤统计进一步表明了地震给章村造成的创伤。

大震使章村遭受了严重的人员伤亡和财产损失。① （1）人员伤亡。死亡27人，受伤9人，死亡人口中有学生4人；劳动力6人，分别为男性4人，女性2人，贫困人口2人；受伤人员中劳动力人口6人，分别为男性1人，女性5人，贫困人口2人。（2）财产损失。498户农户失去了住房，占全部农户的92.8%，住宅毁损面积51382平方米，占总建筑面积82926平方米的91.5%；在生产用房方面，养殖圈舍倒塌24504平方米，占总圈舍面积的97.2%；在家庭财产方面，家电损失1227台，家具损失863件，农用机具损失195台。包括摩托车、汽车、自行车、电动自行车等在内的交通工具损失689辆。在自然资产方面，受损耕地面积100余亩。

① 资料来源：《章村生计规划报告》。

(3)集体资产。村道受损 1.2 公里，桥梁受损 1 座，地震后电力全部中断，变压器受损 7 台，农田水利设施全部受损，包括台沟 17 条 5480 米，水沟 1500 米，抽水设备损坏 10 台；在公共设施方面，损坏广播设备 8 处，老年活动中心倒塌，村卫生所出现裂缝。

灾情分布与家庭、人口等对应情况如表 3－5 所示：

表 3－5　　灾情分布与家庭、人口等对应情况

项　目	单位	合计	房屋倒塌	严重损毁	一般损毁	无房户
总户数	户	537	492	39	1	5
一般户	户	518	473	39	1	—
低保户	户	8	8	0	0	—
五保户	户	11	11	0	0	—
人口	人	1422	1301	112	3	6
倒房间数	间	2378	2217	155	6	—

资料来源：《章村灾后重建需求评估报告》，2008 年 9 月。

地震造成了社会失序和混乱。桑塔格曾将秩序与疾病联系起来讨论。在她看来，疾病被等同于内心最深处所恐惧的各种东西，如腐败、腐化、污染、反常、虚弱，于是疾病本身变成了隐喻，借疾病之名，这种恐惧被移置到其他事物上，疾病变成了形容词，疾病意象被用来表达对社会秩序的焦虑。[①] 大地震同样带来了这种焦虑。损失、受损、倒塌、裂缝、死亡、受伤等词汇的使用，像疾病的表述一样传达着负面、失序、混乱的意象。同时，疾病的隐喻又与“被诊治、被治疗”，以及“恢复正常的均衡”[②] 相关联，疾病隐喻本身就指向理性的反应和混乱的消除。震后的章村所呈现出的正是这样一种遭受破坏的和待处置的景象。显然，随后的紧急救援、过渡安置以及外部力量介入村落重建，就正是对这种失序的纠正。于是，经由特定的社会过程，震后灾区被作为一个性质异常严重的“问题”看待，成为一个必须加以处置的负面情境，经历地震打击的灾区要经由干预恢复常态。

① ［美］苏珊·桑塔格：《疾病的隐喻》，程巍译，上海译文出版社 2003 年版，第 53、65 页。

② 同上书，第 52、68 页。

二　社区与灾后短期响应

紧急响应和救援是灾后响应的初始阶段。根据世界银行对地震灾害发生后响应的概括，主要划分为如下几个阶段：（1）灾害响应阶段（灾后0—10天；抢救生命和财产）；（2）灾害救援阶段（灾后0—25天；拨款、食物救援、恢复紧急公共服务、临时就业及紧急需求评估）；（3）损失评估阶段（灾后14—45天；基线调查、人力损失、经济损失、影响、需求、灾害风险管理）；（4）恢复与重建阶段（灾后20天到数年时间；拨款、资产置换、临时就业、基础设施项目、小额金融项目、中长期规划）；（5）风险减缓阶段（灾后持续存在；建立法规、风险转移机制、风险评估、土地使用规划、机构发展等）；（6）发展（灾后20天开始并持续存在；以当地资源为基础的基础设施发展、规范的小额金融项目、当地基线研究、政府咨询等）。[①] 这几个阶段是根据灾后不同时期如何介入灾区、如何干预灾区所做出的划分。如果根据时期长短，可简单划分为短期的灾后救援与长期的灾后恢复重建两个阶段。并且，对于灾后即刻响应来说，最有效的救援和行动往往来自灾区本身。

以章村为例，其所经历的震后紧急响应就是从社区慌乱、自救，到外部援助进入、逐渐形成秩序的过程。此时，社区的注意力聚焦于解决生存问题，主要与生命搜救、伤病救治、物资分配、保障基本生存需求有关。此时，生存问题是最迫切需要解决的问题，占据了灾后响应初期的整个议程。村主任回忆道：

> （关于震后村民应对）地震后，煮饭就支一个地窑窑［（音yáo），村民语，指土灶］。住的就用那些花胶布搭棚棚。村里派人去买花胶布。比平时贵一半，价格翻番。我家里盖那个棚棚就花了300多元。发国难财的还是很多。本村施工队老板还是买了很多盐，喊村里人，来的拿一包，买了很多布鞋、拖鞋过来。还买了些小菜回来。他支援的有一两万块钱。他还从外地买烟回来。给这个拿几根，那个拿几根。没有水，他从成都用大罐子拉水回来。他人可以，但是脾气

① The World Bank, *Short-term Plan of Action Re: The Sichuan Wenchuan Earthquake of 12 May 2008*, Good Practice Notes, Vol. 1, May 27, 2008.

怪。那天弄土把路挡了，第二天又喊人去挖，那天要拆板房。人比较耿直，就是德行怪，这边的人和你们那边的不一样。

四川的人热情好客。这边有一个嫁到浙江，人家就觉得她多热情。她说那边的人都不大热情。住农村的还好，农村的要大方一些，人要对一些。地震发生到现在，我们和那边你住的那个院子，也都是伙着吃。有的时候忙得很，哪家煮熟了就在哪家吃。

有些人那几天还是做志愿者。都喊他们出去走走，娃娃被打（砸）死了，换下心情。部队又帮忙，就说出去帮忙烧水啊，什么的，帮忙啊什么的，去市里。现目前这种情况就是十分恼火。八月份解放军走的，来了好多，走一批，来一批。但是地震后来的那些还有点惨。那些房子还是好危险。老年人还是什么都舍不得，都要拿那些东西。真的挺惨的。当时地震，我们这个就是墙根地基裂了。平时手机中午丢在床上。啥子都没有。那边院子有两个被砸到了。打死了一个，打伤了一个，现在都还呆呢。我们就帮着去喊人，帮着跟着去抬人。那天穿了鞋子都是一样穿了一只，一只红的，一只乌的，都不晓得。都说打死人了，打伤了，就喊老百姓抬啊。晚上九点回来，自己的棚子都还没有搭起来。老公在德阳做活路，女儿在德阳上学。屋里就剩我和妈。哪个弄啊？那天晚上，隔壁一个没有垮完的就给我妈拿了一床铺盖，拿了一件袄子，拿花胶布过来，给搭了一个棚子，四个人就坐了一个晚上。特别惨，当时有相机的话，录下来，就知道多么惨了。

（关于物资）12 号地震之后，物资 13、14 号就进村了。14 号就开始到政府去拉物资，去机械厂。当时厂里有停车的地方，没倒塌。那些天，一天把货拉来，还要分。13 号晚上，有一点点东西，要拉。书记和文书（会计）他们拉来的，拉回来，就被抢了，老百姓就恼火。第二天就把派出所喊来，派了一辆警车，几个民警，那天就通知队长来。村委会前头堆料的那个地方。老百姓要是有过来的（要抢东西的）就铐起来。喊队长来拿，队长回去分。队里就不抢了，秩序就理顺了。以后每天拉回来就分，分了就有东西了。大家也知道这个分法都能分到，也就不抢了。方便面，糖，水，八宝粥，红糖，火腿肠，什么都有。不好分的就是抓阄分的，先分到队里，再拈阄。

（关于谣言）那时候还是恼火，一会儿说洪水要来了，一会儿说要抢小娃娃喽。强盗又来了，抢东西的又来了，天天都在吼，老百姓吓得不得了，有亲戚朋友的都走了，都躲起来了。地震那几天就开始传谣言。就是“法轮功”，就是那些人在造谣。他煽动人们来喊，就是女的。说洪水来了，煤气罐子又爆了，死了好多好多人喽，那些人都是晚上来，白天不敢。那天晚上几个民兵去路上断（拦截），还抓到一个，说是“法轮功”的，就给送到派出所去了，那个女的是走路过来的。那天真的恼火得很。谣言，天天造谣嘞。就是吼，老百姓信以为真，就开始跑。

（关于部队救援）房子垮了，捡废墟。把椽子堆起，当时吓人啊。还有些没垮掉的，就喊人敲掉。部队是5月20号左右来的。第一个是17号来了一个班的人，清路，从加油站到七队，把路铲开，拿扫把扫开。第二天就开始敲房子，从军属开始。敲房子，扒粮食。村上也和他们一起干。但是他们就不让我们干，怕我们危险。衣服裤子都打湿了，热，穿皮鞋，胶鞋。老百姓给烧开水都不喝，他们自己带水壶。给遇难学生家属搭板房，部队还是辛苦。（C20090131a）

由此可见，在地震发生后的最初阶段，直接的有效响应首先来自社区内部。震后初期的伤亡救助、饮食和居住等温饱问题的解决，以及物资分配等，都表现出社区内部的能动性。这种能动性成为初期对抗地震所导致混乱的有效行动。但同时，谣言的发生则是在信息不对称的情况下，从反面增强社区混乱。谣言是“那些流传着的未经证实的且有帮助的信息陈述，它们在模糊、危险或存在潜在威胁的背景下产生，其功能是帮助人们理解并管理风险”[①]，显然，谣言是在信息不对称的情况下使人们对模糊性做出响应，其后果之一便是引起恐慌，以致章村村民对此“信以为真”“吓得不得了”“恼火得很”。但同时，初期对谣言的响应和应对同样来自社区内部，即由民兵埋伏将外来的谣言传播者“断”（拦截）下来并“送到派出所”。

此时，在短期应急响应阶段，以社区内部响应为主，随后部队开始进

① Nicholas Di Fonzo and Prashant Bordia, *Rumor Psychology: Social and Organizational Approaches*, Washington D. C.: American Psychological Association, 2007, p. 13.

入参与紧急救援。由于部队的参与仅限于完成初期的基本保障，如清路、拆房、抢救伤病及抢救财产粮食等，因此实际上并未对社区议程的形塑造成冲击。但在随后的长期恢复重建阶段，情形则发生了变化。

三 外部力量与灾后长期恢复重建

灾后的恢复与重建被认为是“一个长期复杂的社会工程”①，对于这样一项庞大的社会工程而言，“灾区重建多元主体的存在是基本事实，包括中央政府、地方政府、对口支持政府和单位、企业、NGO、志愿者、灾民等，都是灾区重建的实施主体”②。这也就意味着，对于重建村庄而言，除了灾民本身作为来自社区内部的参与主体之一外，政府部门、非政府组织、志愿者、企业及其他个人等，都将是作为外部力量参与到社区的恢复重建过程中来的。地震使章村进入非常状态，平常状态下村庄与外部相对稳定和闭合的边界被打破，使得非政府组织等机构作为外部力量以各种形式进入村庄层面并影响村庄议程。地震发生后，Z 基金会成为首个正式进入章村的非政府组织，以章村为定点帮扶对象，开展灾后援建行动。随后有其他一些机构或者以 Z 基金会合作伙伴的身份，或者以进村考察、寻求商机的身份来到章村。其他相关机构后文将会论及。

Z 基金会通过正式的官方渠道进入章村。该机构四川灾后重建负责人 5 月 14 日就来到四川，下午两点半左右到成都机场，直接到四川省扶贫办，成立联合办公室。随后主要组织灾区的物资采买和学校板房建设。当他 6 月 5 日回京后，基金会决定成立重建办公室。于是在 6 月 29 日成立灾后重建办公室，将工作定位于三个方面，一是发放物资，捐赠过来的发放下去；二是灾后重建，基础建设；三是心理干预。章村共 537 户，93.2% 房屋倒塌，27 人遇难，基金会认为这个村有代表性，章村在其所在市是最穷的村之一，没有任何资源，很多人出去打工，这样的村庄最具有代表性。基金会希望通过章村探索一个有效模式，帮助所有的人同步致富，尝试在村层面做生计恢复，精神层面的重建，以及心理重建等。章村进入基金会视野是七八月份的事情。基金会 7 月份进行了考察，8 月确定

① 梁鑫巍、徐右谦、廖金萍：《浅析灾后政府管理——危机处理和灾后经济重建的初步探讨》，《商场现代化》2008 年第 24 期。

② 刘斌志：《“5·12”震灾后的社区重建：含义、策略及其服务框架》，《城市发展研究》2009 年第 4 期。

援建章村。11 月 6 日与章村所在市扶贫办签署“章村社区综合发展援助项目合作意向备忘录”，并于 12 日在章村所属镇设立基金会账户，标志着 Z 基金会在章村的重建工作正式启动。2008 年 12 月 29 日，基金会开始派专人驻章村工作。

基金会将震后灾区的重建视作扶贫与发展的契机。在基金会看来，汶川受灾地区原本即小灾不断，人口压力大，生产生活条件恶劣，地震直接放大了灾害损失，几乎使过去几十年的扶贫努力和成果毁于一旦，很多贫困村面临扶贫和灾后重建的双重压力。从经济发展和社会资源的投入来说，“5·12”汶川地震在整个区域造成了巨大的灾难的同时，也为当地的农村和扶贫工作搭建了一个潜在的平台。这同时成为 Z 基金会工作的整体背景。

Z 基金会自成立之初，即视扶贫和农村发展为己任。自成立以来，伴随着中国扶贫工作的不断深入，作为政府扶贫力量的重要补充，已逐渐成长为国内扶贫领域内最大的非营利机构。“‘5·12’汶川大地震”发生后，Z 基金会第一时间启动灾后紧急救援机制，并于四川德阳设立抗震救灾办公室全力投入抗震救灾及灾后重建工作。在这个过程中，基金会特别关注灾区农村的重建及发展工作，选取章村作为项目试点村，试图探索一种新的农村扶贫和发展的模式，即以本地资源为基础、以农民合作社为平台，把援助农村发展的资金以股权形式量化到农户，采用集约化产业项目和小农户项目相结合的方式开展灾后重建和农村的可持续发展工作，并把这样的方式称为“章村模式”。①

由此可见，Z 基金会从一开始便将在章村探索扶贫和农村发展模式确立为机构使命。在把章村确定为试点村的同时，便从机构的角度为章村设定了灾后恢复重建的具体议程。机构发展历程及此次参与震后恢复重建的侧重均表明了基金会在进入章村之前便已经形成了明确的自身议程。

此外，除了通过正式渠道确立对章村的援建关系外，基金会还带来了资金。在“章村灾后重建信息宣讲材料”中“大家建房子的钱从哪里来”标题下的“基金会援助部分”写道：

① 资料来源：《章村扶贫手册》。

> 对于房屋重建的农户，基金会提供建材、设备及部分资金用于支持大家重建房屋，具体标准如下：对一般农户，1—3 人家庭每户补助折合 4690 元；4 人家庭每户补助折合 5190 元；5 人及以上家庭每户补助折合 5690 元。

基金会按计划投入章村的灾后恢复重建投资额约为 531 万元。其他外部资金还包括政府补贴（约 864 万元）以及对口支援单位的支援资金。按照基金会的资金使用规划，投入章村的 531 万元除收取 10% 项目管理费外，主要用于民房重建硬件投入（约 183 万元），生产恢复、产业发展和能力建设和文化生活重建（约 269 万元），以及资源评估和产业规划（约 27 万元）。

灾害的发生往往导致外部资源向受灾地区的大量注入。基金会对于章村恢复重建的资源获取来说，可以说是一个“突生”的资源渠道，即灾前不存在、灾后新出现的资源渠道[①]。顺理成章地，资源的吸引力也成为章村最初对基金会进入该村援建持欢迎态度的一个重要原因。显然，Z 基金会是带着创建贫困村灾后发展模式的愿景与长期规划，依托正式渠道，携带资金与人力资源进驻章村的。与 Z 基金会一同来到章村的，还有它所预设的社区灾后恢复重建议程，尽管我们看到这一议程在随后发生了调整。

四　社区议程与农房重建

当基金会带着探索扶贫模式的机构议程来到章村的时候，它并没有在一开始就发现章村尚未做好充分准备。按照基金会的预期，设定了灾后章村恢复重建的思路、目标及工作重点等：

> **思路和方法**　全面运用参与式方法，坚持灾后重建与整村推进扶贫开发相结合、物质资本恢复与社会资本建设相结合，注重生态环境改善，创新扶贫开发机制，引进社区主导理念，实现可持续发展。
>
> 具体原则为：扶贫开发与农村各项建设结合；恢复重建与发展提

① 卢阳旭：《突生与连续：西方灾后恢复的社会学研究述评》，《国外社会科学》2011 年第 2 期。

高结合；物质重建与心理重建结合；统一规划与分步实施结合；自力更生与政府支持、社会帮扶结合；经济社会发展与生态环境资源保护相结合。农村社区灾后重建不是原有村庄的简单恢复，而是新农村建设的机遇。新农村不仅是指老房子变成新房子，更应包括生产方式和生活方式的进步。

参与重建的内容　整体规划及空间设计；农房建设；部分公共设施建设；生计恢复与发展；能力与文化建设。

重建工作重点　章村应在做好农业这个基础项目的前提下，强调特色农业的发展，走集约化、产业化的绿色农业发展模式，集中力量做好以下几方面工作：合理布局村庄发展用地，明确未来发展方向；理顺村内道路交通，处理好内外交通的联系；改造村庄生活环境，包括卫生、生活、生产、旅游接待环境；房屋重建中充分考虑安全因素的同时，大力营造特色村庄景观，包括建筑风貌的统一，突出章村的自然景观特色；完善基础设施建设，包括给排水、电力电信、污水处理等；提出产业中长远发展的建议，特别是强调规模化、集约化的具有前瞻性和可持续性的产业项目的发掘和引入；培训农民能力，建立新的管理体制，为产业集约化发展打下组织基础；重建村庄集体文化生活。①

基金会的规划细则详细论述了三个方面的规划。一是基础设施方面，包括整体空间布局思路、村民住宅重建、村公共基础设施重建（包括道路、供水、排水、电力、通讯、固体废弃物处理等）、公共设施重建（包括村委会、卫生所、休闲广场等），以及景观环境重建。二是产业经济重建。三是“软实力”建设，包括发展能力建设、精神生活重建等。实际上，由基金会的“灾后重建与整村推进扶贫开发相结合”“创新扶贫开发机制”“走集约化、产业化的绿色农业发展模式”“实现可持续发展”等核心理念和重建思路可见，基金会实际秉持着以基础设施重建为前提、以能力建设为基础、以产业经济重建为核心和重点的援建思路，并从中探索扶贫开发机制。

以作为重头的产业经济重建为例，基金会明确其主要方向为“基于

① 资料来源：《Z基金会章村灾后重建整体规划方案》。

长远可持续发展的考虑，以及城市化进程的大背景，根据章村的资源条件和农业产业结构及特点，应强调种养殖领域规模化、集约化的具有前瞻性和可持续性的产业项目的发掘和引入。与此同时，对于困难户或人力资源构成相对弱势的农户，生计恢复项目也要充分考虑其风险承受能力、项目组织实施能力等客观条件，并为其制定更符合自身特点的个性化生计项目"①。具体发展模式则考虑到资金使用的分散或集中：

> 若直接发现金给农户、没有好项目的引导和支撑以及长效的跟踪，扶贫资金难以发挥效力。随着中国商品社会、市场经济的进一步成熟，农业产业规模化、集约化成为大的趋势，零散的资源需要有效地集约，并有能力相对较强的人进行经营，这样才能提高资金使用效率，产业才能可持续发展。②

基金会准备按照扶贫资金集约使用的方式来操作，通过现代化公司的管理办法，保证资产安全以及利益分配公平，全体村民平均共享股份，资源集约，交由职业经理人经营，以此带动灾区农村发展经济产业，创造就业机会，增加农民收入，发家致富。至此，基金会的基本援助议程已清晰可见。

基金会将产业经济重建的启动时间定为"第一批建房农户房屋重建接近尾声时，启动生计恢复项目的准备工作"，而实际上正如后来基金会所发现的这样一个事实，即原本基金会并没有打算花很多时间和精力在民房重建的问题上，但由于政府的农房重建补助资金由基金会统一发放，农房重建也就成为基金会驻村持续了近 10 个月的主要工作内容，而且对于基金会来说这一部分的工作量和工作难度远远超过了预期。镇长于 2009 年 3 月 7 日到村指导重建工作时，仍然强调的是保证开工率的问题，尚未提及完工率；到了 2009 年 3 月 20 日第五批建房款发放时，已开工农户 358 户，其中基本竣工农户 92 户，施工建设中农户 266 户。按照规划，此时应为基金会开始考虑产业经济重建的起点。而实际上，基金会从 2009 年 1 月开始就已经着手组织章村村民参与生计培训，并在随后的 2

① 资料来源：《Z 基金会章村灾后重建整体规划方案》。

② 同上。

月和3月组织到各省区进行经验考察和村民参观。一方面，农房重建持续时间过长，表明农房重建成为灾后恢复重建过程中的首要的、实际的社区议程；另一方面，Z基金会的原定产业重建议程不能按照农房重建第一批完成时启动的节奏来安排，而是提前开始。这表明，基金会在社区的实际议程已经与原定计划发生了偏移。

实际上，震后房屋重建自地震发生后就已经天然成为社区内部的首要议程。2008年8月，基金会组织人员到章村进行社区综合发展项目的调研，完成《章村灾后重建资源与需求报告》，明确了章村的产业结构、震前房屋结构与格局、灾损等情况，提出了针对农房重建与生计重建的基本问题与建议。随后9月30日，受基金会委托的研究单位就章村进行生计规划调研，并完成《章村灾后可持续生计重建规划》。其中通过小组访谈对灾害损失进行排序表明，住房损失最为严重，其次为财产损失：(1)住房损失；(2)家庭生活财产损失；(3)生产性基础设施损失；(4)水井被破坏；(5)生产性用房损失；(6)人员伤亡；(7)农机等生产工具损失；(8)卫生室、老年人活动中心损失。①

损失排序已经从一定程度上表明，房屋重建是社区内最为重要的问题。没有房屋重建，没有解决安居问题，灾民就不能安心发展生产，“住房重建是灾后恢复重建的首要任务”②。韩伟在2008年灾后6—7月的灾区调研表明，受灾农户最主要的需求集中在以下几个方面：一是恢复和重建住房；二是希望通过打工或者获得生产性贷款来增加收入；三是改善社区基础设施；四是改善社会服务。③

震后住房重建成为灾区的首要需求。在Z基金会的援助议程中，农房重建同样被列在生计重建之前，但在实际操作中才发现房屋重建历时10个月，直到2009年6月章村村民才基本从过渡房迁入新居。也即，作为外部力量的基金会带着自身议程来到章村，却没有料到机构产业经济议程由于章村的农房重建而大大延后。而且，重建后的村落面貌也与震前面貌迥异。

由此可见，在发生大地震，灾区面临普遍恢复重建的背景下，章村同

---

① 资料来源：《章村灾后可持续生计重建调研数据》。

② 中国科学技术发展战略研究院“重大自然灾害的社会科学响应系统研究”课题组：《震后人民生活现状大调查》，《科技日报》2011年12月28日第5版。

③ 韩伟：《汶川地震灾后重建需求评估和建议》，《农村经济》2008年第12期。

样面临恢复重建，并在有外部机构援助的情况下，使农房重建成为社区首要议程，即成功实现了“问题宣称”。农房这一居住空间的构造，一开始就被基金会认为是很容易解决的问题，但在随后的实际实施中又发现不易应对，原因是什么？这也就成为接下来本文将详细考察的内容。

第三节　小结

地震发生后，宏观层面与村落层面的灾后恢复重建都成为宣称制造的过程。在宏观层面，通过新闻媒体、统计数字、权威人物、震灾响应级别以及重建规划的出台，作为自然现象的地震被纳入社会应对体系。在村落层面，震灾使村落的封闭边界向外部力量开放，使得国家、政府部门、非政府组织等外部力量进入村庄，在微观层面进行灾害宣称，设定或影响社区议程。Z 基金会作为章村灾后恢复重建的重要外部力量之一，其原定机构议程受到社区议程的影响而延后，社区农房重建成为恢复重建初期的主要议程，从而成为一个有效的问题宣称。但我们将发现的是，即便是灾后农房重建领域内部，也存在着多重话语体系的竞争。

第四章

空间生产：农房的统规统建

2008年底，笔者第一次来到章村参与灾后恢复重建的生计项目时，就注意到住房重建这一主题。沿着进村的马路，以及从村中主路分散开的街道两旁，或者是已经挖好了的整整齐齐的基脚，或者是已经垒好了的地基，或者是已经起了一米来高的砖墙，还有些房子进度更快些。无论进度差异如何，非常明显的是，房子大多顺路两侧摆放，整齐排列，可以预见的是，当房屋竣工后，村落必定是整齐划一。这就是章村震后农房重建的统规统建：集中居住、统一规划、统一建设。

随着笔者对重建过程的深入了解，面对这一居住空间的生产过程，不禁疑惑：灾后重建如此的空间安排是必然的吗？统规统建是某种客观存在的必然结果吗？显然答案是否定的。笔者更愿意把这种居住空间的整齐划一、这种统规统建方式视作一种话语性的实在；而就统规统建这一社会现实进行话语分析，就是"要去对人们在特定话语系统的约束和引导下将这一'社会现实'建构出来的过程和机制加以考察"[①]，即农房的统规统建是如何在灾后农房重建的过程中被确立、被倡导、被用于形塑现实的机制。按照福柯的观点，话语的对象不是存在于话语之外或之前的"客观"现象，而是由一定类型的陈述或话语本身建构起来的。[②] 这种话语的对象也即此处的居住空间生产。统规统建这"一种"具体的"方式"，是一个类别的划分，是一个观念，它可能是区别于无规划、自建等观念；正是某一特定的话语策略和话语结构在实际上排除了其他方式和观念，使集中居

① 谢立中：《走向多元话语分析：后现代思潮的社会学意涵》，中国人民大学出版社2009年版，第289页。

② 同上书，第241页。

住、统规统建成为最终现实。因此，本章接下来的任务便是重新审视农房重建的过程，发现空间生产的话语策略运用与话语结构，从而呈现作为话语建构的统规统建。

第一节　统规统建方案的确立

章村居民震前为散居形态，院落为多户组团建筑，围拢成大院落。大部分房屋建于20世纪七八十年代，90年代进行室内装修。震前数年内也有不少新修建房屋，均在此次地震中遭到严重破坏。房屋基本为平房，只有2户为楼房。房屋构造上含有走廊街檐，建筑结构为砖木结构。因每家每户都养殖有生猪，所以生产用房随着饲养规模的扩大而扩大，个别养殖大户的生产用房面积达到500多平方米。震前的房屋格局中均具有猪圈、晾房、晒坝等，与生产活动需要相匹配。在以粮食为主要农产品的章村，晒坝是晾晒谷物的重要场所，每户晒坝面积平均在30平方米以上，还有很多村民将粮食直接晒在通村公路上，弥补自家晒坝面积的不足。地震发生后，九成以上房屋发生垮塌。如上一章所述，农房重建成为章村灾后重建的首要议程，Z基金会亦将超过预期的时间与人力投入章村的农房重建中。正是村民、基金会与研究机构等群体的动态互动过程，使统规统建作为农房重建方案确立下来。

一　统规统建的优势

实际上，在基金会就章村灾后恢复重建所形成的规划文本中，已经形成了关于统一重建的基本框架。在基金会的《章村灾后经济发展方案》中，“章村模式”项目的广义目标和狭义目标分别界定如下：

> **广义目标**　探索“‘5·12’汶川大地震”后的农村产业重建和经济可持续发展的新模式。逐步建设生活和谐、环境友好、经济可持续发展的新农村。
>
> **狭义目标**　改善章村基础设施条件，提高章村居民收入，丰富章村集体文化生活，将章村建设成环境整洁，收入稳定，生活和谐的现代村庄。①

① 资料来源：《章村灾后经济发展方案》。

此外，《Z基金会章村灾后重建整体规划方案》就章村灾后整体空间布局思路进行了如下表述：

传统散居模式下，章村面临着公共设施服务供给困难、土地难以集约、利用率不高等困难，灾后重建规划中，着力引导小组团相对集中的居住模式，为公共服务水平提升和产业规划与调整创造客观条件。

全村7个生产队，根据目前的居住分布情况，在就近靠拢、相对集中的思路下，引导农户改变传统3—5户为院落的散居模式，变为30—50户以内的小组团相对集中居住模式，划分出约15个集中居住点。

每个集中居住点的建筑风格趋于一致，道路、电力、通讯、给排水等基础设施、公共设施也以15个集中居住点为中心进行供给，从而提高基础设施的配套水平。

旧有的宅基地将划归集体所有，经整理后恢复为生产用地。规模化的农业产业用地需求得以解决。①

基于这一整体空间布局思路，针对村民住宅的具体规划方案则更为具体：

章村大部分房屋是建于20世纪七八十年代的砖结构房屋，90年代进行室内装修，没有抗震设计，在此次地震中遭到严重破坏。居住比较分散，呈多个院户分布。地震后倒塌房屋2217间，面积50950平方米；危房155间，面积3492平方米。房屋倒塌率93.2%。

基于章村农房严重损毁的现状，制订如下重建规划：

（1）指导方针：农户自建为主、政府引导、社会力量支持。

（2）布局方面：提供规划布局图，引导小组团式集中居住。

（3）建造方面：通过引入建筑、设计专家，为农民提供多种可供选择的安全可靠的户型方案，提供选择施工单位、签署施工协议时

① 资料来源：《Z基金会章村灾后重建整体规划方案》。

的专业性建议，提供房屋建造过程中的质量监理和工程技术知识培训。

（4）配套设施：在农民重建和后期完善过程中，引导农民引入创新、环保的建筑和生活理念，如引导农户建设雨水收集使用系统、家庭污水自净系统等。

（5）项目管理：由基金会统一规划、设计户型，交由该村村民自治组织统一组织实施，基金会主要控制工程质量安全、项目资金流向等关键问题。

（6）资金管理：在章村所在镇设立共管账户，当地政府补贴章村的860余万元建房款及基金会用于补贴农户建房的170余万元均打入该账户。账户内每一笔资金支出由基金会和镇政府共同决定。

政府补贴方式为：3人以下户1.6万元、4—5人户1.9万元、6人以上户2.2万元；基金会在充分征求农民意见后，决定采取按人均补贴的方式操作（更为公平合理）：1200元/人。

资金发放方式：房屋完成底圈梁、顶圈梁、竣工3步工作时，农户可分别领取总资助款的40%、40%、20%。各生产队农户建房合作委员会负责统计和确认建房进度并造册，由村委会负责审查并交由镇政府、基金会审批后，基金会负责向镇信用社提供详细的付款清单，由镇信用社负责把每户应领取的建房补贴拨付至其个人存折。

基金会向农户提供的资金支持直接用于农房重建，但这部分资金在农户建房的总资金中只占到很少一部分，援建工作遵循政府提出的“自建为主”的大方针。

由以上回顾不难发现，基金会对于章村农房重建的基本取向和具体措施是十分清晰的。基金会确立的重建方式为小组团相对集中居住模式，集中居住点建筑风格趋于一致。其合理化依据有两方面，一是传统散居模式存在诸多弊端，如“公共设施服务供给困难”“土地难以集约”且“利用率不高”；二是集中居住的优势，路、电、通讯、给排水等基础设施、公共设施可以“以集中居住点为中心进行供给”，符合“环境整洁”的预期目标。整体而言，集中居住为“公共服务水平提升”和“产业规划与调整创造客观条件”，同时旧有的宅基地划归集体所有，整理恢复为生产用地，从而解决“规模化的农业产业用地需求”。不难发现，从农房重建开始，基金会便已经着手为后期的生计发展创造条件基础。

对于这样的农房重建方案，基金会同样表明了支持该方案实现的各项条件。一是专家技术支持，基金会引入建筑、设计专家，提供多种可选户型方案，提供施工和协议签署方面的专业建议，并提供房屋建造的质量监理和工程技术知识培训，这构成非常重要的智力资源支撑。二是项目管理支持，基金会将农房重建纳入项目管理流程，包括了设计、建造、培训、监理、资金发放等一系列环节，全程清晰可见，有明确的制度支撑。三是资金支持，一方面，Z 基金会提供农房重建的补贴款；另一方面，当地政府补贴农户的建房款也由基金会负责统一发放，基金会既是重建资金的供给方之一，同时又作为重建资金的重要管理方，显然占据话语优势。此外，一个不可忽视的方面是 Z 基金会作为援建章村的机构，实际上成为一个联系外部与社区内部的协调平台，并通过与镇政府签署备忘录的形式成为有制度支撑的援建机构，这也使得基金会在章村援建事务中拥有更大的话语权，为基金会提供了制度资源支撑。

因此，如上引述的基金会相关规划文本所表明的，基金会将统规统建作为主要选择具有明显的导向性，并以援建者的身份，将集中居住相对于传统散居模式的优势进行了强调。诸多优势的存在，也就使得统规统建这一模式具有了某种必然性。

二　专家资源的应用

按照《Z 基金会章村灾后重建整体规划方案》中对“项目背景”的介绍，该规划是基于《章村灾后重建资源与需求报告》，并吸收科研单位以及震后农房设计团队的意见和建议编制完成的，也即专家系统在规划的形成过程中发挥了重要作用。基金会对专家资源的选择和使用，也表现出一定程度的导向性。

专家是能够成功占有外行所不具备的具体技能或专门知识的人，在专家和外行相遇的具体情形中，最关键的是技能和信息的失衡；在行动的具体领域中，技能和信息的失衡使一个人相对于另一个人成为“权威”。[①]这些具体的专家组成了专家系统。在吉登斯看来，专家系统指的是由技术

① ［德］乌尔里希·贝克、［英］安东尼·吉登斯、斯科特·拉什：《自反性现代化：现代社会秩序中的政治、传统与美学》，赵文书译，商务印书馆 2001 年版，第 106 页。

成就和专业队伍所组成的体系，正是这些体系编织着我们生活于其中的物质与社会环境的博大范围。[①] 章村灾后农房重建的过程中，专家以其特有的形式参与进来。

Z基金会于2008年7月16日成立震后房屋重建的公益基金，并邀请建筑家、教育家和艺术家组成团队。8月28日团队对章村进行了详细考察和研讨，11月份就单体户型和整体规划方案在全村进行宣讲。设计团队主要为章村提供整体的村庄地形和布局规划，进行单体户型设计，并推广和普及新的建筑理念。该团队开展了一系列的专业工作：

> 设计团队集合了国内建筑界、艺术界、教育界的知名专家。他们以“为最穷的人设计最好的房子”为理念，要为村民们设计“建得起，用得惯，看着美”的坚固房子。他们多次来到章村，完成了村庄整体规划。为这个规划，基金会组织当地测绘公司完成了对章村地形的详细测绘，并完成了1:500的地形图绘制。各个设计师也根据自己的理解，结合村庄的实际和村民的需求，完成了各自单体户型的设计。[②]

完成户型设计后，基金会将户型设计图制作成大幅广告布在村中张贴，组织村民进行户型选择。基金会组织村干部，召集村民，为村民讲解各种户型，让村民自己选，愿意选什么样子的就选什么样子的，同时就户型设计征求村民的意见。村民认为有些户型外观很好看，但是造价太贵，而且不适合本地的建房习惯，风格、样式等很难接受。备选的户型中，其中一个造价要800多元一平方米，讨论的时候基金会说，村主任可以修那个造型有点像楼房的样子的设计，但是村主任认为那个造价有点贵，至少要6万多元，总共修100平方米，修完加上生产房、猪圈、沼气等要7万多元。

经过村民讨论，最后选定一个比较切合当地实际的户型。这个户型确定下来后，主体是按照设计来做的，但是村民认为屋顶上头的雨棚作用不

---

① ［英］安东尼·吉登斯：《现代性的后果》，田禾、黄平译，译林出版社2011年版，第24页。

② 资料来源：《章村扶贫手册》。

大，并且女儿墙也可以调整。在随后的设计中，专家修改了上头的雨棚，并且把原来直立设计的女儿墙调整为倾斜样式的。

农房设计团队的构成包括了教育界、艺术界和建筑界享有盛誉的专家，这些专家参与灾后重建，主要考虑如何从艺术的角度出发，在建筑中体现艺术的形式。设计专家均有海外留学经历，注重环保，属于有理想的青年团体，因此，进行户型设计的过程中，从理念到形式都体现出设计团队对环保理念的重视。设计专家认为给农民做住宅，总共面积就这么大一点儿，如果按照调研报告统计的意见排布方块，最后用个两坡顶一扣，那么无论功能还是形式，都没什么好做的。但是，专家认为农民住宅是更能反映中国人生活习惯、思维方式和中国文化影响的建筑类型。专家还认为农民提出的意见和需求很少涉及形式语言，农民认为形式语言比较虚，普通农户没有心思考虑这一点。因此专家在户型设计的考虑上，希望通过项目研究更多内容，在户型设计上融入更多建筑特色。出于此种考虑，在最初的户型设计备选方案中出现了各式各样的造型，包括外形酷似飞机的设计，魔方建筑，安全岛式的建筑，外形类似碉堡的建筑等，其中融入了专家的独特设计理念，但农户认为这些设计造型“很奇怪”，外观好看但是很难接受。

实际上设计团队在秉持“为穷人设计好房子”之外的一个行动理念就是建筑的实验性。他们不希望只是大规模地建造已经成为模式的建筑，而是在章村实践未来新农村的建设，并与基金会的生计发展规划紧密配合。因此，设计团队一开始就鼓励各个建筑事务所能试用新方法，新的建造方式，新的设计理念。因此部分设计方案和房型尚在实验阶段，新的方式和理念不可能被村民马上接受。这些设计的创意新颖，但不符合村民传统的对于房子的观念。比如其中一个房型设计就突破了农村传统房子的方方正正，具有扭曲错落的外观和超大的窗户。村民们感觉样子怪，不敢尝试。设计团队认为这些实验性较强的方案有待通过多方募集资金，征召章村的志愿农户先建造样板房，在实验过程中进一步推广。

而基金会在组织专家团队进行房屋设计的时候，遭遇多种观念冲突。大震之后，幸免于难的村民在民房重建的过程中，更加注重考虑房屋的结实耐用和抗震性能。基金会的诉求在于搞好民房重建工作，着重于考虑民意民情，着重于整合和优化智力资源，为村民邀请专家团队，提供民房重建的户型设计方案。设计团队的诉求在于借助项目进行研究，在建筑中融入更多形式的考虑。而村民则重点考虑安全因素，即抗震性能。因此，在关于户型设计的讨论中，村民提出“安全”和“经济”的需求，基金会据此与设计团队进行沟通，调整户型方案，以满足村民要求。这样最终保证了户型设计符合农户的需求，满足农户对安全的需要，并在外观设计上采用了专家的方案，统一修建，具有形式的统一性和美观性。

由此可见，与专家设计相伴生的问题就是，这些带有精英理念的设计方案的接受程度并不如预期。尽管设计师们的服务意愿和情感值得敬重，但由于没能更深入地了解农户长期生产生活的实际需要和灾后重建的特殊心理需求，加之农户和专家之间沟通交流不够，大部分设计并不能满足农民的需要。有农户就认为外来的专家是在给他们设计美国、北京的房子，这是很多设计的房子不能够被接受的原因。经过村民的筛选，一个来自北京设计师的户型方案为大部分村民所接受。该村已经开始施工的四队、五队、六队、七队名义上按照该设计实施，但很多做了大范围的调整。

在这一过程中，农户参与了设计方案的选择和修改。但仍值得注意的是，在这一过程中，专家角色被置于核心的、主动的位置，作为房屋使用者的村民则被置于挑选者、接受者的位置。对于不符合农户需求而进行的调整，是对既有方案的小修小补，是在既有框架下的微调，留给农户的可操作空间是被限定的。而且村民是在已有的户型设计方案中进行选择，这种封闭式选择限定了选择空间，同时作为外部智力资源支撑的专家，其知识“权威”使得最终户型设计表现出明确的导向性，使统规统建方案进一步推进。

三　参与式社区工作方法

农房重建方案除了受到基金会权威、专家权威的影响，更是在基金会、专家、研究机构以及村民的动态互动过程中形成的。无论是基金会形成初期研究报告，还是户型方案的设计与选择，其过程中都涉及了基于参与式理念的社区互动。无论是在基金会看来，还是在研究机构的参与者看来，参与式理念和方法的应用都是一件对社区工作而言的创新，并对该理念持较高的效果预期。

《章村灾后重建资源与需求报告》（2008 年 9 月）就是在应用参与式理念与方法的基础上形成的。来自科研机构的专家为基金会工作人员介绍了参与式方法的基本理念和操作方法，帮助其初步掌握了农村快速评估的方法，并在培训会上制定出了针对章村灾后重建的调查和访谈提纲，以及如何组织和发动社区大会的方案，并成立了参与式评估小组。在参与式评估过程中采用的方法有：典型农户访谈、关键信息人访谈、参与式绘制社区资源平面图、实地踏勘、小组访谈、社区大会等。在工作具体开展过程中，在树下支起展板，用马克笔在大白纸上记录和汇总村民意见；在林盘边上，数十位村民与工作人员围拢开会讨论等场景，都能够从现场工作照片中清晰地感受到。

基金会在邀请科研机构协助评估之初，便已明确援建章村项目的基本理念和方法，即“全面运用参与式方法”。在《章村灾后重建资源与需求报告》中对此有如下表述：

> 该（基金会）项目提出了“基于参与式社区评估的灾后重建与社区发展”的思想，将其作为实现本项目的重要手段。与传统的项目相比，该项目强调两个方面：一是要在对社区进行评估的基础上进行规划，而不是仅仅依靠二手资料或凭空想象；二是无论评估还是规划，都必须有社区参与，而且它们不只是信息的提供者和项目的执行者，更重要的是要成为项目活动的选择者和决策者。①

设计团队的工作过程中同样包括了到章村实地调研的环节，尽管时间较短。户型设计成型后，在村中进行张贴展示，由村民讨论和选择，这也包含了邀请村民参与选择和决策的成分。基金会能够将参与式这样一种近年快速发展起来的理念运用到灾后援建的具体工作中，体现了一定程度的革新意识和对工作方式的反思意识。

实际上，“参与”的概念出现在20世纪40年代末；而20世纪七八十年代是“参与式”概念实践化最活跃的阶段。概言之，自20世纪70年代以来，参与的概念逐步演化成了相对丰富的参与式发展的理论。根据学者研究，参与主要包括以下重要因素和方面：(1)决策及选择过程中受益人的高度介入；(2)在全部项目循环中的介入，如项目确立，可行性研究，项目设计，实施及监评等；(3)受益人尽可能对发展项目贡献努力；(4)受

① 资料来源：《章村灾后重建资源与需求报告》。

益人对项目具有承诺并具有一定能力实施项目；(5)受益人应主动参加发展项目并具有责任感；(6)使当地群众在他们熟悉的环境中充分应用自己的知识及技能；(7)对资源的利用和控制；(8)能力建设；(9)利益分享；(10)自我组织及自立、权利及民主的再分配、机制促进等。传统发展理论强调以已有的理论去理解和改造现实的对象，从根本上否定了发展对象所具有的能动性。同时，参与式还是对传统的自上而下发展方式的反思和否定，并倡导自下而上的发展方式。参与反映的是一种基层群众被赋权的过程，参与式发展带有寻求某种多元化发展道路的积极取向。①

不难发现，“参与式发展”这样一个“新鲜”的名字已经通过发展干预和实践，从专家学者的文本和话语中，传到偏远山区的不同社会行动者的口语中。② 2008年汶川地震发生后，大量非政府组织和社会工作机构介入灾后救援和重建过程。③ 受到国际发展机构的长期影响，参与式发展的话语和工具在推动社区发展的NGO中占据主导位置，并被参与地震灾区的社区重建实践的NGO广泛引入。根据这种发展话语，NGO需要通过调动社区居民在社区重建事务中自下而上的广泛的参与，最终实现社区主导的可持续发展。④ 因此，参与式发展似乎成为一种必然且必需之选，但在实际应用中，却缺少对参与式基本假设的必要反思。

“赋权”是参与式发展的理念核心，它预设以往的发展项目失败的根本原因是目标群体自己并没能积极参与到项目中来，而赋权则可以为他们提供自由表达和行动的机会。⑤ 但在实际运作过程中，赋权则遭遇一系列挑战，包括：没有资源优势的赋权策略难以继续，破碎、迅速变迁的社区使得强调渐进的赋权路径难以实现，处于开放系统的社区很难仅依靠内部赋权解决问题。⑥ 在一味强调赋权、表达的时候，社区的地方特质、资源

① 李小云主编：《参与式发展概论：理论—方法—工具》，中国农业大学出版社2001年版，第2、21、27—28、30页。

② 郭占锋：《走出参与式发展的“表象”——发展人类学视角下的国际发展项目》，《开放时代》2010年第1期。

③ 朱健刚、胡明：《多元共治：对灾后社区重建中参与式发展理论的反思——以“5·12”地震灾后社区重建中的新家园计划为例》，《开放时代》2011年第10期。

④ 同上。

⑤ 孙睿昕、叶敬忠：《由斯皮瓦克命题到福柯命题——中国参与式发展话语的国家化》，《华中科技大学学报》（社会科学版）2013年第6期。

⑥ ［法］卡尔·布兰切：《参与式发展：在理想与现实之间》，程金华译，《国际社会科学杂志》（中文版）2002年第4期。

的重要性、社区的开放状态自然而然就被忽略掉了。

此外，弱势群体是否能够通过参与发声同样受到质疑。对于斯皮瓦克之问“底层人能说话吗?”[1]，他本人给出了否定的答案，“底层人不能说话”[2]。而参与式发展正是打着“让底层人说话”的旗号树立门户并成长壮大的。[3] 但从中国的参与式发展话语中不难看出，并不是作为主体的贫困村民在说话，真正说话的是他们背后的语言网络、制度网络，更是国家的权力网络。[4]

对于参与本身来说，“参与”可以仅指参加一项活动，而不是发起者或领导者。在这种情况下，参与者没有权利，而仅仅是在扮演一个角色，完成一项任务。[5] 这一点最典型地体现在具体参与式工具 PRA 的使用过程中。中国的参与式发展实践往往被局限为应用参与式农村评估方法（PRA）；参与往往从字面上被理解为“介入”，或是简单地理解为群众的参加。[6] 但是，到目前为止，PRA 还不是一个由内源力量主动发起的分析和决策过程。外来者应发展项目需要，发起 PRA 的过程，同时又主动在这个过程中隐身。[7] 形式上的参与并没有产生实质的区别。

同时，外部机构的资源占有更加容易导致参与的形式化。在以往针对贫困封闭社区的参与式发展语境中，经济资源事实上成为社区权力结构的基础，发展机构常常给社区带来数量可观的经济资源，并因而成为社区资源的配置者；通过所掌握的资源，NGO 工作者也扮演了“专家”角色，并实际主导社区发展的计划和议程。[8] 因此，“专家”们的所谓参与其实

---

① ［美］佳亚特里·斯皮瓦克：《从解构到全球化批判：斯皮瓦克读本》，陈永国等主编，北京大学出版社 2007 年版，第 114 页。

② 同上书，第 128 页。

③ 孙睿昕、叶敬忠：《由斯皮瓦克命题到福柯命题——中国参与式发展话语的国家化》，《华中科技大学学报》（社会科学版）2013 年第 6 期。

④ 同上。

⑤ ［法］卡尔·布兰切：《参与式发展：在理想与现实之间》，程金华译，《国际社会科学杂志》（中文版）2002 年第 4 期。

⑥ 李小云主编：《参与式发展概论：理论—方法—工具》，中国农业大学出版社 2001 年版，第 3、21 页。

⑦ 郭占锋：《走出参与式发展的“表象”——发展人类学视角下的国际发展项目》，《开放时代》2010 年第 1 期。

⑧ 朱健刚、胡明：《多元共治：对灾后社区重建中参与式发展理论的反思——以“5·12”地震灾后社区重建中的新家园计划为例》，《开放时代》2011 年第 10 期。

并不是农民发自内心的主动参与，而是强制："参与吧，这是命令！"① 面对此情此景，农民则俏皮地回应道，"你说咋样参与就咋样参与"，巧妙地达成了对外来者的"表象"上的配合。② 除此之外，章村村民参与了各种与项目或生计相关的调研，在村民看来调查太多，"调查了这么多次，村里的草都被踩死了"，却没见有什么效果。虽然有些调侃的味道，却道出了村民对频繁调研的意见。

因此，"参与"实质上既不是一个过程，也不是一个目标，而是一个响亮的政治标语。一方面，"参与"就像广告一样，宣传自己有接纳参与式方法的意愿和能力；另一方面，"参与"充当了"权力下乡"的掩护，援助机构得以将自己的触角下沉到以往难以接洽的乡村社会，从这个角度讲，参与式发展所鼓吹的"参与"并非是贫困村民"参与"到项目中来，而是国家与机构"参与"到乡村社区中去。③

基于以上对参与和参与式发展的简要回顾及相关批判，重新审视 Z 基金会在社区援建中的参与式工作方法，不难发现，同样存在类似的逻辑。

Z 基金会在前期调研及规划形成过程中对参与式方法的使用，主要集中于信息收集层面，应该说是属于较低层面的使用。在这里，社区成为项目模式的载体，对于社区而言，在机构看来很重要的模式"探索"的意义可能并不是那么明确。社区更倾向于通过外部力量获取资源。对于社区而言，资源永远处于稀缺的状态，因此社区无法拒绝资源的输入。而研究机构在使用参与式方法时，更关注的是信息获取效率以及真实性，并直接服务于机构更为简捷、高效地实现项目预期。乡土知识虽然被关注但力度不足，如户型设计显然是作为外部理念的直接输入，而不是来自社区本身。

从决策层面来说，对于是否需要规划，显然社区并无发言权，而且通常外部专家的设计被认为是优于本地设计的。参与式在于追求多元可能

① ［法］卡尔·布兰切：《参与式发展：在理想与现实之间》，程金华译，《国际社会科学杂志》（中文版）2002 年第 4 期。

② 郭占锋：《走出参与式发展的"表象"——发展人类学视角下的国际发展项目》，《开放时代》2010 年第 1 期。

③ 孙睿昕、叶敬忠：《由斯皮瓦克命题到福柯命题——中国参与式发展话语的国家化》，《华中科技大学学报》（社会科学版）2013 年第 6 期。

性，而机构则在于创造援建模式，是对统一性的追求。研究机构在前期开展参与式需求评估使用了一系列 PRA 工具，包括：访谈类（小组访谈、知情人访谈）、分析类（问题分析）、展示类（展示板、户型图）、排序类（简单排序）、图示类（季节历、活动图）、会议类（农民大会、小组会议）、观察类（参与观察），以及快速撰写报告，等等。显然，这套工作方法是由外部机构带入社区的，并非社区内源的理念。

因此，从基金会确立重建方案的过程可见，参与式工具的应用，其作用在于收集信息、征集方案、传达信息，在实质性的参与环节村民参与程度有限。在核心决策环节，实际上村民并无选择空间，比如是否需要对房屋重建进行规划、是否要建成统一样式、本地农民的建房知识如何体现与应用，仍然是服从于基金会的整体安排。对于方法的掌握者而言，是来自科研机构的研究者拥有关于“参与”的知识，了解“参与”的好处，显然这种参与对于项目过程来说的意义更重于参与本身所应有的对农民的意义。最为重要的是，作为资源供给方，基金会从一开始就处于资源优势地位，村民处于资源饥渴状态，因此并不能排除社区为获取资源而做出的形式上的参与。在客观上，社区处于被动参与状态，即社区并没有空间决定“不参与”。显然，就参与的过程来说，农民成为实现参与必不可少的一环，对于参与理念的倡导仍然是机构的倡导，由机构告诉村民“参与更好”。

由此可见，参与对外来机构的意义更为重要，外来机构是参与式方法的通晓者，是规则的制定者、行动环节的培训者，村民的参与成为机构对外展示其援建合法性的工具。因此，本质来说，村民有参加、无参与，他们只是按照要求在场，却并未对决策过程产生实质性影响。统规统建的方案就这样在机构和农民的参与式互动过程中按照既定思路确定下来。

第二节　重建进度的控制

汶川震后的恢复重建工程，使农房重建不再是简单的居住空间建设，而是具有了一定符号意义的公共事件。及时完成住房重建、恢复受灾地区的住房条件，客观上成为国家和地方政府最为关心的一件事情。

《汶川地震灾后恢复重建总体规划》的重建目标为“用三年左右时间完成恢复重建的主要任务，基本生活条件和经济社会发展水平达到或超过灾前水平，努力建设安居乐业、生态文明、安全和谐的新家园，为经济社会可持续发展奠定坚实基础”，其中六项子目标第一个就是关于住房的，即“家家有房住，基本完成城镇和农村居民点恢复重建，灾区群众住上安全、经济、实用、省地的住房”，即三年左右时间完成住房重建。《汶川地震灾后恢复重建城乡住房建设专项规划》则对时间进一步进行了规划，“要在两年内基本完成汶川地震灾区农村住房恢复重建工作，三年内基本完成城镇住房恢复重建工作，让灾区群众早日住上安全、经济、适用、省地的住房，实现家家有房住，使城乡居民的住房安全性能明显加强、配套设施明显提高、居住环境明显改善”。

在这样的宏观时间约束下，基金会、地方政府以及村干部在章村农房重建中通过多种方式对建房进度进行控制，形成了在特定时间约束条件下的空间生产之局面。

一　基金会与资金发放

章村农户建房补助主要有两个来源，一是来自政府的重建补助，一是来自基金会的重建补助。其中由政府提供的重建补助标准为1—3人家庭每户1.6万元，4—5人家庭每户1.9万元，6人及以上家庭每户2.2万元；基金会提供的补助按照每人1200元标准发放。按照与当地镇政府的援建约定，政府补助由基金会一并负责管理发放事宜。这样，政府与基金会两个重要来源的建房补助都由基金会统一管理发放。在这一过程中，基金会对资金的管理充分体现出控制性这一典型特征。

(1) 建房补助发放方式

灾后农房重建过程中农户对于资金的需求迫切。对于建房补助如何发放，基金会工作人员认为：

> （如果一次性全部发放给农户）担心农户拿到钱的速度快于建房速度，农户会挪作他用，到时候会因为缺钱拖欠工程队的钱，但是施工队一般不会在工程上或其他方面拖欠农户。担心工程队拿不到钱的话可能会停止施工，但是出现这种情况的可能性比较小，因为这样的话，这个工程队基本上就不能在本地混了。如果农户把建房的钱吃了耍了，出现最后没钱建房子了、没有地方住的情况也很不好。(C20090110)

基金会的此项考虑不无道理，因此采用分三个批次、按照“四四二”的比例发放房屋重建款，即按房屋完成底圈梁、顶圈梁、竣工三步发放，做好地基、打好底圈梁，农户可领取总资助款的40%；主体墙、构造柱以及上圈梁完成后，领取第二批40%；完工验收后领取余下的20%。由此可见，“规则的制定要求对任何个人和机构做出自利假设甚至魔鬼假设”①，通过建立控制规则来保证资金使用。

资金控制主要表现在两个方面，一是使用方向；二是使用频率。一般认为，中国人非常热衷于将多余资金用于兴建土木，置地建房成为一种普遍倾向。对于作为私人空间的住房，农村在盖房子的时候，往往根据需求——如为儿子准备新房或出于扩大空间的需要——在资金充足或者能够筹措到足够资金的情况下修建房屋，在这里，资金之于房屋是条件，资金服务于房屋建设。而在灾后房屋重建中的资金控制则表明，房屋成为资金的条件，即资金必须用于房屋建设，房屋成为资金的专项用途。此外，由于资金发放实际上采取了某种类似垫付的方式，显然既能够保证资金的专一用途，又能够保证房屋的重建进度——因为重建进度事实上成为获取资金的条件。

（2）催款

由于重建补助按照批次发放，直接后果便是建房村民不能一次性拿到全部补助款，因此对于资金使用的安排必须考虑发放批次的限制。同时，由于农户需要按批次领取补助款，相应地，施工方也必须按照批次从建房户那里收取建房款。这使得农户与施工方都无法从一开始就全权支配建房资金，导致出现了施工方与农户都来找基金会询问补助发放事宜并催款的情况。

本地施工队老板责怪基金会的分批发放方式太麻烦。在基金会统计农户建房进度的时候，该施工队的头儿到基金会的办公室来找，说分批发放太麻烦。尽管基金会表示分批发放是国家规定的，按“四四二”的比例分三次拨付。但是，施工队的头儿说有的村子只要拉了一车沙子或者打了底圈梁的就把全部补助都发了，现在基金会非得按批发，农户拿钱太麻烦，施工队就无法从农户那里拿到工程款，就没有资金发工资、购进建材，到时候只有停工。他言辞略显激烈地对基金会办公室的工作人员表达

① 冯兴元：《规则的逻辑与意蕴——〈宪政经济学〉评介》，《管理世界》2004年第2期。

着自己的不满：

> 这政府的钱为什么还不发，好几个队的房子现浇都打了，第一批钱还没发下来。我们俩朋友归朋友，但是这个事情你们办得不对。你说你们又不是企业，又不是行政单位，你凭什么把国家的钱拿去管嘛？你在村里又不是行政编制，你们基金会又只有那么点钱，一个人1200元，把国家的钱也卡到不发，我们施工队工人的工资也发不下去。现在政府催得紧，没钱大不了我不干了，急了老子最后把路给你堵了，谁都别修，最后完不成任务，出了事，大不了我一个人负责，我自己拿一百万元出来，行不行？在村里，你看村主任，她是行政编制，你们算什么嘛？凭什么要听你们的？你们基金会挡到中间，把事情弄复杂了。（C20090309a）

村民同样找基金会工作人员催促发放建房款。四队的高强说，农历二月十五那天（3月11日）房子就封顶了，已经过去四五天了。当笔者见到他的时候，他正沿着自己搭的侧梯到屋顶上，往上头用扁担担空心砖，他说要用这个做女儿墙，他还问了句，这样子“要得不”。当然要得了，既节省了资金，又利用了废料，何乐而不为呢。不过这次也不例外，见了面就说钱的问题：

> 你看我房子都打完现浇了，都盖规矩了，钱怎么还不发给我？我盖到现在，刚拿了第一批钱，现在把做生意的钱都垫进去了。你们这个钱什么时候发嘛？（C20090315a）

又过了两天，当笔者正在所居住的农户家吃晚饭的时候，高强又骑着摩托车找过来，问什么时候给他钱。村民往往对比别的地方，其他地方发钱的时候是看农户底圈梁打好后，就把钱一次性拨付了，他们说，底圈梁都打起了，不可能停在那里不修了或者把钱挪到别的地方花了或者吃了，不用在房子上的情况是不大可能出现的。所以，村民一直说应该一次性把钱发下来。

（3）分批发钱的后果

由于基金会采取分批次发放重建补助的办法，使机构陷入繁杂的事务性工作中。基金会委托村组干部统计各队农房重建进度，以及粮食直补本账号用于发放补助款。村民反映这样打到折子里的方式不好，很麻烦。有的打钱还可能打重了，回头又来找说没有打钱。有的老人没有粮食直补本，就得打到别人的账号上，再把钱转给他/她，这样就可能出错，也可能出现由于两家不和，而产生钱打给 A 户而 A 户又不给 B 户钱的情况。

基金会第一次是按照 40% 的比例拨了 100 多万元的现金。村民和干部都说发现钱省事，领了的，签了字，村干部又都认识村民，不会漏，不会重。但是后来由于基金会的财务方面批评基金会在章村的这种做法，于是基金会改用折子发钱。村干部说，这样发折子，漏了的要来找，多了的就悄悄不说，比较麻烦。孤老都不好办，没有账户，东挂西挂不好弄，本来与子女就有矛盾的，打到子女账户上子女就不给老人了，就比较恼火。第二次采用通过粮食直补本发放的形式，村民反映太麻烦，手续太复杂，十分烦琐，基金会工作人员也觉得十分恼火。

出于对实际情况的考虑，第三次重建补助发放的时候，基金会重新选择发现钱的方式。经过几道签字盖章的程序，将钱领到村里的办公室，由基金会的几个工作人员在现场负责，并买了验钞机点数。发钱发到下午，还剩下最后的四户没有领钱，于是就先核对账目，但是发现钱数不对，现金少了一百元，但最终没有查出出错环节，基金会现场负责发钱的人把这个钱垫上了，并说，基金会只是做一个示范，以后都由村里发，基金会不参与，只做监督。

发完钱后，村干部闲聊起这个事情，他们说，以前村里发那么多钱，也没有出什么问题，发生活费、发几百万元的时候也没发生过这种情况。今天发这么点钱，还差了一百元，还要基金会自己掏腰包垫上了。村干部说发钱的时候根本不用这么发，钱拿到了点给各个队长，队长拿回队里去发，发错了他们自己负责。他们说，基金会他们来村里发钱搞示范还折了一百块钱，太亏了，没有必要这样发，村里自己都能操作，而且不会出问题。

可见，重建补助发放的工作，使基金会不得不面临烦琐的事务性工作。在发放农房重建补助这件事情上，基金会有自身的机构运作规则，而村民则要求简化和便利。基金会从第一批发放现金，到受到财务部门的批评，继而改为通过粮食直补本发放，但由于操作上的复杂，出现了户主户名错误、账号错误、旧户销户、无法建户、一人两名、操作失误等诸多情况；第二笔的资金虽经过 3 次操作，仍有部分农户不能拿到急需的建房资金。村干部还怀疑部分农户可能因为错误操作而得到双份补助，这都需要进一步的跟踪与确认。同时村干部还抱怨这次资金发放的巨大工作量，农户们也来回折腾，可就是拿不到钱；施工方认为是基金会的操作流程导致他们迟迟不能从农户手中收回工程款。基金会在此种情况下，通过内部协调，调整重建补助发放方式，再次改为发放现金，但是在统计和分批次发放上仍按照原来的操作程序进行。

二　地方政府与重建进度

重建进度似乎是工程项目中特别受到钟爱的一个词。当时在中国知网以“重建进度”为检索词按题名检索，可见 85 篇文献，除一篇为期刊文章外，其余 84 篇全部为报纸文章。其中 75 篇题名将“加快”与“重建进度”进行关联使用或表达类似加快进度的含义，有 19 篇直接表明要加快房屋的重建进度。以“加快”和“灾后重建”两个关键词进行题名检索，更是有多达 552 条文献。可见灾后重建过程中，时间是一个重要的规划对象，对重建进度有着特别的控制。以章村为例，政府官员的在场以及宣讲是对重建进度进行控制的一个重要策略。

章村所在镇镇长是章村的灾后重建包村干部，因此特别负责关注章村的重建情况。在 2009 年 3 月 7 日这天到章村后，镇长召集村组干部与村民代表开会就明确表达了对重建进度的要求。镇长对大家讲道：

> 领导干部包村包片，我联系章村。今天我们社员代表、老党员都来了。目前形势非常严峻。目前来说，我们章村建房的进度和开工率，近半年一直处于全镇第一名，截至 3 月 5 号，开工率 64.96%，第一名；第二名是 60.54%，幸福村。从今年看，幸福村是 67% 了，我们章村排在第二名了。
>
> 我想到一个情况，3 月 15 号前，老百姓每户要确定在哪里建房。房子修在哪里，有计划，签合同，这是一个。5 月 12 号前要确保全部动工，跟补助政策是紧紧联系在一起的，这是第二个。要确保 9 月 30 号完工 95%，这是第三个。今年年底，要 100% 全部住新房。我们章村受损面积非常大，只有几户是维修加固的。要是 3 月份还没有确定修房子，谷子长了，麦子也黄了，孩子也长高了。5 月 12 号要打谷子晒麦子，最安逸的，没的时间修房子，形势非常严峻。所以建

房，要请小组长、社员代表、党员代表，传达今天开会的议程。我们要起好带头作用，引导、宣传。

第二个，我讲一下补助的问题。目前章村得天独厚的优势，是基金会作为一个民间组织援助。除了其他两个镇，就没有了。钱不是很多，但是也有一点点。我们还是占一点优势。5月12号前动工，基脚挖起就算，开工了嘛，这个钱就有，一分不少。5月12号没挖，没动工，这个钱拿不到。不要找村干部扯筋，这个是统一的。

另外一个，集中重建点，20户左右，要配套基础设施费，统一满足村组道路建设。第二个，排水，集中点下雨要排水，搞排沟。钱多的话，挖个井啊，弄个啥子。村上团结协调安排。还有贷款的问题。贷款一方面是符合条件的，把小组长喊过来，把条件解释清楚。没得钱嘛，房子修小点嘛，修30个平方。今年有2万，就先修起，下一步有钱了，再接两间房子。不要传统观念院子一大顺，猪圈一大顺。大家积极贷款。给大家交个底，援建我们的银行是1700万担保金，基本够条件的，都可以贷款。利息低，1万块钱一个月100多块钱。可以2万到4万元，根据修房子平方大小。还款利息要低，真的是合算。

建房过程中安全问题，工地问题。大型建筑公司都要去备案。有两百多家建筑公司在我们市开工，要备案资质。各个生产队必须向老百姓推荐有资质的建筑公司。建房的合同协议书，我们村上都要签署建筑安全协议、建房协议。建房过程，必须由老百姓单家独户和建筑公司签订合同，不允许以村的形式和建筑公司签订合同。还有，修房子过程中老百姓安全问题要不得，也要注意。材料这些要规范些，不要把路占了，脑壳拌稀烂也不安逸。建房一定要廉洁建房，不允许村组干部私下里挂着建筑公司的名义，严格禁止，生产队长啥子，绝对严格禁止，绝对不允许，发现一起，查处一起。再一个，修房子量这么大，急需要各个施工队保证，不允许本地施工队欺负外地施工队。便宜、质量好就可以，不允许欺行霸市。必须让老百姓修上便宜、质量好的房子。再一个，作为我们小组长、积极分子、党员干部，一定要带头建房。因为5月12号前动工，就这半个月时间。作为村组干部、党员，一定要动手建房，起好带头作用。不要观望，不要等，等不得，绝对要行动起来。再一个，建房过程中要有序推进。小区里面

> 统一建房，不要有的是红瓦，有的是青瓦，要统一一下，有点次序，外观是一样的。挖茅室、龙门（即院子大门）都要考虑到。只要5月12号前动工，9月30号之前能修起来，就这个。（C20090307a）

从镇长的讲话可以发现，重建进度是其关注的重点。一方面，他明确规定了最晚的动工时间、大体完工时间；另一方面，重建进度被明确与重建补助的获取挂钩，只有按期动工、完工才能得到补助款项，这尤其成为农户保证进度的压力因素。从村庄整体来说，章村的重建进度被置于与其他村、镇重建进度的对比序列中，必须保证在同级的竞争中处于优先地位，这成为镇长保证重建进度的压力因素。

地方政府对重建进度表现出特别关注，这其中涉及两个问题：一个是截止日期的问题，一个是竞争的问题。(1)倒排工期。通过知网检索可以发现，倒排工期在2000年即在报纸报道中被使用，报道中就西安国际展览中心和西安国际会议中心的建设情况提及"各部门要统筹安排，大力协同，倒排工期，确保工程建设进度"，"采取倒排工期的办法，严格规定每一个项目的完工时间"①。陈文超在讨论汶川震后马口村的重建问题时提到，"倒排工期"已经成为住房重建制度安排刚性一面的代名词，使得灾后重建在一定的时空内成为可能，加速了重建经济的生成。② 倒排工期对农房重建提出了时间约束，并辅之以分批次的补助发放，排除了无限期建房的可能性，这是对宣布"重建完成"的整齐划一式目标的追求。(2)"晋升锦标赛"模式。周黎安为了解释中国的政府体制的治理特征与高速经济增长的关系，提出了"晋升锦标赛"模式，即由上级政府直至中央政府推行和实施，将关心仕途的地方政府官员置于强力的激励之下，将行政权力集中与强激励兼容在一起的一种治理政府官员的模式。③ 显然，"晋升锦标赛"模式表达了官员在公共事务中面临的行政压力，并将其转化为具体的治理方案，如包村干部进村直接督促建房进展，明确工期等。

---

① 高宏娟、马昭：《统筹安排　倒排工期　确保工程建设》，《西安日报》2000年9月9日第1版。

② 陈文超：《实践经济：国家与社会的共谋——以地震灾区贫困村民住房重建为例》，《天府新论》2011年第3期。

③ 周黎安：《中国地方官员的晋升锦标赛模式研究》，《经济研究》2007年第7期。

三　村组干部与日常协调

在农房重建过程中一个不可忽视的重要群体就是村组干部。村组干部本身也是章村村民，他们既是受灾者，又是救灾、重建过程的协调者。从2008年底基金会派专人驻村开始，基金会的板房办公室就同时成为村委会的办公室，凡有事务商讨、会议、培训或接待参观，便都在基金会板房进行。由于基金会驻村援建章村，村组干部的角色也就因基金会的介入以及震后重建任务的不同性质而定。

首先是协助基金会的日常工作。在农房重建过程中，基金会最主要的事务性工作就是发放重建补助。这涉及名单统计、粮食直补本账号统计、姓名核对、纠错查错等，村干部与基金会工作人员共同到镇信用社提取现金并组织发放建房款。其他有关建房安排的事宜，村组干部也都会参与到基金会组织的内部讨论会中来。

其次是协调组织到章村的参观、培训、开会等活动。由于基金会驻村援建章村，不时有其他非政府组织或社会组织、其他重建村到章村进行参观取经。也有一些持生态理念的机构进村宣讲建房方案。上级领导到村了解重建进度、开会等，村组干部均在场并协调。

最后是纠纷处理。由于重建过程中七个生产队展开建房工作，共有五个施工单位在章村进行民房施工。当涉及施工方与农户的纠纷、施工方之间的冲突时，村组干部出面负责调解。

村组干部既包括村主任、书记、文书、妇女主任等，也包括生产队队长。整体而言，村组干部都在一定程度上成为基金会日常工作的信息来源。队长的作用主要表现为处理涉及本队的事务，而村主任等则处理涉及全村及各队的事务。事实上，章村灾后农房重建由基金会负责，村组干部对基金会实际上成为一种配合和辅助的关系，对日常的各项工作进行协调。

事实上村干部在这一场域中承载着复杂的多重关系。徐勇认为，村干部在村庄治理过程中扮演着政府代理人和村民当家人的双重角色。[①] 吴毅则就“村干部欲当好国家代理人而不能，欲当好村庄当家人又缺乏基础”

① 徐勇：《村干部的双重角色：代理人与当家人》，《二十一世纪》（香港）1997年8月号。

的情况提出村干部的双重边缘化。[①] 梁振华等则以农村项目为背景，说明村干部在多元利益需求之间寻求平衡，并同时扮演着多重角色。[②] 笔者倾向于认同村干部的多重角色判断。一方面，村干部首先也是受灾者，他们有着自身的重建诉求；另一方面，村干部又必须承担“村干部”这个结构性身份来面对其他村民。显然，村组干部必然要对政府部门的工作安排进行回应，在村庄层面予以落实；而对于村民来说，整个灾后重建过程，村民对村干部则表现为既依赖又怀疑，部分村民认为村干部随时把钱在“包包头揣起走”。在基金会介入章村重建过程后，基金会一方面与政府有相似的利益诉求，即完成重建任务，但也有机构自身的诉求。因此，对于村干部来说，他们实际上成为多方的代理人，是国家、基金会、村民的共同代理人，并以协调者的身份发挥作用。这成为保障农房重建进度的重要一环。

由上，对重建进度的控制是一种时间管理。在这一过程中，相关的政府官方规划文本从宏观层面对时间进行了规划，地方政府官员则进一步就特定时间节点进行针对性控制，基金会作为援助机构通过资金分批发放具体控制建房进度，村组干部在日常工作中进行协调与管理，使章村的农房重建以可控的节奏按部就班进行。

第三节　分歧与弥合

章村农房重建过程实际上包括两个方面，一方面，就重建过程诸事宜进行操作方式的规定；另一方面，重建过程涉及基金会、地方政府、施工队、村干部、村民等多方行动主体，势必需要针对产生的分歧进行处置。空间生产的过程既是主动构建空间的过程，同时也是消除阻力、排除模糊与分歧的过程。

一　援助金额的误解及发放方式

基金会关于房屋补助款的发放方式经历了一次调整。对于政府提供的重

① 吴毅：《双重边缘化：村干部角色与行为的类型学分析》，《管理世界》2002 年第 11 期。

② 梁振华、李倩、齐顾波：《农村发展项目中的村干部能动行为分析——基于宁夏张村的个案研究》，《中国农业大学学报》（社会科学版）2013 年第 1 期。

建补助，基金会仅负责管理和发放，按照 1—3 人家庭每户 1.6 万元，4—5 人家庭每户 1.9 万元，6 人及以上家庭每户 2.2 万元的标准发放；基金会提供的重建补助发放在《章村灾后重建信息宣讲材料》中规定1—3人户折合 4690 元，4 人户折合为 5190 元，5 人及以上户折合为 5690 元。

而实际上，基金会的发放金额均为“折合”金额，即 4690 元是把所有的投资包括修路、修水和发放给农户的现金计在一起总共 4690 元，实际发放的现金金额为 3000 元。但是农民误解了基金会的意思，以为就是发放 4690 元的现金。一开始基金会是打算按户发放的，但由于部分家庭人口多的农户反对，认为只有一个人的家庭拿 4690 元，有 5—7 口人的家庭也只拿 5690 元，认为存在不公平。

于是后来基金会在具体实施过程中采取按照人头发放的方式，即一个人 1200 元钱。这样，又有人不满意，说 5 口人的只是少数，大多数都是 3 口之家。这样子 5 口人的就占了便宜，家庭人口少的人吃了亏，家庭人口数少的农户拿到的补助总额减少了，从原来的 4690 元减少为 3600 元。对按户与按人头两种发放方式的不公平，一个村民给笔者进行了详细解释，整理成表格如下所示：

表 4－1　　重建补助两种发放方式的对比

分类	按户发放/每户 3000 元钱	按人头发放/每人 1200 元钱
不同意见所持理由	➢ 有的户有 3 口人，有的 5 口人，3 口人拿那么多，5 口人也只拿那么多，不公平； ➢ 大多数都是 3 口之家，5 口人的只占到 20% 左右； ➢ 按户发放的弊端：每户的发放总额一定，人少人多拿钱一样多，但是平均到人头上数额不等，不公平。	➢ 3 口人的拿到 3600 元钱，5 口人的拿到 6000 元钱，不公平； ➢ 3 口人要一个灶房，一个厕所；5 口人也是一个灶房，一个厕所，重建规格相同，不应该多拿钱； ➢ 两口人，如老孩儿和女子①，两个人也要两间睡房，按人头发，钱少了，不够修房； ➢ 按人发放的弊端：重建标准固定，资金发放额度不一致，不公平。

资料来源：实地调研资料（C20090115a）。

最后基金会的资金发放标准按照每人 1200 元发放。无论哪一种操作方法都会有农户认为存在不公平，因此基金会选择按人头发放这一相对公

① 在四川话中，老孩儿即指父亲；女子即指女儿。

平的发放方式。

对此，基金会认为自身在章村开展援助，在信息宣传方面的做法不够严谨。村民发现驻村的Z基金会也不是像很多人所传言那样给村里人盖房子，并且村民不用自己花钱。当得知基金会能够发放的现金只是每人1200元，并不是像原先宣传的3人户每户4690元，而政府的建房补助款也不能一下子就拿到，需要分批次、经过复杂的手续，村民觉得自己被欺骗了，认为应得的利益没有拿到，认为当官的是不能够信任的。于是村民多次到镇政府，把镇党委书记、镇长给围了，通过这一方式使官员意识到问题的存在，进而想办法解决。还有部分村民认为，如果不是基金会援助章村，类似别的镇的基金会发放的资金标准要高很多。村民的心态经历了从较高的期望，其中包含明显的“等靠要”倾向到失望，到认识到基金会所筹集的捐助款并不能简单平分给他们——尽管章村村民一直认为分钱最符合他们的利益诉求，到目前认识到虽然基金会等外部机构能够给村里提供一定援助，但更多要靠自己努力，为自己的生计谋划出路。

除了发放标准，基金会到底援助章村多少钱也成为一个谜题。基金会刚开始到章村的时候，老百姓误以为基金会给村里投资500多万元，平均下来每户都有1万元，因此对基金会特别热情，天天招待，叫吃饭什么的。而实际上基金会的投资是分为两部分，大致上500多万元一半用于基础设施建设，一半用于生计恢复与重建投资，这样实际发放的现金达不到每户1万元。而且村民讲，基金会发的宣传资料开始是按户发钱的，3人户的4690元，现在按人发，一个人1200元，3个人才3600元，拿到的钱变少了，埋怨基金会说话不算数。并且，基金会所说的4690元是包含了基础设施投资的，实际发放的现金额度为3000元。这些都没有讲清楚，村民对基金会的态度处于逐渐恶化的状态，直接导致村民村干部对基金会的评价水平降低。如访谈中有一户人讲道：

> 基金会给我们扶贫的钱都没得了。原来4000多元，现在拿1200元。开始说5000元，后来3000多元，弄到1200元了。500万元拿来扶贫，一户人4000多元。钱好多，都不见了。500万元，留250万元打机井啥子。按户头分，人多的就闹，就按人头分，这就节约几十万元。……村里400多户，没有580多户。按一人1200元，按1400人，多少钱？160万元，250万元一减，还剩下80万元。原来490多

户，250万元嘛。地震以后现在有假户口，虚的（指户数多于490户）。平均七个队，平均每个队70户。七队七十几户，五中队七十几户，六中队八十几户，一、二、三队比较小，其他的队户数多。不晓得他们咋个搞。麻烦得很。（C20090131b）

另一个案例展示了同样的疑惑：

基金会说一户人5000元，拨500万元。后来一个人给1200元。基金会在我们这里，给我们讲，咋个选择，喊给我们设计（房子），修啥样子。咋子就是说给我们一个人1200元钱。究竟750万元还是500万元，好多钱，也不知道。有的说250万元打这个路。说这个钱不能扶持你们修房子，等你们房子修好了，扶持你们搞种植啊，养殖啊，弄不清楚。（C20090131c）

由此可见，对于基金会最初提出的援助金额、资金发放方式等，村民均提出了质疑，基金会也就在不断地调整和澄清过程中，使民众感觉最初被提供的标准一直在打折扣，于是也就出现了部分村民对基金会的不信任，认为他们和当官的没有两样。

二 维修加固有无补助

由于农房重建工作进入全面动工阶段，很多农户都开始筹划。因此基金会仅针对重建户发放补助而未对维修户进行补助的问题凸显出来。

受灾农户选择农房维修或重建是在最初统计的时候确定的。村中有一家在报名统计时说的是维修户。当时家里有几万块钱的账，盖房子钱不够，不敢再借债，迫于情势，只能选择维修。维修加固户国家给的补助为一次性5000元，但依然不够，于是他们来问基金会维修户能不能领到基金会发放的1200元/人的补助。基金会澄清，维修户没有这笔补助，基金会的补助只针对重建户。但农户认为同样是灾区，同样是灾民，标准应该是一样的。

之后基金会根据这个农户反映的问题，临时决定对于维修户按800元/人的标准发放补助，并询问来自研究机构的L老师此举是否可行。L老师认为，规定和标准不能随便更改，如果村民闹一次就改规定，那么工作将陷入被动，无法持续开展。在实际工作的开展过程中，规则必须是有效的和有约束力的，由于农户提出的利益要求而一再调整规则和政策，将使工作陷入被动，丧失信任度和权威性。最后这一决定未被执行。

三　施工队与工程监理的冲突

农房重建过程中，基金会邀请一家来自美国的专注于建筑领域的非政府组织 EP 为农户提供工程监理、质量监理培训等服务。EP 于 2008 年 12 月开始到章村进行实地考察，并随后在章村所在镇设立临时办公点，派遣工程专业人员长期进驻章村。EP 是在另一家机构提供的资金支持下，义务在章村开展工作的，为村民房屋重建提供质量监理、对农民和施工队进行技术培训、为部分农户提供针对特定需求的户型设计。他们有建筑方面的专业认识，受过长期的专业训练，清楚房屋的具体设计和施工以及各项安全标准。他们的加入对基金会在这方面的人员和技能缺乏是一个很好的补充。EP 的工作人员工作认真，态度诚恳，也在一定程度上获得了村民的认可。[①] 比如在进行户型设计的时候，专家所提供的设计方案可能更多考虑创意、试验，好处是作了设计，但不好的是，最终好多农民很不满意；而 EP 过来的时候，发现了这些问题，就逐户给老百姓来画图。这些人都说，农民很满意。

EP 的具体工作就是在村子里画图，把每家每户的位置都标了出来，而且把他们的联系方式也都记了下来，便于联系。他们的主要工作是对村里施工队的施工质量做出监督和评价，同时给村民提供培训，讲解一下该怎么修房子，怎么注意安全和结实，怎么才算符合规范，怎么签合同，怎么做构造柱，钢筋怎么绑之类。同时他们还给农户提供一些户型图，房子想怎么盖之类，他们借助软件作图，然后打印出来拿给村民看，然后再修改。按照他们计算，说施工队包工包料每平方米的价格至少赚 50 元钱。尽管 EP 的工作获得了村民的认可，该本地施工队却对此很有意见，本地施工队老板找到基金会办公室说：

> 你（指 EP）跟老百姓说说说，我说老实话，都没有用……一天把老子当瓜娃子。你把自己工作做起就可以了嘛，给老百姓设计图也

① 资料来源：《章村扶贫手册》。

可以，你把价钱做出来嘛，光喊施工队给修。

我觉得他们那样子真是要不得。有啥子事情到基金会来，喊过来，大家一起说。老百姓不懂，懂啥子嘛！大家相互理解，把工作圆满完成，顺利交工，必须要工程质量达标，就对了。

他们有他们的立场……我问你，他们代表啥子嘛？

砖混结构和框架结构，不一样。防水，是屋顶的防水。楼房还是要漏，要做防水就要加钱了。

他们工作方法还是不行，不够圆滑。

现在要求进度，下了死命令，你光弄、弄、弄，完不成了……这样他们工作方法不对。起码大家坐下来协商。

你有你的工作方法，他有他的工作方法。我说老实话，我是最好说话的了。你们说我们那个构造柱咋个咋个，结果整个大队施工队全都停工了。解释了好久噢，就那个事情。

各有各的工作原则，但是说老实话，做生意，不能折本。

有啥子事情都可以直接来说。他们太讨厌了，恨不得把他们……我亲自给他们提了意见。虽然是你们请来的……最好有啥子事情下来协商。有啥子事情不要轻易（跟农民）表态，下来协商。政府要求的时间要紧。（C20090306a）

隔了两三天，3 月 9 日笔者和基金会工作人员从市里面回村，在村口又碰到这个施工队老板，就让我们俩顺路搭车。在车上碰巧看到 EP 的工作人员正走出村口，老板又提起这个事情，“他们不会办事，一天到晚在村里指手画脚，你们有什么资格？”（C20090309a）

当天再次碰到 EP 工作人员的时候，他们说这边有的施工队资质都不全就要施工。当晚，本地施工队老板也听到这个事情，就跟基金会工作人员说，“你们基金会要求严格，按原则办事，这个事情咋个办呢？以前我打构造柱、码砖什么的都说这里那里，现在这个你们怎么处理，连资质都没有就允许他们施工。”（C20090309a）

类似这样的不同的群体之间的碰撞屡见不鲜。本地施工队老板生气发火，无非是 EP 对施工活动提了建议，用他自己的话说叫“指手画脚”，跟老百姓乱说，老百姓又不懂，一听到什么就过来找他说。该老板则认为，“有什么事情，你说哪里哪里不合格，你觉得有问题，你们私底下找我来说，我们调整了，改了就对了嘛，大家都是工作，老百姓又不懂什么事情，一听你说这里有问题，那里有问题，就跑过来闹，谁受得了？”而外来施工队老板则相对表现随和得多，EP 在针对外来老板施工农户所开展的活动也相对顺利得多。

这虽然表面上是本地施工队与 EP 之间的冲突，实际上也表达了施工队对于基金会对重建过程过多干预的意见。

四　被骂的风水先生

灾后农房重建过程中的风水问题也有所体现，但是风水观念通常被视为迷信，是文化糟粕。对于满足个体居住需求的建房来说，往往还保留着看风水这个环节，如动土、动工的吉时，方位与朝向，空间布置等。但在诸如新农村建设或规划话语下，个体化的风水调整则显得不太可能，规划话语将风水视为对立面并排除在外，如《建房不看“风水”看“规划”》的报道就充分表达了规划与风水之间的对立关系：

> 馆陶县肖村农民李天然准备建新房的消息传出，先后有五六名风水先生主动登门“揽生意”，却都被他挡了回去：“我看按村里的建设规划盖房就挺好。”
>
> 修屋建房历来是农村群众的人生大事。以往馆陶农民建新房，大多有请风水先生的习惯。盖房选址前，把风水先生请到家中，好吃好喝好招待，任凭他们摆罗盘、掐手指、磨嘴皮，什么房屋朝向、高度、动工日期，全部由风水先生决定。结果，不少村房屋排列杂乱，宅基高低不等，因宅基占地、房屋排水等问题引发的矛盾不少。[1]

可见，规划被视为科学，应该倡导；而看风水则属于迷信，应该禁止。“破除迷信，崇尚科学”[2] 的口号也是对这一对立话语的生动表述。在章村的农房重建过程中，风水先生也以其特有的方式参与了进来。

---

① 史文通、王茂军、岳娜：《建房不看“风水”看“规划”》，《河北日报》2006 年 12 月 20 日第 6 版。

② 同上。

下午笔者从水库走过来，正好转悠到二队，于是想过去看看那个水井挖得怎么样了，正好看到一家子的院子外头聚着几个妇女，还有一个老头儿，中间摆一个条凳，隔着老远没有看清，走近了一看，原来是在摆弄一个铜制的星盘，星盘下面是一个小簸箕，装满了带壳的谷子，星盘就放在谷子上头。原来是个风水先生。

那风水先生看着星盘，手里拿着一本粉红色皮子的小册子，在找啊找啊，然后给其中一个妇女解释着。

笔者看到这个情景的时候，具体的技术环节已经快结束了。笔者说这个东西没见过，拍个照片吧。那个妇女马上把星盘藏到怀里，说不要拍，你拍这个干什么啊，不要拍。风水先生收拾好自己的行头，正准备要去下一家。正在这时，队长冲过来了。

已经不能用走来形容了，他是怒气冲冲径直冲过来的，直接冲到风水先生前头，大声呵斥："你在这干什么！走！你在这搞破坏！你晓得我脾气不对，你还敢来！给我走！下次再看到你，车子给你砸喽！"

风水先生张着嘴，想申辩什么，另外一个中年妇女马上拉着他说，"哎呀，走走走"，意思是要拉着他赶快逃开，然后去她们家。

但是队长不依不饶，还在大声呵斥。连同先前那个请风水先生的妇女一道责备着，说："你看什么看，搞新农村新农村，你还弄这个封建迷信？"那妇女也不示弱，说："我就看！关你锤子事！……"

队长对着风水先生的背影大吼："再看到你，我砸了你车子！"说着马上就要上去动手。这时候那几个妇女慌忙上来阻拦，护住风水先生，说："你快走快走……"

队长说，他们找风水先生看房子，说这个位置好一点，那个差一点，方向要斜一点什么的，门要朝这边开啊什么的，到时候就没办法统一规划了，搞新农村建设，容不得搞这些封建迷信活动。

但是，风水先生并没有走。趁着队长跟笔者一起去看那个井的工夫，他又被拉到了另外一家。但风水先生在另外一家仍然不顺利，虽然这次不是队长阻拦。

那家子的老两口，男的不同意，不信这一套，但是女的愿意，但是这样子是做不成的。于是两个人吵了起来，女人和男人一吵架就会把大半辈子的苦都倒出来，所有的眼泪和怒气也都泼在这一个时候，这个老婆子也是，老远就听到她在喊着，说这大半辈子跟他一起都没怎么安生，又地震又什么的，现在就是盖个房子，看个风水选个位置，你还阻拦，盖个房子你还不让我如意……

到后来逐渐升级，老婆子抄起棍子就撵老头子，还好大家拉住，但是老头子虽然不怎么说话，却也不示弱，老婆子越是拿棍子，他越是往跟前凑合，就这么的闹了好一阵子。过了好半天才消停了。(C20090312b)

这一场景看似算不得“分歧”，顶多算是一个无关大局的小插曲，但生动地表现了个体性需求与统一规划之间的冲突。队长作为村组干部，对村民的迷信活动进行批评，显然也是出于整体考虑，履行自己的队长职责。因此，二队农户看风水可以说是一项失败的个人迷信活动。但就在同一天，在另一个队，也可以说是“迷信”的活动则得以进行。

今天上午，大院子的地方已经大体清理出了一块地方，施工队正在这里画线，标记位置。估计这个大院子到时候能安排下二十几户人家。大院子中间还有一张条凳，上面摆着橘子、肉块、酒杯、土块儿，土块儿上插着香，地上还有鞭炮放过的碎屑。听说还找了一只红鸡公（指成熟的公鸡），用指甲掐破鸡冠子，把血滴在酒里，洒到大院子四周，来敬土地公。施工的人说，农村动土木的时候还是比较相信这个的，虽然没有什么科学道理，但是如果不这样做的话，就觉得心里不舒服，总觉得不安稳。所以，施工队也是尊重当地人的习俗。即便是一些大的楼盘破土动工也会有类似的祭祀活动。(C20090312c)

这个开工祭祀活动相较于风水先生的罗盘秘密则显得“无伤大雅”。因为祭祀只是用于满足农户心理安全的需求，而不会影响到房屋的位置、走向、进而影响整体的房屋规划。如前所述，这两个例子都算不得“分歧”，但它们提示了内含的文化冲突，即作为个体的农户对迷信文化的需求与作为整体规划的“科学”之间的冲突。显然，在统一规划的话语之下，农户个体的迷信文化需求或说特定的文化心理需求表达受到了限制。

五　弥合：盛大的拔河比赛

章村的农房由基金会援建，由施工队负责施工，村组干部既是灾民又是协调者参与其中，村民既是重建主体又是受援对象，在这个过程中，一系列的误解、冲突使得基金会觉得机构信誉有所降低，村民也产生了对村干部、施工队的不信任，工程监理与施工队之间也发生了一些摩擦。为了缓和农房重建过程中所造成的诸群体之间的紧张氛围，基金会准备在村里搞一下活动，调节一下气氛。当基金会提出这个想法后，本地施工队老板便说，列一个奖品清单，由他来购买。基金会工作人员就说弄个条幅上去，打上你们公司的名字。该老板比较客气地说，不用，出这点钱也不算什么。基金会则表示这个还是要让大家知道的，知道是你资助的。

7号上午，本地老板就把礼品按照单子都采购完了。采购结果表明他始终没能正确理解那个采购单子的数目的含义。本来是一等奖洗衣粉，二等奖肥皂。但是到最后采购的结果是采购了15份，每份包括洗衣粉、肥皂、牙膏、毛巾各一。老板说，条幅都已经做好了，“热烈庆祝国际三八妇女节”，另外一条是“‘××’杯章村三八妇女节拔河比赛”[①]。他还表示，这一天他的工地上的妇女同志们放假一天，但是照样开40元的工资，并且奖品上他说凡是参与的都有一份，比如指甲刀之类。可见，他在加强或者改善自身与村民、村委和基金会的关系上做出了很大付出。作为本地的施工队，他很想通过这一层乡里乡亲的关系，在这里多承包一些重建的活路。就这样，一场盛大的妇女节拔河比赛就在2009年3月8日这天上演了。

还没开始的时候，旧村委会前的空地上就已经聚了不少人。大家三五成群，说着闹着。有的说着这活动怎么闹热（村民语，即热闹），有的看着边上放着的奖品品头论足。

村书记也很有热情，看上去精神很好，在场地上给先来的人们示范，该怎么拉，怎么用力，规则是怎么样的，地上的白线，哪个不能踩，过了哪个线就算做输等等。

看到书记在示范，大家也乐得来凑热闹。两个跟他一起做示范的村民拉着绳子，看书记拉着绳子中间部位，她们还故意用力拉，想把

① 其中“××”为该本地施工队的公司名称。

书记拉倒，一不小心，书记来了个趔趄，周围的人马上跟着笑起来，书记也不生气，说你们别急着拉嘛，我给你们做示范嘛！

比赛的时候七个村民组，每个组各组一个队，一个队 12 个人。加上施工队组建的“八队”，八支队伍抽签决定对手，然后开始比赛，采取单循环赛，也是便于操作，简单一点。

还没开始的时候，大家就说这个场地不公平，一边要有利，一边相对不利。这也好办，每个队派来一个代表，抽签，写两张小纸条，抽到有字的那个队先选择场地。这个方法好，公平，大家都认可。

选好了场地，开始比赛，大家情绪都十分高涨。没有号子，不知道谁从哪里找来一条红领巾拴在一截白色的 PVC 管子上递给书记，书记就拿着这个当令箭了。高高举起，快速看一下左右两支队伍，然后猛地挥下小红旗，大喊一声，“开始！”——两边的人就开始一起用力，可劲往自己这边拉。但是技巧还是有点差，一条绳子在场地上摆来摆去，有的人被拉倒了，躺在地上了，被绳子拉着还打了两个滚儿，周围的观众们就笑啊，加油啊，赢了的一方，开始欢呼，没有赢的一方也不沮丧，开始评论起来，对手怎么怎么了，自己怎么怎么失利了。然后交换场地接着比赛。

由于四队的对手没有到场，所以四队不战而胜。最后八进四，第一轮胜出的四支队伍开始角逐，同样是抽签，胜出的两支再决出一二名，其余两支决出三四名。最后的战况是前四名分别为施工队、一队、四队、三队。大家一致认为，施工队的人干活儿多，力气大，赢了是理所当然的事情。

最后给获胜队伍发奖品。发放的奖品有洗衣粉、毛巾、牙膏、肥皂，最后还有参与奖，一人一个指甲刀，小东西也实用，大家也乐得参与进来凑个热闹。四支队伍的奖品派代表领回去了，还有指甲刀，其余四个队每个队十几个，也拿去发。这个时候大家还是有点你争我抢的架势，发东西的一看，招架不住，撒了一地，同志们干脆都上去抢了，这场面真够壮观的。

本地施工队老板发奖的时候，大家听说是他赞助的，就有人喊，×总讲两句。他也还真给面子，说：“希望你们早日走出地震的阴影，快乐地生活！”比赛结束，大家欢快地散去了。（C20090308a）

这场拔河比赛不得不说是相当成功的。从热闹的角度看，它确实起到了应有的作用。村民们可能好久没有参加过这样的活动了，就像放电影，之前组织过放电影、看电影，现在施工队上的民工和村民经常会催基金会的工作人员放电影，他们对这些是相当期待的。从基金会的角度看，初衷即是达到一个团结干群、和谐村民、改善基金会形象、改善工作环境的目的。这个目的也可以说是达到了的。

从比赛的形式和内容来说，形式大于内容，基金会和村里在这一点上是有共识的，选择拔河比赛这样一种很简单的形式，也是出于易于操作的考虑，简单但是还很好玩。比赛过程中，有些村民对公平与否、对其他对手的表现还是有些认真的，这时村主任就说，不要那么计较，大家闹热一下嘛。所以只要这个活动是举行了的，那就达到了它的目的。各个团体都从中获得了自己想要的东西。

基金会在章村面临十分尴尬的局面，一方面，信任度下降，在村民中的威信大为降低；另一方面，基金会迫切需要一些明显的“政绩”来实现与村民、村干部、施工队之间关系的缓和与改善。因此，这次拔河比赛成为基金会为达到这一效果所做出的积极的策略选择。通过拔河比赛，为村民、村干部、基金会、施工队创造了大家见面、接触的机会，以娱乐的形式改善各个相关利益群体之间的关系。并且在基金会提出组织比赛的时候，本地施工队提出赞助，表明其也是在借助这个机会主动改善与基金会的关系、与村民村干部的关系。组织比赛也缓和了村民与村干部之间的关系，改善村民对村干部不信任的状况。农房重建的工作就在分歧与弥合的互动中继续向前推进着。

第四节　新居：统规统建空间的落成

截至 2009 年 9 月，基金会共发放民房重建补助资金 12 批次，计人民币 1018.61 万元，其中政府资金 850.8 万元，基金会资金 167.81 万元。全村新建房 511 户，共 1388 人；维修加固 6 户，共 25 人。到 10 月份，全村 517 户重建新房全部建成，村民陆续搬入新居。[①]

至此，社区农房重建基本完成，社区面貌较之震前已经大为不同。首

① 资料来源：《章村社区重建与生计发展项目监测回访报告》（2012 年 8 月 16 日）。

先，从空间分布上看，七个生产队的居住点分布更为集中，房屋排布走势依从于村中道路，分列两侧。震前民居形态往往依竹林盘分布，院落周边往往生有茂密的竹丛，如今村道成了房屋分布的依据。其次，从房屋外观上看，可谓整齐划一，基本户型统一，外墙贴白色瓷砖，放眼望去，如精确复制一般，瓷砖使用、门窗设置位置、门窗颜色款式、外窗防护网等基本一致，若非本村人，实难分辨哪家是哪家。最后，对外部人的错觉更为强烈，就笔者本身而言，这种外观的高度一致性，令笔者恍然认为这是一个高度同质性的村庄，毕竟已经不能从房屋的新旧、规格、款式、用料等去估量农户的家庭状况与经济水平，农户内在的差异性已经由视觉的一致性看似完美地遮蔽了。

重审农房重建过程，统规统建从一开始就带有对一致性的追求。勒·柯布西耶就是规划的极力倡导者，他反对纵容“旧屋顶”的浪漫主义[①]，在他看来：

> 建筑是一种意志力的自觉体现。创造建筑，就是创造秩序。创造什么秩序？功能和目标。用房子和道路撑满空间。创造庇护人的容器和抵达这些容器的道路。[②]
>
> 标准化、大规模生产、高效率，这三条紧密相关的现象无情地主导着当代活动，它们既非残忍也非凶暴，相反，它们能把我们带往秩序、完美、纯粹和自由。[③]

在柯布西耶看来，规划是实现秩序的途径，房屋作为“庇护人的容器”应该是标准化的、规模化的、高效率的。难怪斯科特说他“有代表性地宣扬了极端现代主义所蕴含的逻辑”“为极端现代主义信仰树立了清晰的图像”[④]。显然，章村灾后农房的统规统建就从一定程度上体现着这种对精确性的追求，它是统一标准的、排除个体性的，房屋不再是栖居的

---

① ［法］勒·柯布西耶：《精确性——建筑与城市规划状态报告》，陈洁译，中国建筑工业出版社2008年版，第98页。

② 同上书，第66页。

③ 同上书，第33页。

④ ［美］詹姆斯·C. 斯科特：《国家的视角：那些试图改善人类状况的项目是如何失败的》，王晓毅译，社会科学文献出版社2004年版，第138—139页。

场所，而是沦为“容器”。此外，农房的重建并非完全出于抗震的需求而生成如今的空间模式，除此之外，其中还包含着其他种种话语的运作，如统一规划便于提供基础设施，专家提供设计方案等，整齐划一的展示性特征也不可避免地隐含其中。

第五节　小结

章村的农房重建是在基金会、地方政府、章村村民及村组干部、施工队等多个主体的互动过程中完成的。从统规统建方案的确立，到重建进度的控制，到弥合分歧与冲突，到新居落成，看似自然而然的过程，实际包含着多种话语的运作，观念的冲突，权威资源的借用等，并最终形塑了统规统建的有序空间，使得农房既作为物质空间得以存在，也同时作为话语性实在得以呈现出来。

第五章

另类空间：农房重建的个体安排

在现代社会中，权力和知识之间是相互渗透、相互建构的[①]，话语在权力斗争中的重要作用就在于，“一切规则，其自身是空洞、野蛮、无目的的；它们被制定出来服务于一定的对象，屈从于某些人的意愿。历史的伟大游戏，属于占有法则的人，属于占据使用法则的位置的人，属于乔装改扮，歪曲规则，颠倒地运用规则，使他们反过来反对规则制定者的人”[②]，即规则不仅被制定者使用，也被反对规则者进行颠倒的使用。换句话说，对规则的占有和使用取决于使用者如何对规则进行解释，并借用其解释导向特定的实践后果。相应地，这些“实际上已经被说出来的东西”就是话语，而话语分析要做的工作就是研究已经被说出来的话是怎么被生产、被流通、被分配的，支配着已经说出来的话以这种方式被说出来的规则是什么。[③]

章村的灾后农房重建，对抗震性能的要求是第一位的。研究者指出，地震后，村民对震后房屋的重建需求十分多样化，包括“不要修高了，容易垮”“睡房可以小点，但是晾房要大”“一定要有晒坝”“猪要从后院抬出来，不能从客厅里抬出去”“房子的门脸要朝向路，不能朝北”“为了省钱，可以共用墙体”“可以学学城里人的居室设计”等，尽管存

---

① 谢立中：《走向多元话语分析：后现代思潮的社会学意涵》，中国人民大学出版社 2009 年版，第 248 页。

② ［法］米歇尔·福柯：《尼采、谱系学、历史》，载杜小真《福柯集》，上海远东出版社 1971 年版，第 154 页。

③ 谢立中：《走向多元话语分析：后现代思潮的社会学意涵》，中国人民大学出版社 2009 年版，第 278 页。

在多样需求，但是“抗震成了农村建房的第一个重点”①。在《Z基金会章村灾后重建整体规划方案》中提到章村旧房“没有抗震设计”，重建房屋则要通过设计获得“安全可靠的户型方案”；最后绝大多数村民所选择的现浇平房设计，被他们认为是结实、抗震的。户型设计团队认为村民所选取的这一设计方案，充分考虑到了房屋的整体抗震性。

但是，同样基于抗震性能的考虑，却并不一定生成统规统建的一致空间。在章村的农房重建过程中，还出现了未按照统规统建方式进行重建的房屋，即本文所称另类空间，其一为全现浇房屋；其二为全木房屋。除此之外，即便是按照统一规划进行房屋建设的农户中，也有个体农户采取了不同于多数村民的操作方式，具体表现为统建单包。显然，此类另类空间与统一规划的空间形成了某种物理性对立，在一定程度上消解着统规统建话语的权威性；而继发的暴雨导致新居进水事件，则直接从性能方面消解着统规统建话语的合法性。因此，自建的另类空间与统规统建的一致空间形成了空间上的对立，形成了“颠倒地运用规则”的空间。

第一节　自建空间的生成

章村农房重建的统规统建并未能完全实现。作为与统规统建的一致空间相区别的另类空间，最主要表现就是由农户自行设计、自主建设的房屋，包括一户全现浇房屋，三户木结构房屋。明显区别于统规统建标准化、一致性的空间，自建空间赋予了章村震后居住空间的异质性特征。

一　全现浇结构房屋

1. 工匠的自建

根据《混凝土结构设计规范（GB 50010—2010）》第2.1.7条规定，现浇混凝土结构为“在现场原位支模并整体浇筑而成的混凝土结构”。全现浇结构是现浇混凝土结构的简称，是在现场绑扎钢筋，在现场支模并整体浇筑而成的混凝土结构，与在预制厂绑扎钢筋浇灌混凝土预制构件相对应。

① 王卓：《参与式方法对灾后乡村重建的作用和影响》，未刊稿，四川大学，2008年10月16日。

高强，男，1963年生人，房屋毁于地震，属于重建户。他正在修建的房子是在初八那天（2009年1月3日）开工的。章村统规统建房屋统一采用的是砖混结构，高强自行设计和建造的房屋则采用了全现浇结构。在他看来，这样的设计抗震性能更好。他已经做了十多年建筑活，20多岁开始编篾条，编了卖钱，后来到30来岁开始搞建筑。搞建筑是个技术活儿，都是跟师傅学的，一直做到现在。

他设计的房屋，首先挖地基，然后铺毛石，铺混凝土，与统规统建一致。不同的是他在地基上的混凝土中埋了钢筋，上部有竖立的钢筋，底部柱头筋的四个弯曲角朝外，增加稳固性。所使用的钢筋规格依位置不同而异，地基中的钢筋直径为10毫米，柱头筋使用规格为12毫米，直立钢筋规格为16毫米，并从地基延伸到顶端并伸出到女儿墙①的位置。墙体中的钢筋在地基之上左右交错分布，并在水平方向每隔60厘米加一根横筋，用钢丝箍紧。女儿墙在最初的设计中是没有钢筋的，后来觉得为了牢固，所以把钢筋也撑上去。平房顶部环绕四周高出一截被设计成女儿墙，一是出于美观考虑；二是出于安全考虑，人站在高处的时候增加安全防护。女儿墙底部伸出的一截叫作雨棚，用于遮雨，防止雨水落下滴溅铁门或墙根。

他对比前几天来村里的台湾人讲的钢结构房，认为钢架子搭房子还是可以，主要担心造价的问题。他说还是要码墙根，而且感觉那样的设计抗震性能不行，因为四根柱头之间没有连接性。

高强的全现浇房子到（2009年）3月11日就封顶了，然后就开始往屋顶运空心砖，他说要用这个做女儿墙，既节省了资金，又利用了废料。他建房子从一开始，每当笔者或者基金会工作人员路过他的房子，他就会停下来让我们看看，问一问这样子是不是“要得”，可见他十分希望得到作为他眼中官方机构的基金会的认可。从建房过程不难发现，他也算是个能人，按照自己设计的方式建房子，全部房屋结构由钢筋包围，然后现浇混凝土，所有出工也都是他自己做的。最后房子修了120平方米，他很满意。当初统一规划统一建设，统一搞基础设施，他则要求自建，主要考虑建结实点。据他说已经修了几回房子，都塌了，以前都是红土墙根，要不得，后来用12厘米宽的火砖，搞装饰也不行，都被地震打完了，所以这

① 女儿墙指建筑物屋顶四周围的矮墙。

次他希望自己修一个特别结实的房子。

2. “扯拐”的人

作为一个会做建筑活、有手艺的人，他在建房过程中证明了自己的这些才能。但同时，他也成为村干部和部分村民眼中“扯拐”[①]的人。这一方面缘起于基金会对房屋重建的规定；另一方面则是由于高强催补助款留下了“扯拐”的印象。

按照基金会对农房重建的规定，重建户采取三统一的方式，即统一选址、统一房屋结构设计、统一住宅面积（每人30平方米的住房面积和10平方米的生产用房面积）。高强的房屋虽然位于四队的规划点，但房屋结构按照自行设计的方式进行建设，建房速度也快于该队其他重建户，因此，他在一再催促发放建房款的过程中，就成了“扯拐”的人。在几件事情中，他都表现出了这一特征。

一是电视台到村采访遭遇抵触。2009年1月20日农历腊月二十，正值春节前夕，中央电视台一个栏目组来到章村，希望拍摄一些村民震后生活的场景和灾后重建的场景。生活场景相对比较容易，笔者所寄宿农户家的阿姨本来就是一个很开朗的人，拍摄她做午饭的场景，以及生活场景，如吃饭、饭后活动。了解到当时章村户型选择大家还有过讨论，于是重现了一下当时户型讨论的场景，拍摄了一些镜头。不过，到四队想拍摄全现浇房子的时候，遭遇了比较严重的抵触情绪。电视台要拍一下他做活路的场景，结果他一直提到200元生活补助还没有发放的问题，结果村民越聚越多，搞得场面有点不好收拾，于是只好作罢了。对此，村中一位村民对笔者讲：

> 像那天央视的来村里，人家是带着任务来的，是要看房子的，村民总是和人家说生活费的事情，跟大家解释也不听，一堆人围着人家，结果人家收起机子就走了。这就是村民太笨了，不懂事。人家只看房子不管补助的事情。（C20090122a）

---

① 扯拐，四川方言，意思是脑子出问题了，例：“我们家的电视用的年头长了，现在总是扯拐，一哈儿没得声音，一哈儿又没得图像”；还有一层意思是不可理喻，不可捉摸，例：“这人太扯拐了，简直搞不懂是咋回事。”在四川方言中，另有扯筋（皮），指吵架或闹纠纷，有：“神经病”“吃饱了撑的”“有毛病”“狡（形容小孩调皮不听话）”没事找事等多种意思，多用于形容小孩子，有胡搅蛮缠的意思。（参见百度百科）

二是催发建房补助。笔者的身份，经常引起村民的猜测。只要基金会工作人员去村里处理事务或在村中各个队走动的时候，笔者几乎都是不离左右的，因此这种极强的关联性导致在村民看来笔者也是基金会的工作人员。因此，当笔者独自到村中去踏查并与村民打招呼或攀谈的时候，自我介绍是小张，他们接下来就会问，“你是基金会的唆?”；一开始解释说自己还在上学，是来实习的，他们就问“实习啥子哦?”意思是村里没有什么好实习的；接下来他们还会问“那你毕业了是不是到基金会工作啊?”无论如何，再接下来他们就会提到钱的问题了。高强也不例外。

其实，一直以来，笔者就比较害怕见到他，但是由于他建了这么不同于统规统建的房子，又不得不硬着头皮去了解更多的相关信息。在笔者看来，他是个比较容易过激的人，每次碰到他，都会问一些刁钻古怪、难为人的问题。听了那些问题，明显能感觉到他是在出难题，是在为难你，是在发怨气。2009 年 3 月 15 日这天笔者见到他，这次也不例外，见了面就说钱的问题。他说：

> 你看我房子都打完现浇了，都盖规矩了，钱怎么还不发给我？我盖到现在，刚拿了第一批钱，现在把做生意的钱都垫进去了。你们这个钱什么时候发嘛？（C20090315a）

笔者只好把这个事情推托一下，说基金会这边已经在造表了，提交上去审批了，签完字，就可以领了。大家盖房子都不容易，家家户户都是垫钱盖的，发钱这边也会尽快。迂回了一下，还好这次没太发脾气。当时他正在往房顶运空心砖，笔者一见形势还不错，就提出跟他一起到屋顶看一下。

然后他说还有一个问题，现在前头盖规矩了，但是生产房还没有着落，后头剩下的一块空地是他自己的，但是盖生产房面积不够。这种情况下有两种方法：一是左右延伸占地，但是邻居那家的生产房就没有地方安置了；二是向外扩充面积，但是外面的地不是他自己的，还涉及调田的问题。所以他现在头疼的是这个地方的面积不够，而且村里还在催着拆了旧房，赶快搬进来，如果拆了旧房，新房这边还没建好，连厕所什么的都没有，他说男同志还好解决，女同志就不方便了，这个该怎么处理？他说，“师傅，你给看看，我们该怎么办嘛?”

又来了。笔者只好说：“这确实是个问题，但是这个我也没什么好的办法，我能做的也就是给你反映一下，给村干部说一下，看他们有什么办法，给协调一下。好多事情我也做不了主，可以帮你的也就是传达一下你的意见。”大概这个答案还算中肯，还算合情合理，所以今天他还算给面子，没像往日那样发飙、言辞激烈。

但是这些也确实是存在的问题。主房建好后，生产房、灶房等的规划略显滞后了，现在进度快的着急这些问题也是常理，而且他说，家里弄规矩了，他要赶快出去做工去了，他是懂这一行的，自己的工资拿的也不会太低。现在房子花了 5 万多了，算上他自己的人工 1 万多，虽然比统建的节省了不少，但也是笔不小的开支，他需要发挥自己的优势，为自己争取更多的资金。

对此，村主任说，高强所说的补助还没有发，指的是按照批次发放的建房补助的第二个 40%，即起了主体之后的补助款。但是由于当时他的进度比较快，只有他一家子，不好弄，预想等四队进度差不多一起的时候拨，这样也免去信用社的麻烦。而在高强看来，由于自己并不是按照统一户型来修建的，而且是自建的，因此一直对补助款是否能够获得比较担心。在一再“扯筋”催促之下，就被贴上了“扯拐”的标签。

3. 为生计而劳的人

但同时，经历建房的较大投入，高强也是一个为生计而奔波的人。2010 年 8 月，当笔者再次来到章村见到高强的时候，感觉他平和了很多。他们是 2009 年 5、6 月搬进新房的，见到他，他还记得笔者，“基金会的哦？有啥子事？”笔者说过来看看房子，他说住的还可以。屋里新买了家具，沙发等。震后房屋重建高强花了不少钱，目前则主要是搞建筑活儿，打工赚钱。

关于房子的成本，他说房子花了 11 万元多。他和女儿没有分户，只有一个户，招了上门女婿，5 口人没分家。据他表述，他获得的重建资金包括：基金会一共 2.2 万元，其中国家补助 1.9 万元；后来对口援建省政府对口给了 5 千元，其实是 8 千元，其中的 3 千元押在那里扣了利息，没有贷款的就 8 千块钱全部发放下来了；过渡房补助拿了 2 千元，只拿 3 个人的；贷款 3 万元，还跟私人借了 2 万元，自己原来还有点积蓄。目前还有 5 万块钱没有还，包括 3 万元的贷款和亲戚的 2 万元。

他说盖房子的时候就想修结实点，这样子修起，样式也好看。施工队都是砖混，觉得那个不够结实。施工队的房子上边没有顶圈梁，四队这边的没有，其他队的有，支壳子打的。一般的房子顶上没有梁，而他的房子有。

关于生计，他说修房子累人。现在都是出去找钱，他的女儿的小娃是地震时出生的，2008 年农历十月，修房子才有他。做活路一个月一千多元，除去骑车子、生活费五六百块钱，剩下五六百元，尽量还钱。由于章村这里离城市远，他的女儿和女婿两个人骑不了车子，只能在附近搞点养殖。现在最担心的就是还账，可能要五六年以上才能恢复了。当时震后建房子又要操心钱，又要操心房子，现在房子建好了，则继续为生计奔波。

二　全木结构房屋

1. 就地重建的木结构房

章村房屋重建的另一个个例是三户木结构房屋的出现。按照《镇（乡）村建筑抗震技术规程》第 2. 1. 7 款规定，木结构房屋指“由木柱作为主要承重构件，生土墙（土坯墙或夯土墙）、砌体墙和石墙作为围护墙的房屋。主要包括穿斗木构架、木柱木屋架、木柱木梁房屋”。[①] 章村李牧及另外两户所建造的就是穿斗式木架构房屋。李牧属于既没有建在重建点，也没有按照户型设计方案重建的农户。对于农房统一重建，村主任说：

> 当初没有硬性规定说要统一建，但是老百姓是都愿意的。当时选择统建和自建，比如说我，如果选择自建的话，这一块只有我们一家，材料也运不进来，不方便。如果不建在集中点的话，只是基金会的那部分钱不给，国家的重建补助是要给的。基金会主任的意思是集中重建的才给，就地重建的不给基金会那部分补助，意思就是说鼓励集中建出来，统一建在集中规划点上。
>
> 李牧已经住进新房了，他家里条件好，房子弄得好。他们的房子不是按规划建的，他们两户人就占了那个规划点的地方，把八十多户都挡到外面了，做好多工作都不愿意，所以六队的重建点就设在水沟的右边了。目前来说基金会意思是，李牧没有建在集中规划点，基金会的那部分钱就先不给。等最后看，如果就地重建的少，只有几户的

---

① 中华人民共和国住房和城乡建设部：《镇（乡）村建筑抗震技术规程实施指南》，中国建筑工业出版社 2008 年版，第 2 页。

话，那就给了，也无所谓了。如果现在说基金会的钱统一建的和原地建的都给，好多人就都不建出来了。（C20090131a）

李牧，木匠，2010 年笔者见到他的时候他已经 67 岁了。他 20 多岁就做手艺，做了 40 多年。他说自己的家里有三个木匠，一个是自己的小兄弟，一个是自己的儿子，他们的手艺都是跟李牧学的。李牧的儿子和他在 1990 年就分家了，所以是两个户头，这样就是他们三家修了木结构房子。他们两个的手艺都是七几年跟李牧学的。儿子 43 岁了，12 岁跟李牧学木匠。当时挣五角钱一天，后来一块三、一块五，做了几十年。当时"一块五割两斤肉"。按现在比，那时候钱差远了。现在一天 100 元，按十块一斤算，都要割十斤肉，那差别好大哦。他说，如果现在还是七几年那样子，不要想说修这些房子，那时候共产党也穷，下田做一天劳动才两三角钱，哪里修得起。

据李牧讲，当时地震后修房子所设想的就是木房子好一点，稳当一些，再地震，怎么摇，也打不死人。木头房子没有墙根，没有砖头，把房子撑起了，去年那个地震（指"5·12"地震），打不到人。原来那个房子，净是砖头，要是倒了，落半块砖头人就窝在地上了。

对于震后获得的建房资金，李牧说国家的建房补助有 1.6 万元，基金会每个人 1200 元，还有两个 5000 元不记得是哪个地方支援的，再后面就没有了。水泥贵，瓦也贵，买啥子都贵。这两间房子，四十多平方米，钢筋、水泥、砖、钉子、瓦一下子算起来，可能有 1 万多块钱。自己修的，工资伙食不用算，2009 年 2 月间修起的，修起就搬进来了，当时没有房子住。生活费、过渡房钱当时就花掉了。过渡房钱就用来修了房子了。把这个房子修起了，再打围墙，打院坝，其他的钱就花差不多了。都算起来，打围墙、院坝、灶房 2 万多元。他的灶房在原来的屋头那边，把原来的地基码起来。所以修这个房子，基本上没有借钱，而且李牧今年快 70 岁了，贷款贷不到了，也没有跟亲戚借钱，老年人都是很节约的。

对于李牧的房子，村主任说：

木匠家里修的木头房子，花了 4 万多元，但是如果算起来人工的话，就很贵了。他们家父子俩都会木匠活，一般的农户不会。木工的工钱在外面 100 多元一天，两个人共做了 140 多个工。按 120 元/天算工的话，再算上伙食，也要花费很多钱。他们家的补助 1.6 万元，是要给的。他们修的早，集中重建的时候他们已经开始了，所以这笔钱现在就直接给他了。但是基金会的还没给。(C20090131a)

实际上，李牧的木结构房子相对来讲，整体显得比较简陋。这可能是节省了资金的一个原因。他的房子是全木结构，板子是 2.5 厘米的厚度。墙体都是木板制作的，屋顶是穿斗结构，即便是地震摇，木结构拉拉扯扯也不会垮，不会掉下来东西砸到人。屋内地面是水泥地面，家具陈设也比较简单，都还是旧的竹凳之类。相比较而言，李牧儿子的房子则更为精致，墙体底部码了约一米高的砖筒子，用于防潮。

2. 就地重建的压力

实际上，李牧选择就地重建确实与村里的整体规划产生了一定的冲突。按照最初对李牧所在六队的规划，说要在这里修路，即李牧的旧坝子这里。李牧则认为，房子没修起，你修路，把我们赶到哪里去？地震棚都给推了，去哪里住？2010 年当他跟笔者聊起这些事情的时候，还不免有些意见，他就说当时不同意那个规划，说“不得行，瓜滴”。

李牧对此心里也有压力。他说：

自建，自己心里咋没有压力。生产队跟我闹了几晚上，要跟我调田，我不调。我不晓得给我调到哪里，种不了的田。我说我不修房子，凭啥跟我调田。跟我说不调田要给我断水、断电，跟我跑几晚上。我说句吓人的话，那天我发火，说断水、断电，不给我水，我可以点玉米；断电，我说电是你的？我给钱的。最终没有建到一起。给我合青苗费，我点菜籽，我算了一下说要 1000 块钱。(生产队）说你那是金子，我说就是金子，你算账啊。

我们看电视看到这个，中央有这个政策，可以原地建设。这个就不用占田。他们修全都是占水田。我们两个没有好多田，总共一亩五分田，再占去几分田，还剩几分田，还要生活。我们老幺一个人只有几分田，全占完了，没得生活。这一块我们三家子没有建出去。

村里是喊我们统一规划。开始不给我们钱。我们娃说的，该咋修修自己的，总有办法解决这些问题，给不给无所谓，他不给也还是要修，修不起就修茅草房嘛。(C20100829a)

尽管有来自村里和队里的压力，最终李牧还是按照自己的想法原地重建，并且最终李牧还是拿到了建房补助：

1.6 万元那个刚开始说不给，说我们单独修的，没有捞到一起修。后来 1.6 万元拿到了，1200 元又不给。闹、闹、闹，整个村原地修的还是多。说要不得的话，他们想吃。解决不了这问题了，给我们拿了 1000 元，完了又把 200 元补给我们。国家的钱是给了我们的，大队想吃，想把我们吓倒。

不会不给，共产党有那政策。地震过后电视上就说集中建设，统建、自修都可以。最好是原地建设，少占田。修都修起了。我们村修房子占了几十亩田，都是好田，黄泥巴田。你看老院子坑坑洼洼，都长草，石头瓦块。现在这些人，哪个去挖。老院子都空起，都荒到了。等老孩儿们死了，娃娃们去挖噢？（C20100829a）

不过，李牧坚持就地重建的另一个后果就是路的问题没有解决。按照统一提供基础设施的规划，路面硬化是按照集中居住点来规划的。但是李牧他们三家的院子不在集中规划点，所以路面没有硬化。因此，对于路的问题，李牧说，“我们村大队说这个路你们找公社给你打”，公社说找大队，大队说没有那个规划，说还要找县政府，“唉，算了，说今年子打，就这一截路。”

3. 木结构抗震性能

李牧说，以前只有山上修这样的房子，穿斗房子，山上有木头。他这个木头是 1000 元一米，四个多方的木头，都还不够用。对于抗震性能，他很有信心：

这个（木结构房子）等于说要防震一些。钢架子房子还是可以。那个轻钢房培训的时候我没去。相当于跟木头差不多，但是它是生锈的。木头会老化，但是不生锈。刷漆，每年都要脱甲甲，每年刷一次漆。修房子的时候钢筋也贵。

设计户型的时候我也看了，上下圈梁、构造柱，一楼一底，还是可以，我看电视上都江堰就比我们的房子漂亮。一楼一底就像别墅一样。

但是人家高头是木头结构的。地震后，房子都改装了。我们这些房子大部分都漏水，墙根渗水，没有搞防水。要泼冷油（沥青）才要的，要码防水坡、码胶坡，还要一平方米花一两百元才行，才不得漏水。

统建的房子还是可以，抗震还要的，都是抗得到震，他们那个（砖混）也可以抗震。我们这个抗震，就是摇倒了砸不死人，他们那个摇倒了砸死人。好多人说还是我们修的对。木头接头，有棍棍棒棒卡到，随便咋个摇，两头都吃劲，有拉扯，这个房子要把稳些。往这边倒，就拉到；往那边倒，也拉到。他们那种一根葱，一摇，就垮完了。

（砖混）10公分的砖摞起来，码那么高，也不容易摇垮。往年光是巴掌厚的墙。有六几年、七几年建的房子，砖都老化了，禁不起摇。我们地震前才修的那些房子，没有摇倒。七几年的房子统统都平了。

抗震的话，还是要烧铁架子，放到底下，那样就摇不倒了，上头用彩钢瓦。整个房子一下子烧起，联结起来。可以搞个拐拐，直的还是不行。随便摇，除非地翻了身了。彩钢瓦要热，就是这个房子都热。以前那个小瓦房子，都是凉飕飕的。现在我这个房子都没有往年的凉快，矮了。有3米多高，不到4米。这样子是为了保险些。（C20100829a）

李牧按照自己多年的木匠活经验，给自己建了一套他认为最抗震的房子。对于木结构房屋在震后的应用，不少机构都在推进，相关研究也表明，木结构房屋的抗震效果十分明显。

程浩的研究就表明，青川县一带，沿途四川人早期的木质框架结构房，经历地震之后，房屋主体结构仍然坚挺，只是框与框之间的墙皮和房顶上的瓦片掉落下来，因此汶川地区震后宜利用传统抗震元素来规划重建，轻钢结构和木结构是首选。① 轻型木结构具有良好的“以柔克刚”的抗震性能，北美地区对轻型木结构有大量应用，并在历次大地震中充分体现了抗震性能；汶川地震中位于青城山前山的部分别墅其结构采用了轻型木结构，在灾后的实地调查中发现，建筑面积约200平方米的轻型木结构房屋底层裂缝最多出现了6处，二层的裂缝最多出现了2处，多为门窗洞

---

① 程浩：《木结构建筑在汶川农居重建工程中的应用前景——以古代木结构建筑抗震检验为例》，《科技创新导报》2009年第24期。

口等角部的细小裂缝以及厨房卫生转角和镜子周围的裂缝。①

就这样，李牧根据自己多年木工的经验，在震后为自己建造了一座不同于统规统建的木结构房屋。

三　未建成的木结构房

在章村的重建过程中，除了李牧三户木结构房屋之外，崔刚也曾试图建造木结构房屋，但最终没有实现这个想法，而是按照统规统建的方式修了砖混的房子。

崔刚的二儿子也是木匠。原来说修穿斗房子，不要砖，六队就这样修了两家（指李牧）。二儿子买了15方木材，但是大队不同意，说这样的话他们那一路十多家子就都要修穿斗房子。崔刚的房子挨着马路，说那样摆到大路上，不好看。最后“还是按照人家的安排嘛”。但是，实际上崔刚完全有条件、有能力修木结构房子：

> 框架式的穿斗房子，不用水泥砖，不打现浇。瓦嘛，机制瓦、小瓦都可以。让我们自己选，就是修穿斗房子。二娃子在山上，树枝（木材）几百块钱。我们有那个条件，树枝好买，杂木才五六百。买15米只要1万多块钱，工资1万多。我儿子说修穿斗房子包工包料只要五百多块钱一个平米，他是木匠，可以喊少点木匠，百十个活路就可以做完。杂费再打1万多，3万就修起了。
>
> 现在这个房子就是690元一个平方米，都4万了，所有的钱都放到里面去了。我们修房子全部是国家发放的，添了1万多修后房，这么多钱刚好够用。一开始算过的，国家有好多钱，不能贷钱太多嘛。昨年子6月份贷款，5月份开工。后来说5月1号不下基脚的，就贷不到款，这个钱拿不到，那个钱拿不到。我二娃去找村主任说了好几回，说我们要修穿斗房子，就让他们十几家子都修穿斗房子，你买得到木头，人家买不到，最后把木头退了。（C20100825a）

对于最终的砖混结构，崔刚说都是施工队在修，你说怎么修，他就给你说怎么怎么摆，你只能那么摆，方向不能调。一般要求8米进深，修

---

①　郭苏夷：《轻型木结构：以柔抗震保护生命》，《城市住宅》2008年第12期。

10 米都不行。宽度随意，开间不能超过 4 米，因为高头有过梁，这是结构的问题。8 米中间必须有杆子，不然就打过梁，现浇还是比较重，要撑起。还没听说新修的房子裂缝或者倒塌。

对于崔刚来说，尽管他的原意也是出于木匠的经验修木结构穿斗房子，但由于重建房挨着马路，被要求按照统一规划的样式来修房子。最终崔刚放弃了原先的计划，按照统一的户型修建新居。

第二节　统规空间的个体安排

自建空间显然是未按照统一的户型设计来修建的另类空间。全现浇结构房屋从外观上来看并不明显；木结构房屋则相对明显，单从外观上就表现出明确的差异。自建空间更是在其生成过程中表现出与统规空间不同的生成逻辑。但除此之外，统规统建的空间也并没有完全如规划所预想的那样整齐划一。从空间生成的过程来讲，统规单包构成了与多数村民所选择的包工包料（双包）的对应；统建新居后续完善过程中的个性化特征构成了与统一规划户型的对应；而统建新居遭遇大雨泡水的事件则进一步表明了规划功能的局限性。它们共同表征着统规统建格局下空间的个体安排，以及人们对新居预期的失落。

一　统规单包的房子

郭嘉是家住一队的农户，他的震后新房虽然是建在集中重建点的，但他采取的是单包的方式，即只包工不包料的单包方式。不过，详细了解到郭嘉对于单包的具体考虑，则是在 2009 年经历了三次相遇之后。

当 1 月 31 日笔者在章村随意走动的时候，就注意到一队施工现场边上比较引人注意的是一个伯伯，戴着手套，系着围裙，一个人正在搬砖。他在废墟边上搭了一顶蓝色的帐篷作为过渡房，笔者见到他的时候他正在修整自家的废墟，清理杂物，整理出地基。他把底下的旧砖挖出来，有些还能用的就整理出来放在一边，不能用的放在另外一边到时候填地基用。笔者凭借“研究者”对事实渴求的本能试图和他聊天，但是没有能够和他多聊上几句话，因为他似乎对笔者有怀疑，包括身份和目的，他可能不确定笔者是不是可以被信任。因此，初次偶遇，笔者只是觉得他建房的模式与其他农户不大相同。

当第二次进到章村的时候，笔者在 3 月 5 日这天又碰到他，不过情形与上次类似。于是笔者凑过去提出心中的疑惑，问他怎么一个人在搬砖，怎么没有承包给施工队。他说自己弄省钱。又问他这边的施工队老总是谁，他说自己也不知道，说是不关心这些事情。这次的态度和上次还是差不多，不怎么跟笔者说话。

后来笔者问他工程队包的是多少钱，这样就开始算起账来。工程队是 690 元/平方米，一户人比如 90 个平方米，修下来就要 62100 元，而且只包前后两道门，外墙瓷砖。加上自己弄窗户、屋里地板砖等等算起来可能要 7 万多元。但是郭嘉自己建房子的话，修 90 个平方米，大概需要砖 7000 元，钢筋 7000 元，沙石 5000 元，水泥 4000 元，门窗、瓷砖 1 万元，人工 1.5 万元，加上修生产房、沼气、灶房 1 万元，也才 5.8 万元，这样 6 万元把所有的都弄规矩了，还是可以省一点钱的，比包工包料要省下 1 万元。

问及建房的资金怎么筹集，他说国家补贴给 1.6 万元，基金会有 2400 元，虽然他们家三口人，但是他是居民户口，所以没有这个钱，从基金会只领到两个人的补助。以后跟村上说贷款，贷 2 万元，但是他的年龄超过 50 岁了，还是想跟村上说说看行不行；再跟亲戚借 2 万元，有的家里房子没有倒，有的在市里面，还是可以借一点钱的。家里娃地震后毕业的，刚刚工作，一个月 1000 多元，也不能指望他什么，他还要结婚什么的，还要处理自己的事情，自己的花销也很大。而且据郭嘉说，隔壁的 A 镇那边是 700 元/平方米，也是双包，他们是交钥匙进门。这边就差很多了，而且这个路也还很差，一队这边到相邻的 B 镇的公路只有 400 米，却还没有打通，所以运料进村的时候都是从村口砖厂这边进来，绕远。如果路修通了就能从 B 镇这边拉料进来，要便利很多。

聊得差不多了，笔者说再到其他地方去看看。临了，笔者问他叫什么名字，他说姓郭，于是笔者也告诉他自己姓张，叫笔者小张就可以。

等走了一段，笔者转回来的时候，郭嘉在废墟院子里头喊，“小张！”笔者走进去，郭嘉这才低声问，“你在这里是做啥子的？你是基金会的吧？”噢，终于说出他的疑问了。于是笔者说是中国农业大学的学生，去年和那些搞生计项目的老师一起到村里来的，现在老师们已经离开了，自己则在这里再待几天，看看这边的进展情况。这下郭嘉才说，“噢，记得记得。”这个聊天到这里才算真正打通了关系。他告诉笔者说原来是在铁路上工作的，现在退休了，以前的时候退休金是几百元，现在涨到 1000

多元了。自己这里还有一部分钱。

第三次见到郭嘉的时候，他家院子的地基已经挖好了，工人们开始垫毛石了。郭嘉已经把建材购置齐备，把施工交给施工队来做，即包工不包料，以单包的方式来建造。这次他向笔者详细介绍了一下自己的建房成本，以及与施工队包工包料的成本对比：

> 我（郭嘉）是自己买建材，然后只单包，只是包工，这样180元一个平方米（以下每笔开支均为两家合计）：
>
> 包工：180 元/平方米×100 平方米×2 家=3.6 万元
>
> 钢材：13790 元
>
> 水泥：30 吨×475 元/吨=14250 元
>
> 砖：7000 元×2 家=1.4 万元
>
> 沙子：700 元/车×5 车=3500 元
>
> 石子：400 元/车×4 车=1600 元
>
> 门窗：6000 元
>
> 地板砖：5 元/块×320 块×2 家=3200 元
>
> 墙砖：2000 元
>
> 猪圈、灶房、沼气、浴室：1.5 万元（此项为单户支出）
>
> 不包括猪圈、灶房、沼气、浴室这些后期的设施，包工两家总共要 9.434 万元，合一家 4.717 万元，加上 1.5 万元的猪圈、灶房等，也就 6.217 万元。住房建起来最多不超过 5.5 万元，加上 1.5 万元的生产房，全部弄规矩最多不超过 7 万元。
>
> 相比双包的，690 元/平方米，修 90 平方米，690 元/平方米×90 平方米=62100 元，这只是主房，加上门窗 3000 元，地板砖 1600 元，生产房等 1.5 万元，总共要 8.19 万元，这样算下来，郭嘉说他至少节省 1 万元钱。（C20090312a）

他说，村里人都是懒得算，懒得动脑子，以前他在铁路上的时候就喜欢想这些，现在还是愿意自己动脑子去思考的，不愿意动脑子，只图省事省心，那就把 1 万元钱白白送给人家了。90 平方米节省 1 万元算，一个平方施工队至少要赚 100 元钱，这样一个生产队按有 50 户包给施工队算，平均每家修 70 平方米，50 户×70 平方米/户×100 元/平方米=35 万元，这样的利润是相当可观的。

郭嘉说，给笔者算的这个账，不要给别人说，尤其不要给基金会的人说。这时候笔者想起来，之前他正在给笔者算这笔账的时候，恰好基金会的工作人员也过来了，问郭嘉怎么包的，郭嘉就说是包天工，那时候笔者还纳闷呢，笔者本人还在这儿呢，怎么就换成另外一种说法了？郭嘉说，基金会和施工队和村里都是一伙的，要是跟他说了，村上就都知道了，施工队也知道了，这个账还是自己知道就好了。下午在村里走的时候，又碰到郭嘉，又跟笔者说了一句，这个不要跟他们说，自己心里有数就行了。

同样是统规统建的房子，郭嘉的房子则包含了不同的建房过程，这个过程包含着他自己的独立思考，并据此做出了不同的重建安排，实际上使空间生产的社会过程区别于其他统规统建、包工包料的农户。

二　统建新居的格局变迁

章村遭遇地震，房屋倒塌并面临重建。从震前到震后，房屋的空间格局、外观都发生了变化，不仅如此，一些个体性需求的实现情况也有所变化。

1. 震前房屋与建房习惯

按照当地建房习惯，村民建房对房屋朝向、空间布局，包括看风水都有一套既定的操作方法。章村的建房风俗习惯是东西方向，南北向很少。北向的话，要灌西北风，要吹跑了；南向的话，由于衙门大门朝南开，一般人不能和官府一样，要出事。所以基本上都是东西向。章村整体地势属于北高南低，地震前的老房子，都是坐西向东或相反（龙门子），没有向北向南的。村民说这是老人们传下来的。

但是统一规划后，东西向为主的朝向安排发生了变化，根据地形，东西向、南北向都有分布。宋家的几家子就全部向南，要依规划的位置。如果坐东向西的话不好摆，它要依地形。北方冬天冷，向南太阳照进来热一点。四川不是很冷，这边房子如果要凉快些，还是要南北修，早上和晚上太阳都晒不到，不同的地方不同的习惯。且原来的居住空间表现为小院式的，龙门子和堂屋处于相对的位置，目前则并列在一起了。

以前房屋都是单家独户，有的修小院子。家家户户修的四四方方，猪圈、柴房、寝室、龙门子，正房修三间 ，中间是堂屋，每家都有院墙。如果人多的话，四边都修房子。龙门子要与正房错开一点，错开几寸就可以，不能和堂屋对上。屋顶一般都用小瓦，上面不能走人。

对于风水，以前修房子还是要看，一般的主要是看日子，如动土的日子、挖基脚的日子。崔刚回忆说：

> 自己修的话要考虑方向。我们大队基本上是统一规划的。自己修的话，传统遗留下来的风俗习惯，要看你这个人是啥子命，生在哪一年，属于啥子姓，再根据方位，根据八卦这样子排下来，乾坎坤震，跟你这个命合不合，按这个过去古老的传说这样下来，左青龙右白虎这样，依这一个思想。现目前就是按照科学的方法，基本上都统一，美观大方，方便，现在人这样认识了。算命啊，阴阳啊，道士啊，埋坟啊，还是按照古老的传说。（我的震前的）旧房子是看过的，也就是按照方位、人的命运来测量。那时候有地理先生，阴阳先生。房子一般不向北，按照地平线来说，北方高，出门不能对高山。左右（即东西）或者向南。你看向北的房子少得很，表示出门要宽阔嘛，前程远大，低了没的出路。统一规划没有向北的。（C20120725）

统一修建的时候就没有看风水，因为灾后统一修建一般没有找风水先生，都是连起来修的。前文也曾述及风水先生遭遇生产队长的情形，实际上部分村民仍然有看风水的心理诉求，只是由于统一规划的需要，看风水这一带有迷信色彩的个体性活动因此受到压制与忽略。

2. 新居空间安排的变化

消失的院落。震前章村民居带有院落，现在没有院子了，堂屋门进去就是客厅和寝室。震后统规统建的房屋实际上只涉及居住空间，并不包含灶房、柴房，等等。原来的房屋需要通过龙门子、穿过院子，进入屋子，街道这一公共空间与房屋的私人空间之间有龙门与院子作为缓冲区。震后房屋则从原来的院落中独立出来，房屋直接面对街道，公共空间与私人空间仅有一门之隔，空间缓冲区被大大压缩。

移位的龙门子。按照震前的房屋格局，龙门子在院落与正房相对的院墙处。新建房的龙门子由农户自行设计和安排，一般放在与房屋并列的位置、面向道路。这样村民弄柴也好，进出也好，收粮食也好，外边是院坝，晒完了就放到龙门子里面。龙门子依然是必需的空间设置，方便收粮食开车子进去，方便摩托车进出。从功能的角度来说，尽管堂屋也能够从房屋前面的公共空间到达后院，从连通性的角度来讲能够起到与龙门一样的功用，但是在村民看来，堂屋应该是干净的，“抱柴、扛猪儿子，总不能从堂屋过”（C20120724a）。因此，龙门子就成为开展部分较为“粗糙的”“肮脏的”生产性劳作或生活劳作时，方便地从公共空间直接进入后院的通道。

新接的顶棚。按照统一的户型设计，房屋设计成平房，顶层打现浇。顶层加装女儿墙并向前伸出60厘米，相当于雨棚，这样的设计一是起到护栏的作用；二是雨棚用于防雨。但农户实际发现60厘米的长度不足以防雨，因此部分农户对此进行了个性化设计，把铁架子钉在女儿墙下方垂直的墙壁上，辅以斜坡，然后在铁架子上覆盖彩钢瓦，将原来的雨棚长度向前延伸一米。用农户的话来说，“免得雨飘进去，飘到门上，生锈，下雨天门都是湿的。女儿墙太窄了。”（C20100827a）村中部分农户进行了此项补充，尤以三队和六队更为明显。另一种补充设计是直接在房屋顶层加装一层。该农户直接将震后初期使用的过渡板房“移栽”到房顶上，从而制造出二层空间，作为储存、堆放使用，雨棚的向前延伸相应地被安置在二层屋顶，这样既解决了雨棚过短防雨不利的问题，同时向上制造了更多可用空间。

被掩藏的后房。按照村民的话来说，“统一规划只是房子，其他的都不管”（C20120724a）。“不管”的范围既包括院子、龙门子，也包括后房在内，如猪圈、厕所、沼气池、柴房，等等。由于统一规划房屋在路的两侧排列、面向公路，因此，农户可用的安置后房空间只能选择房屋后侧。崔刚家里的后房修了七八间，厨房，堆杂物，厕所，厨房，龙门，猪圈都有，就是没养猪了；后面还有洗澡间，都用小瓦盖的，没花钱，从旧房子那边捡过来的；吃水打了井，用机子抽上来，弄了个水塔。（C20120725a）

实际上每家每户的后房基本功能分区很相似，灶房、厕所、猪圈、储物间/棚等，后房空间为日常生活需求的满足提供必需的场所。同时，后房成为仅对内可见的空间，从外部则无法直接“窥视”后房。震前的房屋格局为院落式，几户人家围着一个大院子，空间格局的可见性程度要高很多。这种可见性在灾后的农房重建中由统一的房屋前脸所替代，并通过将后房设置于房屋之后而将生活空间加以隐藏。

可见，震后房屋的空间安排较之震前发生了一系列变化。这些变化既包括农户自身所做的空间安排，也包括由于规划所导致的必然的空间格局变迁。

3. 差异性的内化

通常意义上，村落的房屋建造属于个体行为，农户因嫁娶添丁等多种个人化需求而决定是否进行土木活动以及建造何种样式的房屋。在这样的情形下，不同农户往往根据各自审美偏好、资金状况、实际空间需求以及心理需求等多方因素综合决定最终的房屋特征。这样，房屋就成为典型的人格化物品，它反过来表征屋主的审美、家庭经济状况、心理状态等。此处这一看似繁复的解释试图表明的是，首先，从内部而言，这些农户的特征决定了空间的特征；其次，对于外部观察者而言，房屋的可见外部空间特征成为屋主或家庭特质的表征。比如，一个富裕家庭所修建的房屋往往十分豪华、体面；而房屋外在的豪华和体面往往表明该家庭生活殷实。

震后章村农房重建则打破了这一显见的关联。具体而言，统建新居外观趋于一致，相同的户型设计，相似的门窗设计，相似的外墙瓷砖，相似的雨棚，相似的整体风格，一致性成为最外显的特征。此时，作为个体的房屋的空间特征已经不具有实际意义，而恰恰是作为整体的章村的房屋作为一个集合体才有意义：表征整体的一致性、标准化。个体房屋的外观不再与屋主或家庭的特质相联结，而是与整体的空间格局相联结，成为某种想象的承载物。这种对秩序的想象，对一致性的想象，其实质并不是将差异性抹除，而只是使其不可见，将其隐藏于非公共区域内。章村震后新居室内布置的变化印证了这一点。

一方面，新居内部布置发生了一系列变化。原来的堂屋现在变成了客厅。原来堂屋既是停留的场所，更是通道；现在客厅则更多具有停留的意味，因此作为房屋内部半私人的空间转换区，其可见的变化最大。原来没有地板砖，现在大部分都铺上了地板砖。室内家具也发生了一系列变化：

> 屋头都买了沙发。家家户户都买了，床都安起了。买沙发，样式嘛，客厅嘛，房子在路边，让人家看了好看嘛。以前没有客厅，有些还是有，条件好的，有人找钱，那时间大部分都没有。以前有沙发的少，不得好多人有。现在家家户户都有。往年是木头床，现在是床垫。都没有那些木头床了。木头凳凳也没有了。屋头变化？变大了，大变样了。（C20120723c）
>
> 客厅都买了沙发，以前用得少，现在都是新修了房子买的。以前都用板凳、桌子，古老式的。旧房子客厅叫堂屋，待客嘛，也是跟现在一

样，客人来了接到堂屋耍嘛。现在买沙发，爱漂亮。（C20120725a）

震后部分农户的客厅布置十分精致。进门是乳白色的方形地板砖，挨着门口摆放一块地垫儿，用于换鞋或蹭掉脚上的灰尘，门里可能会摆放一两双拖鞋。沙发一般分列屋两侧，正对电视机也会摆放沙发，沙发前摆放精致的玻璃茶几，茶几上摆放着抽纸盒、烟灰缸。进入客厅落座，屋内设置一尘不染，往往给人一种身在城市社区楼房内的错觉。

另一方面，部分新居客厅则空空如也。当笔者见到龚霞的时候，她正在和其他几个女性村民在房屋旁边的水沟里洗衣服。一开始笔者只是想很程式化地按照自己的大致访问提纲问一些关于灾后重建的问题，尤其是房屋重建和空间安排方面。后来提出能不能到她们家里看看，她说房子都是空的，死活不让笔者去看，执拗了好半天才进去看了。笔者最初以为她忽悠自己，作为一个严谨的研究者则必须交叉印证，或者眼见为实。但是结果却果真如她所说，客厅里面什么都没有，是空的。这令笔者很诧异。正如笔者和另一位村民聊天时他向笔者提到的，“现在房子都一样了，没有差别了”（C20100826b），他所指的是门面统一，外观没有差别，内部的摆设则体现出差别，成为被隐藏起来的差异。以龚霞的新居为例，笔者之所以提出参观房屋内部而受到很大阻力，也从另一个层面表示这种差异分隔的绝对和悬殊。以下为当时笔者与村民龚霞（以下对话分别用“笔者”与“龚”代称）的一组对话[①]（C20100827a）：

……（省略关于洗衣服、水温、沟水卫生的闲聊若干）

笔者：这个房子修地咋样？

龚：这个房子太阳出来，非（常）热，不如盖瓦的凉快，阴天

① 对于与龚霞的这组对话，在事后笔者感到很歉疚。起初对于家具购置的追问是出于研究者的谨慎，某些研究者的个人经历表明经常有在田野中受到访谈对象愚弄或蒙骗的情形，因此无法获得事实的“真相”，对于有些信息需要交叉印证或眼见为实。因此，追问一方面是笔者作为研究者的谨慎；另一方面是对访谈对象所提供信息某种程度上的不信任。但当笔者了解到“真相”后——这个真相仍然并不是那么确凿的，它可能是经济条件所迫无力购置，也可能是在等待其他救助款——笔者却感觉内心有些慌乱，觉得自己作为研究者在这件事情上似乎有伤害访谈对象感受的意思，使她极不情愿地展示她试图极力掩饰的东西。从对话中，尽管她是非常开朗乐观的，但是还是能隐约感觉到她有些小生气。因此，当笔者后来每每回顾当时情形的时候，都觉得应该向她致歉。

还好点点。原来的房子就不热。跟旧房子不一样，往年是小瓦。

笔者：把家具买了吗？

龚：一无所有，空城一座！买铲子（铲音 cuǎn，村民语，意即没买，表示强烈否定）！贷那么多账（注：贷账，指借款）还买家具！账都没还完，还买那么多（沙发、柜子）？我们硬是没得啥子，一无所有，没买。电视哪个买？看的往年的老黑白电视。看的是往年的电视哎，老黑白的，哪个买电视啊！好多家买了，他们挣得到钱，我们家挣不到钱。哈哈哈！挣了钱，那生不生活？生活咋个说话，你要……找钱，买家具，生活不生活？哈哈哈！唉！

龚：我们修得少，69 平方米，两个睡房，一个客厅，我们花了有几万块钱。我们一下弄规矩花 6 万元。光是前面，后房还没说。

笔者：贷账了吗？

龚：咋没有啊？贷 2 万块钱，哪得还啊？亲戚只有那些不修房子的才能借，都修房子呢。借得少，可能有几千块钱。哈哈哈！

我们家三口人，发 1.6 万元。基金会 3600 元。生活费钱一个人 300 元一个月，过渡房钱一个人 800 元共 2400 元。后来发啥子钱？江苏有个 5000 元，有个 3000 元，党费有个 2000 元，这就是 1 万元嘛！一下子是 8000 元，（好像是）江苏（给的）。扣贷款利息，每次拿钱都扣利息，扣 2000 元。基金会真的搞拐了，不该弄这些。后房都用了 1 万元。啥子都要花钱。修这三间都要 1 万多元。打院坝、挖井又是另外的钱，花 4000 元。挖的明井，只挖几米深，用电抽，停电了就把盖子揭开用桶打水。

690 元一平方米，清水房，啥子都没得，喊你自己刮白。刮白，请人，开工钱，要买砖、水泥、沙子、地板砖、买门，一下子 1 万元，还不好看（共 6 万元）。后房全部算起来，可能有八九万元。

笔者：客厅里布置了吗？

龚：客厅里空的！啥子没得！空的！就安了个板凳在后头。睡烂床。给孩子买个健身床，一百多块钱，就是木板床，梆（注：特别）硬，叫健身床。哈哈！

笔者：我去你家看看？看你装修咋样？

龚：哈哈哈哈！

龚：乱糟糟的，引你笑！后头乱得很，还没修，路还没打。看啥子看？哈哈哈！

笔者：走走走，我给你拿盆子。

龚：哈哈哈哈！一无所有，还走走走！你回去跟当官的反映下，再给我们要点钱嘛！你看修房子恼火！房子有什么地方不满意？还是满意，满意，哎呀，还是靠国家给补助，不给补助硬是修不起这房子，哈哈哈！哎呀！

笔者：我去跟你看。

龚：看啥子看?！不要引你笑！不看不看！

众：他还要参观！哈哈哈！

龚：我们家有狗！

众：你看到看到！

龚：（进入后院后）就这样子啊，咋办？啥子咋办！做活路啊！地震以前还是这么多后房。灶房、柴房、猪圈、厕所、厨房，括（注：放）车子的地方。后面没有规定，想长点就长点，想短点就短点。我还关鸡鸭子，堆粮食的，括车子的，堆柴的都有了。你看，拆得乱七八糟的。院坝里都是稀泥巴，就打了一条路。

龚：不得啥子吃的，给你（苹果）吃嘛！来嘛来嘛来嘛！拿到嘛！揣到揣到嘛！没有啥子给你吃。你来又不得吃的。哈哈哈！

笔者：什么时候买家具？

龚：人家说还有家具钱。（那些人说的）国家说的还要给家具钱。人家都在说。那些人都在说，那个海南？哪个地方地震了？玉树？青海？青海玉树，说不得灾害（的话），就是有那个家具钱。说不得水灾地震的话，就给我们送家具。他们都在说啊！过春节不得好久，就说明年还有啥子钱。

靠自己恼火，也没收益，这个岁数，工厂也不要。贷两万块钱款。以前也靠自己，但是没修房子啊。现在买家具都还是想方设法找点钱买家具。地震碗筷子都没有一双。添好多啊？

笔者：你都不让我去你家客厅坐会儿？（坚持的语气）

龚：坐，快去坐，给你安一根板凳在后头，你去坐啊！

笔者：走走走！

龚：哈哈哈！又没有吃的，给你吃的你又不要。

笔者：我不要吃的，就是转一下看一下。

龚：哈哈哈哈！看一下客厅。空滴！

笔者：走嘛走嘛。

龚：哎呀，走嘛走嘛！哈哈哈！人家客厅都有沙发、电视，有这么那么……走嘛走嘛，快去嘛……哈哈哈哈！你看你看，门开开你看，有没有？都是这样子的。就这个健身床，就这个。我老公一个月挣好多钱？八九百块钱。除了生活，一个月还要抽烟，还要生活啊，吃烟吃酒。

笔者：一个月攒500元，一年6000元，2万元3年还清……

龚：攒不到嘛！人家说贷款3年不还就要涨利息啊！2万元，1年一千零几十元的利息。

龚：那些买新家具的，还是有钱啊。我们家孩子21岁了，都不上学了，打工去了，89年的。还上学？念书念不进去，不想念就了事了。他是职高毕业。

龚：你看，我们是不是啥都没有，我豁（注：骗）你不？

笔者：你还得再擦一遍地（注：地板砖被我踩上了脚印）……

龚：我擦就是了……我豁你吧，啥子都没有。慢慢找钱，找到钱，攒几百元，就置办家具。

龚：肯定不得钱了，还有买家具钱……现在还是国家好，补助这些钱。不给钱，也修不起这个房子。国家给一户人可能3万多元。我们这里少啊，不如隔壁那个镇，那个镇还另外有1万元。晓得哪里啊，援建省啊，还是红十字会啊，我们整个县只有6个公社有这1万元，其余都不得。我们这里不得。我们这拿5000元，人家就拿1.5万元。

龚：跟以前还是不得两样。不过比以前穷一点，现在愁的是账，贷款，要愁一点。生活上，还是跟以前一样。现在比以前看得开些，管他对不对，地震了过后就是看得开。以前不得现在这么潇洒，现在潇洒，管他滴哦，要再说。往月间愁屋头不得这么不得那么，现在不得这么不得那么不说，还有贷款，迟早要给，不给要背利息啊，一年也好多。有时间闲了无聊就去打会儿牌。现在不得事，惦记到处走一下耍一下。不得事的时候，打一下小牌。打几块？打五角！几块！哈哈哈！

龚：打牌心头舒畅嘛。小牌！那个赢钱不多，输钱也不多，只不过有时间消化时间。

笔者：我去菌厂。

龚：你去菌厂？你慢慢去，我有东西还没有洗完。

龚：房子表面看起一样，实际上，你看我们屋头、后头啥都没得。前面看着一样，后头看着就不一样了，屋头也啥子家具都没有买。我就说你不得笑我嘛！（屋头什么都没有）

现在你们房子比我们房子好噢？我们这塌塌（注：地方）的人，有点懒散，不会节约。有些塌塌就会节约。说哪个塌塌有儿子的，还要盖房子，修楼房。你们还要单独给盖楼房啊？我们这随便就自己家的房子。我们这修的房子不得你们的好。我没看过你们的房子……你们那房子就是修得好。

龚：慢去啊！

笔者：好！

实际上，从对话不难看出，包括龚霞本人也已经注意到震后房屋门面（“前头”）的一致性与后房及屋内布置（“后头”）的差异性之间的不对应，即“前头”的一致性掩藏了“后头”的差异性。当作为外来者接触到这些震后房屋时，统一的外观会造成一致的错觉；当外来者恰好观察到农户客厅布置后，会进一步生成新的错觉，即所有农户的客厅都有类似的家具布置。当然，多数时候外来者并无机会“登堂入室”，一如笔者试图进入客厅观察所遭遇的重重阻隔。因此，对于外来者来说，一致的外观就成为农户个体整体性的表征物，“后头”的差异性、经济状况的参差不齐都被成功掩藏了。另一位村民同样表述了这种一致性对农户之间差异的“弥合”以及表面平等印象的制造：

地震后变化大，路打好了，房子盖好了，我都不认识了。学校、医院，地震前修的房子比较烂，修的差，好多住的清水墙。地震后，最起码，有钱人还是那样装饰；再不得钱，（房子样式）也是统一了的，只是摆设这些差一些。基本上按房子规划这些扯平了，（经济条件）再好还是这个房子，只是摆设不一样。路打起了，和以前相比路都好了，有钱没钱都走好路。（C20100826b）

显然，这种差异的“弥合”并不是源自农户自身的经济发展、生活改善，而只是由于统一规划的房屋、统建的房屋外观而加以掩藏。差异不再是直接可见的，而是被掩藏于房屋内部，掩藏于不可直接观赏的私人区域内。

三 统建新居泡水事件

新居往往被赋予多种完美预期，至少是正向预期。比如来自专家的户型设计，统一规划统一修建会更漂亮，居住会更舒适等，这些预期会被潜在地融入从旧到新的转换过程中。一位受访农户就表达了这个意思，“当时地震我就想，要倒退十年二十年。哪晓得国家也富强了，老百姓也富裕了，国家号召全国人民支援我们，国家也支援，各行各业都支援我们，这个变化还要提前二十年。”（C20100826b）但是章村统建新居在村民刚刚入住之后一年左右时间，便遭遇了一场大雨，面对暴雨，新居却再次成为被侵袭的对象，多户新居堂屋进水，暴露了新居规划的功能缺陷。

1. 新居泡水

根据相关资料，2010 年 8 月 18—22 日四川地区普降暴雨，关于此次暴雨的详细信息如下：

> 此次由低层切变线造成的四川暴雨过程共持续 5 天。8 月 18—22 日，50 毫米以上总降水量主要位于四川盆地及西北地区东部，100 毫米以上总降水量主要位于四川盆地及陕南部分地区，达到 250 毫米以上的站点共有 6 个，主要分布在四川盆地中西部地区，过程累积最大降水量出现在四川雅安，达到 405 毫米。
>
> 此次四川暴雨过程具有持续时间长、降水强度大、降水区域稳定的特点。8 月 19 日，四川绵竹（292.5 毫米）、大邑（276.4 毫米）日降水量均突破当地 49 年（1961—2009 年）的历史纪录；8 月 21 日，四川乐至（204.8 毫米）日降水量也突破当地 49 年（1961—2009 年）的历史纪录。受这次降水过程的影响，四川 433.9 万人受灾，死亡 28 人，失踪 18 人，紧急转移安置 77.4 万人，倒塌房屋 6.8 万间，损坏房屋 26.3 万间，农作物受灾面积 $312.5 \times 10^3 hm^2$，因灾直接经济损失 142.6 亿元。①

---

① 参见《2010 年重大暴雨事件》http：//www.whihr.com.cn/news.do? method = show News & newsId = 1854。

章村暴雨自 18 日夜一直未停，由大雨引发的一系列情况是从 8 月 19 日早上开始受到人们特别关注的。村民说，只有 1987 年才出过一次大水，涨水 270 毫米，今年都快赶上那时候了。最直观的感受就是到处都是水，院子涨水，街上路面涨水。极具灾民意识的村民此时怨声载道。

19 日上午镇里面的领导来村里视察。五队向水库一侧的院子里积满了水，大概有 20 厘米深。再往水库这边走，有一家子堂屋进了水，正在用泥巴堵住门口，用桶往外面舀水。水泥硬化的路面，在几个地方埋的过路排水管孔径显得小了。雨水跑不脱，在路北侧越积越多，漫到路面上来，路左边的房子前面的水也跑不脱，从上面（北面）顺下来的雨水都积在这里，几户人家就激动起来，大声吵嚷着要书记把路面给切开。结果喊来挖机发现路面太硬，根本挖不动，还是需要切割机和钻机才弄得开。

走到五队远离水库的一边看，几个村民在用锤子砸路面，准备开一个豁口放水。路面水深漫到 10 多厘米，他们就用一块板子挡住水，再用两块石头支撑着板子，暂时将水分开，用大铁锤砸路面。现在发现，这路面还是修得相当结实，几锤子下去也不见打烂多少。这边一边砸着，那边看领导过来了，就有村民上来吼：

> 现在雨水这个样子咋个弄，你们书记又说路不准砸，是怎么回事？现在水都淹到了，还不准挖路，谁来负责？
>
> 村书记就抱怨说，你们自己也要弄嘛，叫我弄，我咋个给你弄？挖机就在这，也挖不动，有什么办法？我早上五点钟就起来走到二队了，你们还在床上翻身。我衣衫都打湿好几过了。雨水下来，有什么办法。（C20100819a）

六队这边情况有点特殊。但是总体还好，因为房子前面修得比较平整，都硬化了，加上有坡度，存不住水，没有太大影响。但是有一户比较特殊，在一排房子的南头顶头位置，是个独门独院二层的小楼房，房子的北侧与另外的农户房子没有连在一起，而是有一块玉米地。由于比较低洼，这个地方积了很多水，他站进去都没了膝盖了。他说，当时修房子的时候没有修排水沟，现在所有的水都堵到这里，只有淹到自己的房子了。几个妇女在边上嚷嚷着，说这个问题要给解决，当时说要集中建，集中建出来，水就不得排出去。镇里的领导就说，“这个也不能全让我们给你解决啊。你看看这个地方，沟里面草都长满了，你们还要找书记给你来拔草不成？现在下雨了，水大了，要自救互救相结合嘛。”（C20100819a）

六队这边，不严重的地方，还看得到村民在打麻将，就没什么意见。村书记质问六队长说“当时说要在路两面修排水沟的嘛，为什么没有修？当时是怎么弄的？喊你们修，为什么没有修？”（C20100819a）

七队不太严重，基本没什么问题，一是房前屋后有排水沟；二是路面硬化比较完整，有一个坡度，存不住水。三队大院子靠近北段的三家子有进水的问题，堂屋进水高度达到20厘米，从墙体淹水的痕迹明显可辨。用他们自己的话说，猪面（指猪饲料）都淹到了，猪的肚子都被水托起着。

在随后的几天，章村几乎所有讨论议题都围绕暴雨事件展开。从中笔者发现，一方面暴雨的降雨量高是一个原因；另一方面则是由于规划不当。

2. 暴雨泡水原因

暴雨后的几天，当笔者在村里随意走动的时候，最经常听到的就是向笔者“反映”意见的：

> 水给我们解决一下！雨很大，1987年一次，1994年一次，10多年没这么大水了。你给我们建个议，我们后面没有沟，一涨水后房全部进多厚的水。我们向你反映，帮我们建个议。我们这就是没有规划好。原来向东向西修（即房屋面东或面西），水就不得挡到，这样修（面南或面北），水就全挡到。现在说都晚了，主要是把沟给我们弄好。我们这里光修房子不得沟。规划房子说前后都有沟，现在不得。下雨我们这全部都进水了。我们龙门子里东西都往外冲了。
>
> 沟里面都是涨水冲来的东西，你看现在这个沟才好大一点，还是恼火，水跑不脱。这个沟以前很宽，现在这么点。只有把这个沟挖大，挖通。原来有一米宽。前两天都在晒粮食，都让水给泡了。晒坝上面都是猪粪，猪圈里的猪尽（注：老是）叫唤，水没了猪肚子。排水沟小沟就不得行，后面都该挖起。这个路是一个埂子，房子矮于这个埂子，就淹水了。渠道沟连通我们章村水库，必须弄通。那边堵起了，就只有往这边小沟走了。（C20100825b）

统一重建的一些问题就这样在暴雨之下显现出来。重建新居的选址平面相对高度低是一个重要原因。以五队为例，五队的院子当时重建选址地面比较低，加上所有的房子水平基本与地面持平，好多地方还低于路面，排水如何设计就成为一个非常关键的问题。恰好今年赶上大雨，积水问题一下子显露出来。

高强的全现浇房屋也进了水，堂屋都进了水，都淹了。他说，盖房子要高过路面，这里路打高了。只有在房子边上码挡水墙，两边和后头都要码，围一个圈圈。后面没有排水沟，有沟也不管用，只有码挡水墙，水才冲不进来。

可见，重建新居遭暴雨进水，其主要原因都被归结于房屋重建规划不当。一方面，部分进水房屋朝向是面南或面北，主要是由于受到村中东西向道路方位的影响，加上章村整体地形北高南低成一面坡，面南或北的房屋就不幸成为“挡水墙”；另一方面，部分新居是统规统建在集中居住点的，尤其是五队几户人家，新居占地为原先的水稻田，自然地势更低，同时可能由于规划设计原因，路面甚至高出堂屋地板砖平面。有些村民就反映说，旧房的地基就没有淹水，以前那么大雨，在震前旧房子住的时候也没有屋子进水。再者，过路水沟尺寸偏小，暴雨通水量不足，导致雨水淤塞，大水漫路。

对于暴雨和规划，村民邹文向笔者进行了更为“直接”“激进”的解释：

> 排水沟小了，政府是那样规划的。说啥子都要弄好，要安自来水，后来说要不得，就是说每户人挖一口井，给补助3000元。都变了。修这房子就是合伙骗，把老百姓房子骗了修起，不统建，不给1.6万元。路不往下挖，咋能不进水？路本来要挖，没挖。排水也没有挖。打井都是自己出的钱，还没有给补贴，当时说给1800元。这个社会，官场上表的态，不给你落实，也没有办法。说路要打10厘米宽（注：指水泥厚度），排水沟要保持1米宽，现在（排水沟）只有几十厘米宽，绿化也啥子都没有。（原来说）4.5米的路，1米的绿化，1米水沟。（绿化带）说要丢5米宽，你看现在丢好宽？绿化带、水沟都是留好了的，最后没有弄。规划的都没有实现。你还没进入社会，复杂得很。（C20100826b）

在邹文看来，这些问题都根源于规划的打折实施，以及承诺未能兑现，并最终将这些问题归结为社会太“复杂”，老百姓被“骗”着修了房子，导致现在出现问题，村民不满。

实际上笔者也注意到并不是所有村民的房屋都受暴雨影响进水。以李牧的木头房子为例，他就说下雨的时候自己的这个房子没有进水，他的房子地基高，那些进水的房子都是地基矮了。李牧的房子地基比原来高80厘米，地震前的房子就是高了的。院坝是扒了一层，又打了一层，龙门子打个斜坡，人淹不到。

章村村民搬入新居一年后的暴雨暴露了房屋重建的一系列问题，排沟尺寸过小，选址的地势与朝向，屋基与路面的高差，以及未曾进过水的老院子，这些事实表明，房屋重建的过程中，复杂性被过度简化，地方的差异性特征被忽略，而一味强调整体的布局。因此，灾后空间安排未能考虑问题的多样性，过于简化，对于类似暴雨这样的情形也就失去了抗御力。

第三节　小结

与统规统建的空间不同，章村震后农房重建并不是一个均质的过程，也并未生成一个统一的空间。相反，农房重建中的个体安排形塑了社区另类空间。全现浇结构房屋与全木结构房屋，并未按照统一规划的户型方案来修建，而是基于个体的经验阅历、个体的需求以及个人知识，完成了另一种空间生产。被迫中止的木结构房则表现为外部力量主导的空间安排与个体主导的空间安排之间最为直接的对话与碰撞，并最终以个体服从外部力量主导的空间安排为结局。但是，这一过程表明了未被实现的个体愿望，并证明差异性空间需求的存在，在外部力量与个体力量的博弈中，个体的声音未能在最终的空间安排中得以呈现。

统规空间即由外部力量主导的空间安排，这一由宏大规划支撑、有资金支持、智力资源支持的社区重建工程，其内部依然包含差异性的个体需求，如统建单包农户的选择，农户在既定的统规框架内去充分谋求自我需求的实现，而这种自我需求正是统规统建所未曾倡导或不希望出现的。

同时，农房统规统建带来了两个后果。其一，直接带来居住空间的格局变迁，这种格局变迁带有明确的以外部观赏者为中心的倾向，即对外观的一致性、秩序性的追求。空间的雷同性导致个体空间不再具有自明的意义，而必须由所有个体构成整体才具有秩序的意义；个体空间的表象与居于空间内作为实在个体的人在关联上发生了断裂，原本作为私人居住空间的房屋不再成为当事人的表征物，而成为外部力量的表征物。个体的差异性被掩藏于隐蔽空间内。其二，统建新居对丰富现实的简化导致无力应对复杂情形，如暴雨。统规统建割裂了与传统社区地方性的内在关联，依靠外部力量，依靠外部规划、资金、外部智力资源进行空间的生产和再造，尽管这种外部干预已经借助参与式、充分沟通等策略进行了所谓修正与融合，但事实上仍然是脱离地方的，因此造成了在不可预见情形下的种种弊端的显露，这充分表明规划的局限性。

第六章

话语丛：居住空间的建构

汶川地震发生后，四川章村处在被波及范围之内，全村倒房率93.2%。随着Z基金会选定章村作为援建对象，章村的农房重建便在基金会主导下展开并于2009年下半年完成章村震后新居建设，村民陆续搬入新居。章村的震后农房重建按照统一规划、统一建设、集中居住的方式将居住空间最终落实下来。灾后重建过程中，灾后居住空间成为重要的干预对象，并生成了由外部力量主导的空间安排与个体主导的空间安排共存的混杂状态。在这里，混杂空间表现为建构性事实，是在多种话语的嵌套与借用过程中最终形成的混杂现实。

第一节　居住空间：混杂现实的生成

童强将“空间”一词的内涵界定为可能有如下一种或几种含义：①空间指的是现实当中某个空的、有余地的、腾出来的空地、空场，如学生坐在教室这个建筑所形成的空间之中；②空间也指形成某个空地、场所的建筑或者设置；③空间特指人所在的空间。[①] 本文所指空间即从第二层意义上讲的。震后章村的农房重建过程就是居住空间的生产过程，是由建筑物本身所呈现的空间安排形式。但是这一空间安排却并非在形式上或意义上是单一的、纯粹的，而是生成了一种既非一致的、也非差异的混杂空间。

一　空间作为干预对象

地震发生后，房毁屋塌。在震后短期内，人们会居住在帐篷内临时避

① 童强：《空间哲学》，北京大学出版社2011年版，第10页。

难，随后可能迁入过渡房，准备房屋重建。因此，尤以震灾最为明显，灾害发生后的一段时间内空间将成为干预的对象，因为房屋这一居住空间是作为重要的生存条件而存在的。同时，对空间的干预往往涉及多种力量的共同介入。

1. 倒房与生存条件破坏

自然灾害直接导致人的生存条件的破坏。以自然灾害而论，灾害发生时的人员死亡包括三种情形：直接死于灾害本身，死于被灾害严重破坏的生存条件如房屋倒塌致死，以及次生灾害造成的死亡。构成人的生存条件的基本要素包括自然的、社会的和人自身三个方面。其中自然条件又可分为自然环境（第一自然）和人工环境（人工自然或第二自然），其中后者即自然界原本没有，人类为了自身需要而通过劳动在自然物的基础上加工建造出来的各种自然环境，包括农田、堤坝、房屋、道路、桥梁、街市等。其中矿产资源等提供可加工以生产出产品的资源，农田、工厂、道路等提供生产加工活动进行的环境，房屋、街市等则提供人的生命得以有所寄托的、安身立命之地。[①]

震后章村 93.2% 的倒房率表明作为生存条件之一的住房遭遇了极大程度的破坏，居住空间的稳定性和连续性被破坏。村民只能在简易地震棚或用旧砖木临时搭建的房屋中暂时度日，此时的居住空间被称为过渡房。显然，过渡意味着两种稳定状态之间的转换，是临时的、短期的和权宜的，是转向新的稳定状态之前的调整性阶段。更重要的是，灾民只能栖身于过渡房这一临时空间的事实意味着一种无处容身的处境，它要求一个稳定的“安身立命之地”的重现。因此，生存条件的破坏对于在灾害中存活下来的人而言，就成为“灾害后果的直接原因和表现形式”，对于救灾来说，则决定了“救灾的内容和任务”[②]，对灾民而言最重要的就是要通过灾后的恢复和重建工作重建人的生存条件。由此，房屋重建成为灾后恢复重建的首要任务，只有先“安居”，而后才能“乐业”，居住空间就自然而然成为灾后重建的重要干预对象之一。

2. 外部力量介入空间干预

居住空间属于私人空间，家屋建造通常情况下表现为个体行为，出于

---

① 王子平：《灾害社会学》，湖南人民出版社 1998 年版，第 90—96 页。

② 同上书，第 93 页。

各种个人需要而兴土木建新居或翻新旧居。(1)因经济条件改善而修建房屋。陈默在对西藏农村社会变迁的研究中就注意到，巴桑通过买东风车跑货运，成为村里致富的佼佼者，修了村里最好的房子。同时由于常年在外、见识广泛，所修房屋各方面都以城里人房屋为参照，包括增加之前未有的客厅、铝合金窗等。[①] (2)攀比心态。卢晖临关于争盖楼房的故事所讲述的就是村民被“形势”与“潮流”裹挟、互相攀比的情形，“大家都是人，谁也不比谁差多少，形势摆在那儿，你不盖不成，形势逼人啊!”[②]攀比之风在当下农村建房过程中仍有体现。(3)隐私观念的变化。阎云翔发现下岬村自20世纪80年代初期以来，传统的南北炕逐渐被新的住宅设计所替代；到1990年代末期，室内装修的热潮已从城市涌入农村，配有浴室的“单元房”成为农民追求的理想模式——这一住宅结构的变化主要是基于隐私观念变化而发生的。[③] (4)婚嫁生育观念。建房被视作自己成人成家的终点，因为只有建房才能营造一个“给妻者”为“讨妻者”送来孕育力的场景，建新房成为讨媳妇的一个重要前提。[④] 房屋建造的动力不止以上，但作为私人空间的居住空间建造，往往是发自个体内在的心理文化需要或个体对功能的需求，建造行为表现为个体行为。

而自然灾害情境下的居住空间建造则有所差异。(1)居住功能的断裂性破坏。地震下的房屋倒塌直接导致居住空间瞬间遭到破坏，房屋所具有安居功能瞬间崩塌，在原有空间与新建空间中并不具有缓冲性，而是直接陷入原有空间破坏殆尽、新建空间尚未存在的断裂状态。(2)外部力量介入。面对巨大的天灾，社区自身无力应对，社区无法维持其自身的正常运转与功能，社区在常态下的自然边界由此向外界开放，外部力量便在此时通过各种方式进入社区。(3)国家成为必要的参与力量之一。随着灾害不再被简单地认为是“上帝”的行为、私有部门也无法通过保险独自应对

---

① 陈默：《空间与西藏农村社会变迁：一个藏族村落的人类学考察》，中国藏学出版社2013年版，第71页。

② 卢晖临：《集体化与农民平均主义心态的形成——关于房屋的故事》，《社会学研究》2006年第6期。

③ 阎云翔：《从南北炕到“单元房”——黑龙江农村的住宅结构与私人空间的变化》，载黄宗智《中国乡村研究》(第一辑)，商务印书馆2003年版，第172页。

④ 农辉锋：《家屋的建构与人观的叠合——宜州“百姓人”家屋文化研究》，《广西民族学院学报》(哲学社会科学版) 2004年第6期。

灾害，人们对政府行动提出了迫切要求[①]；同时大地震情境下有效的危机管理对于国家合法性的巩固也具有重要意义[②]，因此，作为最重要的外部力量之一的国家也就越来越多地参与灾害管理并成为不可或缺的行动主体。(4)私人空间公共化。在外部力量介入的情况下，原本属于个体层面的私人空间就成为外部干预的对象，此时空间生产则包括了外来力量的意识形态，从而使私人空间具有了公共特征。

因此，在自然灾害情境下，居住空间这一生存条件破坏，并成为外部力量的干预对象。后果之一便是原本属于私人空间的家屋，其构造动力具有了多元性，相应地，居住空间所负载的意义也将发生变化。

二　空间语义的生成

生存就是居住，居住的活动就是建造，建造的结果就是房屋，房屋能够使我们以不同的主体性共同在大地上居住。[③] 人们将自身寄居于空间之中，通过特定形式的房屋满足居住的功能：从旷野到山洞，从茅棚到木屋，从砖瓦到钢筋水泥。对福柯而言，空间乃权力、知识等话语转化成实际权力关系的关键，建筑是我们了解权力如何运作的最佳例证。[④] 阎云翔对于从南北炕到“单元房”之发展的探讨[⑤]，也同样关注的是空间意义的嬗变。空间并不像人们以为的那样只是一个凝固不变、空洞的容器，只是客观、绝对的框架，实际上，空间是人们社会生产实践的结果，同时又进一步影响人的世界，人们通过建造房屋、铺设道路桥梁、修筑城墙等方式所形成的各种不同的空间，都与人们特定的生存方式、社会结构、思想观念息息相关，与福柯关注的权力更有着密切的联系。[⑥]

空间首先是一个自然的空间、物质存在的形式，但进入社会领域，空间不再是客观中性的、人们可以随意取用的资源，它变得不均匀，具有倾

---

① Richard Sylves, *Disaster Policy and Politics: Emergency Management and Homeland Security*, Washington: CQ Press, 2008, p. 4.

② Dennis Lai Hang Hui, “Research Note: Politics of Sichuan Earthquake, 2008”, *Journal of Contingencies and Crisis Management*, Vol. 17, No. 2, 2009, p. 137.

③ 童强：《空间哲学》，北京大学出版社 2011 年版，第 140 页。

④ 包亚明主编：《现代性与空间的生产》，上海教育出版社 2003 年版，第 29 页。

⑤ 阎云翔：《从南北炕到“单元房”——黑龙江农村的住宅结构与私人空间的变化》，载黄宗智《中国乡村研究》（第一辑），商务印书馆 2003 年版，第 172 页。

⑥ 童强：《空间哲学》，北京大学出版社 2011 年版，第 5 页。

向性，原本虚空、不需任何解释的空间被赋予各种语义。[①] 这种语义包括基础语义与深层语义两个层面。

1. 基础语义

房子及其附属的墙、门、窗，各种道路、管道等，构成了基本的空间代码，在现实生活中，它们都具有相对明确的功能含义，房子用来居住或者办公，道路用来通行等，这些基本的功能语义即基础语义。[②] 章村的震后居住空间也首先表现为功能语义。

首先是居住功能的实现。房屋用于居住，这是不言自明的；这些房屋不再是过渡房，而是永久居住的空间，至少就目前来看是如此。房屋结构基本为平房，外墙贴有整齐的瓷砖。房屋直接面向房前的公路，在外部空间与内部空间之间，房门既具有连通性又具有阻断性，它既成为连通空间的开关，又成为分隔空间的界限。由外部穿过房门便进入客厅，挨着客厅分布有卧室，并因房屋面积大小而间数不等。穿过客厅，可见后院，环绕院落四周分布有灶房、柴房、厕所等。对于单个房屋空间而言，其功能语义表现为居住、会客、饮食等个体活动发生的场所，是所有这些基本功能的综合空间。

其次是房屋的布局特征。当多个个体居住空间作为整体的时候可以发现，不同农户家的居住格局基本一致，房前墙壁贴有风格一致的瓷砖，房门和窗直面街道。同时，房屋沿路分布，道路成为连通所有农户房屋前脸（即房屋面向公路的一侧）的公共通道。门与道路的存在既表明社区个体居住空间的相对封闭性，又表明个体空间与作为整体社区的不同居住空间之间的连通性。

最后是整体居住空间的对比。所有近路的居住空间均可见为砖混结构房屋，具有相同的房屋样式、外墙装饰结构等；仅三幢木结构房屋成为与社区整体居住空间相异的部分，并处于相对远离道路的位置。

空间的基础语义往往是较为直观和简单的，对于一个观察者而言，对空间基础语义的识别依赖于空间的视觉特征，因此能够轻易得到理解并基本不会引起争议。

2. 深层语义

空间符号在表达其功能语义的同时，在深层次上还表达着更为复杂的

---

① 童强：《论空间语义》，《厦门大学学报》（哲学社会科学版）2005 年第 4 期。

② 童强：《空间哲学》，北京大学出版社 2011 年版，第 170 页。

语义，即空间的深层语义，这一语义与民族、宗教、历史、文化、审美等因素密切相关，它既可能是诸如建筑的时代内涵、风格特征、美学趣味的传达，也可能是建筑物使用者、拥有者身份的表达，权力与财富的展示、意识形态以及阶层之间冲突的掩饰等。[①] 如果说空间的基础语义仅依靠空间的外观即可得到理解，那么对空间的深层语义的理解则依赖于对空间生成过程的把握，同时深层语义也是含混、隐晦的，相对而言没有那么明确。

一是居住空间对于居住者的意义扩展。不同的情境会造成人们对空间语义的不同解读。对处于非地震情境下的房屋而言，它可能仅仅意味着建筑风格的偏好、审美的差异、居住观念的特殊性等意涵。但在经历大地震的章村，房屋具有一种冲突的共存角色，即作为生存条件之一，房屋有可能受到破坏并对居于其中的人造成伤害；同时，房屋又被视为从公共空间中分隔出私人空间、通过划定界限对居于其中的人进行保护。震后居住空间的旧址重建意味着房屋依然处于具有潜在地震风险的地区，因此家家户户的房屋都采取平房式风格，而不是采用人字坡屋顶、铺小瓦的风格，就显然不单纯是出于外观的考虑，而是包含了对居住空间安全性的考虑，尤其是保证对一定烈度的地震具有抗御性。从这一点来看，震后房屋的风格表明人们对居住空间进行了某种调和，这既是对居住空间本身的冲突性的调和，也是对居者内心对房屋矛盾情感的调和。这一情境化的语义显然扩展了居住空间其他方面相对普遍的语义。

二是对一致性与标准化的宣扬。震前章村的居住点相对较为分散，多数农户的房屋都隐蔽于距道路几十米甚至更远距离的田块中间或临近一丛茂盛的竹林盘，房屋与主路之间往往由或宽或窄的乡村土路连接。彼时房屋样态各异，院落有大有小，有的有围墙有的无围墙，有的精致有的粗糙，有的屋顶覆精致的新瓦，有的屋顶覆乌灰的旧瓦。震后重建的空间则像积木排布一样规则整齐：几乎所有房屋都临主路分列两侧而建，房屋不再隐蔽而是直面道路，房屋外观形态基本一致，顺路整齐排列，房屋尺寸高度一致，平房取代瓦制屋顶，一截加装小红瓦的女儿墙代为屋顶装饰并兼具防护功能。在这里，差异性消失不见，一致性与标准化被大力倡导和宣扬。这不仅意味着对新的空间样式的追求，更直接意味着与旧有样式的决裂，宣扬何者与贬抑何者在空间现实中清晰可见。一致空间相对于木结

---

① 童强：《空间哲学》，北京大学出版社 2011 年版，第 170 页。

构房屋的压倒性优势，更使得这种宣扬增添了几分力量。

三是空间的表征性。在童强看来，空间不仅是功能化的，而且符号化了：

> 空间以及空间中所有部件，不仅承担实用功能，而且作为现实的空间景观、表象，构成多重空间文本，为多重叙事与阅读提供着可能性，空间由此表现出特定的政治、历史、文化蕴涵，空间的表象成为社会各种力量表达的阵地，包括权力系统清晰而隐蔽的表达。……在空间的物理层面、功能层面上，主要涉及较为客观的技术、管理等因素，但在空间的语义层面上，更多地显露出复杂的社会因素，政治、文化、宗教、传统、风俗等因素都会与空间的表象形成错综的关系。[①]
>
> 空间作为一个现实的表象系统，其中的建筑、道路、设施等空间要素以及人以不同的着装、身体图式、行为举止在空间中的表现，都在一定的程度上符号化了，它们本身就是符号、能指，各种社会力量、城市规划者、建筑设计师以及众多参与城市空间建构的人，不断地赋予这些能指、符号以各种含义。[②]

童强使用“表象”这一表述，其意义与霍尔的“表征”类同，霍尔对之进行了更为详尽的论述：

> 文化涉及的是共享的意义，语言被视作文化价值和意义的主要载体。[③] 语言作为一个表征系统来运作，在语言中我们使用各种记号与符号（不论它们是声音、书写文字、电子技术生产的形象、音符，甚至各种物品）来代表或向别人表征我们的概念、观念和感情。[④] 表征通过语言生产意义[⑤]，表征是在我们头脑中通过语言对各种概念的意义的生产，是诸概念与语言之间的联系，这种联系使我们既能指称

---

① 童强：《空间哲学》，北京大学出版社2011年版，第150页。

② 同上书，第165页。

③ ［英］斯图尔特·霍尔主编：《表征——文化表征与意指实践》，徐亮、陆兴华译，商务印书馆2013年版，第1页。

④ 同上书，第2页。

⑤ 同上书，第20页。

> “真实”的物、人、事的世界，又确实能想象虚构的物、人、事的世界。[①]“表征的实践”就是把各种概念、观念和情感在一个可被转达和阐释的符号形式中具体化。[②]各种“事物”、概念和符号间的关系是语言中意义生产的实质之所在，而将这三个要素联结起来的过程就是我们称为“表征”的东西。[③]

由是，空间本身成为符号，成为能指。索绪尔虽然强调“能指和所指是任意的”，但“这种能指和所指的关系一旦形成则不可随意改变，这就是索绪尔语言符号的可变性与不变性”[④]。与之不同，霍尔的表征则更多从构成主义的角度讨论意义，“意义并不内在于事物中。它是被构造的，被产生的。它是指意实践，即一种产生意义、使事物具有意义的实践的产物”[⑤]，也即意义是流动的、不固定的，是被赋予的，“表征过程的所有方均参与了意义的争夺”[⑥]。

从表征的角度来看，章村震后的新建居住空间就是被赋予了意义的表征系统，而空间生产过程就是赋予意义的实践过程，空间成为意义的容器。在灾害背景下，房屋除了作为私人空间满足居住的实用性功能，还意味着对现代科学技术知识的呈现，如抗震等级、建造技术、规划方法等。居住空间成为政治、经济、社会、技术、知识、规划、专家权力等的表征物。同时，意义的争夺也在空间中显现，尽管争夺双方表现出悬殊的对比——作为绝对多数的统一建造的一致空间，与作为绝对少数的个体建造的另类空间。章村空间重建成功展示了规划的力量，以及对空间构造动力的展示，并使人们对之信奉，但同时也带来多元动力的丧失，个体审美的丧失。

此外，空间语义并不完全由空间本身来表征，还包括居于其中的个体。从空间的差异性角度看，只有木结构房屋具有直观的视觉差异；全现

① ［英］斯图尔特·霍尔主编：《表征——文化表征与意指实践》，徐亮、陆兴华译，商务印书馆2013年版，第22页。

② 同上书，第15页。

③ 同上书，第25页。

④ 陈香兰：《索绪尔与结构主义形成》，《太原大学学报》2005年第2期。

⑤ ［英］斯图尔特·霍尔主编：《表征——文化表征与意指实践》，徐亮、陆兴华译，商务印书馆2013年版，第33页。

⑥ 邹赞：《表征与意指实践——斯图亚特·霍尔的文化定义》，《石河子大学学报》（哲学社会科学版）2009年第2期。

浇房屋、统规单包房屋以及未建成木结构房屋而统一建设的砖混房屋，它们从外观上与统规统建房屋并无二致。但是它们仍然具有表征性，它们作为符号存在于人们的表述中，他们是“扯拐”的人，是精打细算的人，是被迫放弃个体选择的人，他们因此区别于那些遵从规划的人。因此，章村的农房重建成为一个复杂空间语义生成的过程。

第二节　话语丛：居住空间的社会建构

空间一向是被各种历史的、自然的元素模塑铸造，但这个过程是一个政治过程；空间是政治的、意识形态的；它真正是一种充斥着各种意识形态的产物；因为空间，看起好似均质的，看起来其纯粹形式好似完全可观的，然而一旦我们探知它，它其实是一个社会产物。[①] 空间最终能够以特定形式呈现出来，并不是给定实在，而是话语性实在，是经由多重话语建构而成的。因此，混杂空间的生成过程就是一个话语建构的过程。本节将重点探讨混杂空间作为话语性实在的建构过程。

一　外部力量还是内部力量：谁在重建

房屋建造的动力因素是多样化的，通过对比个体的房屋建造行为与灾后的房屋建造行为可见，最主要的特征就是灾后重建过程中房屋的重建主体发生了变化。

1. 个体房屋建造

对于建造房屋，学界已有不少精彩描述。林耀华先生在《金翼》中就描述了芬洲和东林盖新居的过程[②]，其大致过程如下：两位姻兄弟因湖口店铺的生意积攒了不少钱，遂决定妥善利用这笔资金，自己盖新居，并请风水先生看遍黄村，以选一处适于盖房的好地方。最终，芬洲抢夺先机，先占了一块“龙吐珠”的宝地，山代表龙，田地和庄稼代表珍珠，河水则是龙的唾液。东林则只好另选了一块，雇了匠人盖屋，并请族人来帮工，木材则取自祖上在山坡上种下的树木。

---

① 包亚明主编：《现代性与空间的生产》，上海教育出版社 2003 年版，第 62 页。

② 林耀华：《金翼：中国家族制度的社会学研究》，生活·读书·新知三联书店 2008 年版，第 24—25 页。

此外，阎云翔对于下岬村住宅修建的描述表明，“南北炕”式的居住空间正被“单元房”所冲击，并成为村民竞相模仿的对象，他们更加追逐新式的设计。[①] 再以河北某村的房屋建造（C20080910）为例，该李姓农户由于考虑到女儿出嫁的体面问题，因此考虑要在女儿出嫁之前建新房。李家原本居住的是一间较为破旧的平房，正房的屋基地一直因无力建造而空置。建房过程中，李家一方面动用了家庭的全部积蓄；另一方面尚缺的资金则主要从各个亲戚朋友处借款，然后购置砖石木料，并雇用当地的土木施工队完成建造，并在随后的几年时间里通过打工还清了建房款。

不难发现，这些房屋建造活动具有几个较为明显的特征。第一，以个体内在需求为建房的主要驱动力，如追赶潮流、嫁娶需要等。第二，由建房者个体全权统筹实施建造行为，居住空间的建造行为表现为个体行为，对于房屋样式、资金的获取、用料用工等，均由建房者进行安排。第三，尽管建房行为不可避免地具有社会印记，如阎云翔所说的隐私权观念的变化、平均主义思想的影响等，但建房根本地表现为个体行为。

2. 灾后房屋建造

在研究者看来，灾后重建作为一项长期而系统的工程，离不开政府的主导作用，但广大受灾民众才是灾后重建的真正主体，在长期的恢复重建过程中调动灾区民众的参与积极性，可提高灾后重建的效率、提高灾区政府的公信力，推进灾后重建工作。[②] 对灾后重建参与主体的讨论则提出多主体共同参与。为简便起见，本文根据重建参与力量的来源将其划分为内部力量与外部力量，其中内部力量指社区层面，包括受灾群众，村组干部等；外部力量则指常规情境下不会轻易介入社区的中央政府、地方政府、企事业单位、社会组织等。章村的农房重建过程表现为多种力量的共同在场，同时，个体房屋建造中建房者自己主导建造过程的整体行为，在章村震后农房重建中被分解为若干环节。

第一，建房活动的统筹角色从作为房屋使用者的村民转移到基金会。基金会作为驻村援建机构，从灾后紧急救援一结束就开始介入章村的震后恢复和重建工作。由于章村住房倒塌率九成以上，住房重建成为一项重要

---

① 阎云翔：《从南北炕到“单元房”——黑龙江农村的住宅结构与私人空间的变化》，载黄宗智《中国乡村研究》（第一辑），商务印书馆2003年版，第174—177页。

② 刘国栋：《地震灾后重建中的灾民参与研究》，《中学英语之友》（教育研究与实践）2008年第10期。

任务，基金会实际上成为章村农房重建包括其他一系列事务的协调平台。由此，房屋建造不再由农户自主决定，尤其是房屋选址，"合适"的位置不再由农户个体根据自身情况或风水需求进行安排，而是通过基金会所组织的村庄地形测绘，通过数据和技术进行安排，规划出"合适"的住房空间，然后才由农户在指定的空间内进行选址。

第二，建房的目的发生了偏离。显然，震后重建住房的基础功能仍然是满足居住的需要。但是，在实现居住功能的同时，房屋重建的"完成"、家园得以"再造"、灾民得以"安居"，意味着作为灾后恢复重建这一社会工程一部分的房屋重建目标的实现。因此，反过来说，建房除了实现居住的需求，还是为了达成灾后重建这一系统的社会工程，居住空间不再是单纯的居住空间，而是以实现重建目标、达成规划目标为终点。此时，"空间既不是一个起点，也不是一个终点，它是一个中介，即一种手段或者工具，是一种中间物和一种媒介"①。

第三，房屋格局的变化受到外部力量的影响。震后房屋建造格局发生了两个重要变化，其一是采取在集中居住点集中建造的方式，因此部分农户仍位于原址，部分农户则迁离旧房位置另选建房位置。这一变化主要受到基金会对农房重建工作施加的影响力，基金会认为集中布局能够方便提供水、电、路等基础设施。其二是房屋采取全新户型。震后所采用的房屋户型由基金会邀请的房屋设计团队进行设计，尽管村民对最终选择的方案进行了修改，但主体仍按照该设计方案进行建造。由此，章村震后房屋的选址与房屋建造风格、款式等因素实际上并非由村民自主决定，而是转由外部力量"代理"。

第四，通过包工包料的方式完成建造。包工包料（本文称双包）即由施工队提供建材并完成施工，建房农户只需付款给施工队的方式。章村多数农户采取的建房方式正是包工包料。这对于建房者而言，省去了购置建材、雇用工匠等环节，直接"外包"给施工队，由施工队负责。这同时意味着对于灾后房屋重建来说，房屋已经不再是农户"亲手"建造的，而是由施工队建造的。从一定程度上来讲，章村村民已经与建造行为之间发生了断裂，村民将住在由施工队所建造的房屋中。

① ［法］亨利·勒菲弗：《空间与政治》（第二版），李春译，上海人民出版社 2008 年版，第 29 页。

第五，建房资金的供给部分地源自外部。对于个体农户的建房而言，支出资金以购买建材和雇用工匠是一项至关重要的内容，如《金翼》中东林和芬洲利用生意上积攒的钱建造新居，巴桑通过跑运输致富建房，等等。如第四章所述，章村农户建房补助一部分是来自政府的重建补助，一部分是来自基金会的重建补助。其中由政府提供的重建补助标准为：1—3人家庭每户1.6万元，4—5人家庭每户1.9万元，6人及以上家庭每户2.2万元；基金会提供的补助按照每人1200元标准发放。剩余部分的资金则由农户通过借贷或动用存款等方式筹措。

不难发现，章村的震后农房重建表现为这样的过程：由基金会整体协调，统筹外部智力资源、政策资源与资金支持，通过施工队的统一施工，实现农房重建。作为房屋使用者的村民、作为将拥有房屋的屋主、作为重建的灾民，章村村民已经在很大程度上被从居住空间的建造过程中"剔除"出来，转而由Z基金会、外部监理机构、设计团队等外部力量代理。因此，对于章村的农房重建来说，外部力量将灾民建房的诸环节分解、分别代理，灾民的角色被简化了，仅是为集中居住点的新居领取补助款与支付建房款。

二　整体还是个体：谁的目标

就灾后重建而言，重建目标并不是一个十分清晰的问题。直观上来讲，受灾民众应该是救援及重建的核心目标群体。但从章村农房重建话语来看，个体反而被隐匿了，个体存在的目的更在于凸显整体的意义。

1. 规划的整体性与聚焦性

从宏观层面的规划来看，震后恢复重建规划体系表现出层级性与逐步聚焦的特征。宏观层面的规划首先是由国务院印发的《汶川地震灾后恢复重建总体规划》；其次是随后由各部委发布的十项专项规划，总体规划"是制定恢复重建专项规划、政策措施和恢复重建实施规划的基本依据"[①]。总体规划与专项规划的目标表现出层级性。总体规划的目标被设定为"用三年左右时间完成恢复重建的主要任务，基本生活条件和经济社会发展水平达到或超过灾前水平，努力建设安居乐业、生态文明、安全

① 《汶川地震灾后恢复重建总体规划》，2008年9月23日，http://www.gov.cn/zwgk/2008-09/23/content_1103686.htm，2011年4月2日。

和谐的新家园，为经济社会可持续发展奠定坚实基础”[①]，专项规划则“将总体目标具体化”[②]，如《汶川地震灾后恢复重建农村建设规划》明确了“一至两年完成农村住房恢复重建，三年完成村庄基础设施、公共服务设施、农业生产设施恢复建设；农业综合生产能力、农业科技支撑能力、农村公共服务能力基本达到同期全省平均水平”等目标[③]。

从章村微观层面的规划来看，同样表现出先总后分、由整体到局部的内在特征。章村的震后集中修建房屋、集中居住是以Z基金会前期所进行的村庄地形测绘为基础的。基金会所邀请的震后设计团队为章村所做的村庄整体规划是在对章村详细地形测绘基础上完成的，基金会组织当地测绘公司完成了1∶500的地形图绘制。随后各个设计师根据自己的理解，完成了各自单体户型的设计作为备选方案。可见，农房重建并不是从农户个体出发的，而是首先获取村庄整体地形概貌，以此进行房屋整体布局的规划，再将所有个体的农户作为整体布局中的元素进行重新编排，依据整体布局为个体的空间位置定位。从设计团队所提供的户型方案来看，这些方案既是提供给个体农户的，又不是提供给个体农户的；因为它首先是为村庄整体所提供的均一性户型方案，这意味着所有个体都将服从这一共同模板，户型方案服务于对村庄整体居住格局的想象。

与设计团队的整体性方案形成对照的是，为章村农房重建提供免费监理服务的非政府组织EP，该机构工作人员在提供工程方面技术咨询等服务的同时，同时为农户提供单体户型方案设计。他们的设计是从农户的个体需求出发，提供针对性的、个性化的户型方案。尽管EP的工作一方面受到了村民的欢迎，另一方面却引起本村施工队老板的“愤慨”，因为这样的方案无疑为标准化的施工增加负担。

因此，无论从震后重建国家层面的规划来看，还是从章村的具体规划来看，都同样遵循着首先从整体出发，然后由“确定”的整体逐步分解、分配到个体的逻辑。

---

① 《汶川地震灾后恢复重建总体规划》，2008年9月23日，http：//www.gov.cn/zwgk/2008－09/23/content_1103686.htm，2011年4月2日。

② 邱建、蒋蓉：《关于构建地震灾后恢复重建规划体系的探讨——以汶川地震为例》，《城市规划》2009年第7期。

③ 《汶川地震灾后恢复重建农村建设规划》，转引自邱建、蒋蓉《关于构建地震灾后恢复重建规划体系的探讨——以汶川地震为例》，《城市规划》2009年第7期。

2. 由部分推算整体的参与式方法

在章村震后重建过程中，参与式方法被基金会及其他参与章村重建的组织和研究机构赋予了重要意义。实际上，参与式方法在重建中的“创新性应用”，并未能够超脱传统的思维习惯。

在《Z 基金会章村灾后重建整体规划方案》中，有关规划的思路和方法提到“全面运用参与式方法”。该规划方案的形成是以《章村灾后重建资源与需求报告》为基础的，需求报告提到，基金会项目提出了“基于参与式社区评估的灾后重建与社区发展”的思想，将其作为实现项目的重要手段，并强调两个方面：一是要在对社区进行评估的基础上进行规划，而不是仅仅依靠二手资料或凭空想象；二是无论评估还是规划，都必须有社区参与，而且他们不只是信息的提供者和项目的执行者，更重要的是要成为项目活动的选择者和决策者。①

在 2008 年 9 月 3—5 日为期三天的参与式评估中，基金会选择章村四组和七组作为评估对象，选择理由是四组距公路最远，打工者少，经济较差，而七组距公路最近，打工者较多，经济在章村前列，两个组对比性强。具体评估活动包括参与式绘图、小组访谈、农户访谈等。其中参与式绘制社区资源平面图“有利于他们自身对村庄布局的了解，同时也让外部评估人员对社区格局和将来重建格局有初步认识”；采用小组访谈的形式则“既可了解大多数人的想法，同时也为他们（注：指村民）提供了一个达成共识的平台”；社区大会被视作一个重要环节，“将汇总信息在社区大会上进行反馈和进一步验证，通过反馈可以收集到更多的信息，为村民搭建讨论、争论、妥协、达成共识的平台”。② 可见，对参与式评估方法的应用，其目的在于达成共识。

根据参与式评估及四组和七组的个体访谈，包括两个组的组长在内，共访谈 18 人。以有关房屋布局的访谈信息为例，其中有 5 人表示愿意集中重建，5 人表示愿意原地重建，7 人访谈内容无相关的明确信息。七组组长的访谈显示，该组共 83 户，其中有三四十户愿意集中重建，其余农户愿意原地重建。访谈资料显示有两户农户希望规划后的集中点为竹林盘式结构。七组的社区大会记录显示，部分人愿意集中居住（28 人），部分

① 参见《章村灾后重建资源与需求报告》。

② 同上。

人愿意原址重建（8 人）[1]。

需求报告将有关房屋的评估结果表述为“选择集中居住和原地重建模式是村民复杂和两难的选择”。尽管政府为章村规划了集中居住点，从四组和七组的信息来看，村民面临着现实的选择困境，其中既有对政策的不了解，也有对资金的考虑，对农田距离的考虑，以及当时震后烦躁心绪的影响等。由此可见，通过参与式方法的应用，确实起到了让农户“发声”的作用。

但是，其中几个方面值得注意。第一，参与式方法仍然是对外来者的意义大于对村民的意义，它首先是让外来者了解当地情况，首先是作为信息收集的一种形式，村民通过参与式“发声”的意义在于为外来者的决策提供依据。第二，通过参与式所获得数据可见，对于选择集中重建还是原址重建这一问题，作为代表的四组和七组受访者对此表现出不同的选择倾向。基金会的整体规划方案对布局的设想则是“提供规划布局图，引导小组团式集中居住”；最终可见的村庄空间布局，也是按照集中重建模式进行的。因此，尽管参与式强调自下而上、让个体发声，但这一方法在实际应用中的另一个效果却是，让不同的声音消失，形成一个统一的声音，即一致的声音、整体的声音。

3. “其他人怎么办”的内在逻辑

章村的农房重建除了由基金会统筹安排之外，村组干部也发挥着重要的协调和管理作用。其中之一便是引导村民按照集中居住、统一重建的方式进行农房重建。章村所在镇政策规定，3 口、4 口和 5 口之家及以上修建房屋补贴的金额分别是 1.6 万元、1.9 万元和 2.2 万元，条件是要放弃原居住地宅基地，供集体整理后共同使用。[2] 由这一政策规定可得的推论就是，村干部的重要角色之一将是管理那些不按照集中居住规划重建的人。以崔刚为例，做木匠的二儿子为他买好了木材，准备建造木结构穿斗房子，但却遭到村干部的阻止，“你买得到木头，人家买不到”（C20100825a）。最终，崔刚放弃了木结构房屋计划，退掉木头，并按照集中居住的方式，按统一规划的户型进行了建造。

---

① 注：该数据（28 人、8 人）应为参加社区大会的七组村民中对居住格局的选择及人数，并不是七组全体人口数。

② 参见《章村灾后重建资源与需求报告》。

可见，“其他人怎么办”的思路成为村干部协调农户个性化需求的一条具体策略。在崔刚的个案中，崔刚的个性化重建需求在两个方面对“其他人”产生了影响——这种影响恰是村干部在管理章村整体重建时所希望予以简化和规避的。一是建材购置的便利性，其他村民在购置建材方面可能不如崔刚做木匠的儿子便利，而相对来说钢筋水泥更容易快速获取。二是个体选择的示范效应，村干部担心相邻的其他农户会效仿崔刚，而导致更多农户提出个性化需求。三是整体美观性，崔刚的房屋震前即临路，旧址位于集中居住点，因此不需要另选位置，仍然临近村中主干道；而一致性被认为是美观的，如果崔刚一户建了木结构房屋，则临近的十几户都要建相同风格才统一。在村干部看来，农户建房的个体需求不应该为“其他人”带来负面影响。

此外，更为具体的一个方面是，个性化需求的满足直接影响了集中居住点统一规划方案的实施。与崔刚的木结构房屋未能付诸实践不同，老木匠李牧则“成功”按照自己的设想建成了木结构房屋。李牧的房屋旧址同样位于集中居住点，但不同的是，按照规划方案，他的旧址院坝将成为新居住点的道路用地。由于李牧对自建方案的坚持，村组干部试图说服李牧改变重建设想也颇费周折，村组干部数日的沟通，连同口头“威胁”，最终还是未能说服李牧改变意愿。因此，六队的集中居住点最后被迫调整了位置。尽管村组干部和基金会接受了李牧原址重建的现实，但仍需要明确一点，即不建在集中点的话，基金会的那部分补助先不给，最后看重建的结果再说。对此权宜处置，反映了村组干部与基金会对整体规划落实的担忧。一旦个别农户没有按照统一规划重建，但仍然拿到了补助款，那么就失去了要求其他农户遵照规划建设的权威性，实施整体的规划安排就难了。

由是，村组干部和基金会在对待不按照集中居住统一重建农户的态度中，“其他人怎么办”的内在逻辑是如何使整体的管理能够顺利实现，并维护统规统建的权威性。

4. 重建进度

章村的农房重建过程中，重建进度问题被数次提及。从表面上看来，重建进度是对房屋建造阶段的一个描述，如未动工或已动工；已动工的房屋又可分为已打好地基、完成底圈梁，完成立面墙和构造柱，封顶，以及完工可迁入等阶段。此时，重建进度具体体现在某一个体房屋的建造过程中，是直观可见的，是具体的。但是，重建进度这一表述本身却又并不单纯是一个对重建进展具体情形的阶段性描述；它同时还是一个抽象的整体概念，是对由个体集合而成的整体的抽象描述，并以抽象手段进行表述，如百分比。

首先，基金会对重建进度的表述以生产队为单位。基金会采取依重建进度发放补助的方式，按照“底圈梁—构造柱—上圈梁”的进度分三个批次按“四四二”比例发放重建补助。因此，基金会在发放补助之前，会统计各个生产队的建房进展情况，根据进度确定发放款项的批次及数额。此时，重建进度已经不再是个体层面的进度，而是作为整体的进度，即生产队作为整体的重建进度。基金会按照各个生产队整体的重建进度安排补助发放。因此，也就出现了高强屡次催发补助款而未能如愿，并最终待该生产队整体的进展基本一致时才能领到补助的情况。高强的建房进度大大快于他所在的四队，但由于仅有他一户进度较快，基金会造表、审核等程序麻烦，所以要等四队基本达到统一进度时再统一发放。因此，在基金会看来，当考虑重建补助发放的时候，高强的个体重建进度并不算数，而是应让位于四队整体的重建进度。

其次，镇长对于重建进度的表述则以村为单位。章村所在镇的镇长作为章村灾后重建包村干部，特别关注章村的重建情况。2009 年 3 月 7 日镇长到村召开村组会议的讲话，明确表达了两方面的关切，一是章村的建房开工率；二是章村与其他村重建进度的对比。特定时间节点的百分比与名次成为主要指标：截至 3 月 5 日，章村农房开工率 64.96%，第一名；幸福村开工率 60.54%，第二名。近半年来，章村的建房进度与开工率均处于全镇第一名。而从 2009 年看，幸福村开工率 67%，章村排名第二。因此镇长特别要求保证建房进度，并进一步确立四个新的时间节点：3 月 15 日——选好建房位置；5 月 12 日——全部动工；9 月 30 日——完工 95%；年底——全部住新房。为此，镇长专门到章村三队尚未开工的一个大院子了解情况，督促村民和村组干部抓紧协调，抓紧开工。

可见，无论是基金会以生产队为单位的重建进度，还是镇长以村为单位的重建进度，所表述的都是作为整体的重建进度。重建进度既是对现实的一种描述方式，同时成为不同外部力量对重建进程进行管理的手段。

综上，无论是从规划层面看，还是从参与式方法的应用层面看，还是“其他人怎么办”的管理方式，以及对重建进度的关注，都内在地表现出外部力量对整体重建的特别关注。在房屋重建过程中，尽管受灾村民是房屋的具体的居住者，是重建房屋的拥有者，也是最终建房成本的支付者，但是，在这个过程中，作为个体的灾民在其中的参与，其意义构成却并不是自明的，而是在构成整体的情况下才被赋予的；在这种意义框架下，整体优先于个体，个体需求应该让位于整体目标的实现，重建最终表现为整体的重建，而不是个体的重建。因此从这个角度来看，完成重建更多的是外部力量的目标，而非个体的目标。

三　制度性逻辑还是日常逻辑：谁的知识算数

杨继涛在就知识、策略与权力进行讨论的时候指出，以农民为代表的地方性知识固守着当地人习以为常的生活规则、处事规则，用他们的“日常生活的逻辑”来思考、处理问题；而外部公司则试图把另一种代表着国家主流话语的知识体系纳入到这一地方性体系中来，它运用的是制度性逻辑。①本文此处套用这一二元划分方法，即“日常逻辑（地方性知识）—制度性逻辑（现代性知识）”，显然制度性逻辑处于主导地位，而日常逻辑则处于弱势地位，二者遭遇，其间的冲突式互动就成为必然，这在章村农房重建过程中亦有体现，村庄重建这一场域成为知识的“战场”。

1. 知识的遭遇及后果

章村的农房重建是由基金会等外部力量主导的居住空间重建过程，因此，诸如地形测绘、重建规划、户型设计以及EP提供的工程监理等都是以外部知识的形式进入章村并发挥影响力的。因此，这些抽离于章村具体情境的外部知识在遭遇章村的实践知识的时候，二者之间的张力也就自然发生，这从多个方面表现为外部知识对地方性知识所施加的直接影响。

第一，被否定的知识。由于章村农房重建由外部力量主导，并基于村庄整体规划展开，这就使得农房重建从原有的村庄情境转入新的情境。震前章村同样有七个生产队，但七个生产队的位置相对分散，每个生产队内部各家居住位置也相对分散，居住环境与自然条件相融合，如靠近水塘，房屋周围种有树木，院落周围长有竹林盘，院落临近田地等。地震的发

① 杨继涛：《知识、策略及权力关系再生产——对鲁西南某景区开发引起的社会冲突的分析》，《社会》2005年第5期。

生，直接导致居住功能的断裂，因此必然存在弥合功能的需要，因此也就产生重新建房的需求。可以推断的是，如果个体农户自行重建的话，原址重建是必然的选择，一方面，无论从空间的角度还是从功能的角度来看这都将是对旧居的延续与扩展；另一方面，“废墟”实际上还是重建的资源，如村主任所说，“如果我建在原地，好多东西还可以用，但是干部得带头（建出来）。如果在原地的话，像砖、院坝、水井、主体墙，这些没倒的都倒不下去了，都还能用，接着上头码起，该打顶圈梁的打顶圈梁，现在这个地方（指原址），地板砖都是好的。”（C20090131a）

但在外部力量进入章村并依照规划进行重建的情况下，集中重建与新的户型设计，实际上意味着居住空间的新建及其与原有居住空间的断裂，尤其是对于那些旧址不在集中规划点需要重新选址重建的农户而言。此时，个体农户的房屋不单是个体所有，还承担着构成整体的公共景观的功能，因此受到的附加约束也就更多，如户型、方位、建筑面积、房屋朝向及统一性等，此时，章村日常状态下的房屋建造习惯和建造方式就成为被否定的知识，包括风水。而实际上，如果农户进行个体重建的话，风水也有可能成为被默许的知识。这样，规划村庄的新址重建就将原有的居住方式和建造习惯排斥在外，与地方知识发生了断裂。

第二，被忽略的知识。规划首先表现为设想中的诸因素、诸环节之间具有自洽关系——集中居住便于提供水电路等基础设施，空间规划和布局与城市化发展相结合以适应未来城市打工子女的生活①。居住空间的集中，其主要特征便是打破原来的分散结构，改为按照条块分布，整齐划一，这在规划图中的表现最为突出。对空间进行规划也就意味着对空间现实的干涉与强制重组。最突出的一点便是占用水稻田，以实现组团式集中居住。这就造成了对震前选址习惯的忽略。首先，水稻田种植水稻，在水稻特定生长阶段需要蓄水，因此稻田普遍地势低洼。从房屋旧址可见，其屋基地均明显高于房前屋后的水稻田。其次，由于按照组团式排布民居，也就出现部分东西走向的民居布局，即背北面南。这一朝向的直接问题便是在北高南低的整体地势条件下，房屋成为暴雨时的“拦水坝”，再加上占用稻田，地势低洼，遇暴雨房屋进水。震前房屋的适应性因素被忽略，直接导致新居面临新的自然状况（如暴雨）而不能提供完整的抗

① 参见《设计团队章村灾后重建与空间规划周年评估报告》，2010 年。

御力。

又如木工知识，同样处于被忽略的境遇。尽管诸多文献表明在国外及国内台湾地区的震后重建中，木结构房屋已经被较大程度采用并在抗震性能方面具有相当认可度，但从章村重建来看，砖混结构仍然是主流建造方式。作为个体重建来讲，李牧及另外两户承受阻力，成功按照自己的木匠经验建造了木结构房屋，崔刚虽然由做木匠的儿子购置了木材，却由于其他原因未能如愿。实际上，由于规划设计的户型方案为混凝土框架结构（但最终的实施采取了砖混结构），这也就意味着全村一盘棋，“不允许”不属于此的其他建造方式出现。因此，木工知识本身并未被否定，只是在章村这一场域中采用木结构建房的个人方式和个人经验被外部力量主动忽略，即对其不置可否，但不予采纳。

第三，渴望得到认可的知识。除前两类知识，还有一类处于更为微妙的境遇，即既非外部力量所倡导的知识，也非外部力量所否定或忽略的知识——在一定程度上又恰好与外部力量所倡导的知识具有某种同质性的、渴望得到认可的知识。与李牧同样是工匠出身的高强所拥有的是泥瓦工经验。他按照自己的经验自行设计的全现浇结构房屋显然不同于统建的砖混结构，但却得到了基金会和村组干部的默许。这有两个方面的原因。一方面是高强的建房行为与基金会所组织的统建具有同质性。之所以说同质性是因为：首先，高强的房屋位置处于集中居住点，在规划区域内；其次，户型及外观与统建一致，因而没有与规划发生实质性冲突。村民普遍认为他的房屋造价高，因此也不会对其他农户造成示范带动效应，不会影响基金会所确定的砖混结构设计。另一方面，二者的区别并没有构成实质性冲突。高强的设计与规划设计之所以不同，在于高强对抗震性能的不同理解。他已经修了四次房子，现在又遭逢地震毁屋，因此他决定修一个结实、抗震的房子，他认为自己的设计很结实。同时，当基金会工作人员到各个生产队查看建房进展、组织专家考察建房情况的时候，高强都会问一下他的房子这样建“要不要得？”。因此，高强的知识成为被默许的、渴望被认可的知识，并因此也获得了存在的可能性。

第四，被凝视的地方知识。章村农房重建由外部力量主导，并在很大程度上依托这些驻村的正式机构所拥有的“官方”知识。因此，在具体实践中，就形成了外部“官方”知识对地方实践的有效凝视。这意味着即便可能是有效的或原本由地方操作的日常实践也处于外部知识的有效监管之下，并施加直接的影响力。

如重建补助的发放，基金会并非一开始就采纳章村的惯常操作方式，而是在遭遇波折之后才将其纳入视野。章村日常款项发放与基金会发放款项分别遵循不同的知识体系，一个是层级分派的日常方式；一个是正式的财务管理制度。按照村组干部的日常发放方式，采用现金发放方式，首先分发到各个生产队队长手中，签字核实，再由生产队长分发到队员手中，遵循的是分解任务、分散责任的层级式方法。基金会的重建补助最初也是采用发放现金的方式，但受到了财务管理制度的批评；第二次调整为通过账户发放，但产生了户头对不上、没有账户、重发、漏发等一系列问题；随后再次调整为现金发放方式，由基金会工作人员和村组干部一同负责，统一发放给全村村民，结果出现发钱错误、差一百元对不上账的情况，最终吸取教训，在随后的发放中交由村组干部发放，基金会不再主要负责，而是只起监督作用。可见，基金会的财务管理制度在介入章村现实情境后产生不适，并最终进行自我调整以适应复杂的地方现实。在发放补助方式的转变过程中，基金会开始将地方知识纳入有效凝视。

施工技术的规范性提供了另一个观察的维度。基本规范方面，建房要求墙基铺毛石、覆混凝土，然后用红砖砌起“50—37—24”宽度①递减的金字塔式基脚，约半米高，上面接底圈梁、构造柱、上圈梁，其中凡墙体交叉部位皆设置构造柱，两个构造柱之间最大间距为3.3米，构造柱两个箍筋之间的距离约为10—15厘米，等等。在章村农房重建中，此类由施工队掌握的实践性施工技术正在被剥离出来，成为外在规范并作为衡量施工队施工是否标准的准绳，而基金会则成为实践是否符合这一规范的裁定者。比如，基金会工作人员在村中查看重建情况时，会问起户主建房进度、开间跨度、地基、钢筋捆扎是否有问题等。当笔者在一队闲逛的时候，一个施工负责人跟笔者说，“你看那边的钢筋要不要得？都是按照你们基金会的要求做的，你们说咋个做就咋个做”（C20090305a）。尽管笔者实际上并不是基金会的工作人员，但这一情形仍可表明基金会对当地工程施工质量进行介入性监督的角色。此时地方实践不再是自明的过程，而

① 一般红砖规格为12厘米×24厘米×5.3厘米，砖缝水泥厚度约为1厘米。50厘米宽的墙即两块砖长边对起来（48厘米）约合50厘米，相应的24厘米宽即两块砖短边并列砌墙，37厘米则为一横一纵砌筑而成。

是通过基金会对其操作是否符合规范的确认来获得其合法性的。

义务监理机构 EP 的角色发挥进一步表明了监督的外化以及外部知识的有效凝视。EP 通过两个方面参与工程监理，一是为村民提供相关培训，讲解该怎么修房子，怎么注意安全和结实，怎么做构造柱，钢筋怎么绑，怎么才算符合规范，怎么签合同等；二是对村里施工队的施工质量进行监督和评价。比如，四队的王杉发现自己的墙被砌歪了，要找基金会的人问，说“这个到底行不行，基金会说要得就要得，说要不得就要不得”，她坚持认为这个房子的墙和周围几家子的比起来，只有自己的有问题，周围的都比自己的好（C20090316a）。当天下午 EP 派技术人员用铅锤现场检验的时候引来很多人，技术人员说这么多人围观，他都不好意思检测了。检测的结果是在这面墙的三处吊线，发现两处平面不合格，也就是说这堵墙是不合格的。砌墙带班说这堵墙是其手下砌的，但是他们以及其他工人，都在强调，这个砌墙用的砖本身就有问题。还拿来几块砖放在一起做对比，两块砖都不一样大，砌墙自然只能保证一面平、一面粗糙了。EP 坚持应将墙推掉重建，基金会则出于稳妥考虑计划先与施工队和村干部沟通后再决定。最终此事不了了之。

工程质量的影响因素较多，如“人、材料、机械、方法、环境”等方面，但核心是人，与人的“质量意识、技术水平和职业道德”① 等密不可分。按照农户传统建房方式，对工程质量的把握往往取决于施工方自身，包括技术和道德等方面的自我约束；而较为明显的工程质量问题也往往是建房者当时或在使用后发现，此时监督检验角色往往由建房者自己承担。章村震后农房重建过程中，EP 的参与使得工程监理由农户监督和工程队自我监督转向外部机构监督。此时建筑标准具有了一定的模糊性，一方面施工队作为熟悉建筑规范的一方负责建造；另一方面 EP 同样作为熟悉建筑规范的一方负责监督，实际上 EP 监督的并不是施工队的“施工规范”本身，而是施工队对建筑规范的贯彻程度，以及是否符合 EP 所认为的对规范的正确执行。也即，EP 所监督的不在于知识本身，而在于使用者如何使用知识，是施工队的施工方式。村民对 EP 和基金会评判意见的依赖充分表明，地方实践已经完全置于外部机构的凝视之下，并由外部机构掌握裁决权。

---

① 姜艳彬：《建筑工程施工质量控制》，《林业科技情报》2006 年第 1 期。

综上，当外部知识与地方知识遭遇后，地方知识要么处于被压制的地位——被否定、被忽略，要么处于有条件认可的地位——渴望认同，以及处于凝视之下。但自始至终可见的是农户对技术知识的信任，围绕技术知识发生的信与不信都表明技术知识的绝对可信性。尤其是王杉的例子，它所表明的不是在技术知识受到质疑之后而转向本地知识，而是继续寻求外部知识的确认，以“否定式肯定”的方式进一步加强了外部知识的重要性。

2. 知识的分类及逻辑

在朗（Long）看来，知识是由人们将意义分类、编码、处理并归因于他们的经验的方式构成的，知识并不等同于专业的、专门化的或内行的资料或观点，而是所有人都拥有的东西，既包括“科学的”知识，也包括“非科学”的日常形式的知识。① 因此，作为解释世界的方式的知识，其自身也是多样的，因此对于特定情境中的知识的分类成为研究者关注的重点。

斯科特对米提斯的讨论集中表现了科学知识和地方性知识之间的冲突。他指出，“在好的情况下，科学知识认为实践知识是不重要的；坏的情况下，则认为实践知识是危险的迷信”，科学知识成为机构和专家“控制和占用的战略”。斯科特认为，“本土技术知识”“民间智慧”似乎意味着这些知识属于传统和落后的人；而“地方知识”和“实践知识”稍好一些，但过于受限制和静态，因此他用米提斯来表达实践技能的持续变化、动态的特征。米提斯包括了在对不断变动的自然和人类环境做出反应中形成的广泛实践技能和后天获得的智能，具有不易言传和经验的核心特征。米提斯反映的实践和经验总是地方的，一项特定的技能的每次应用都需要针对本地条件做出相应调整。技术知识是与米提斯完全不同种类的知识，技术知识是普遍适用的，是固定的知识，是非个人化的、准确量化的；而米提斯是一定背景下的特殊，关注个人技能、“感觉”和实践结果。但同时，米提斯正被国家和大型官僚资本主义活动所破坏和取代，这正是斯科特考察米提斯所关注的问题。②

---

① Norman Long, *Development Sociology: Actor Perspectives*, London and New York: Routledge, 2001, p. 189.

② ［美］詹姆斯·C. 斯科特：《国家的视角：那些试图改善人类状况的项目是如何失败的》，王晓毅译，社会科学文献出版社 2004 年版，第 426—466 页。

秦红增认为，乡村社会有地方性（传统或土著）和现代性两类知识体系，这是随着现代技术的侵入，乡村社区发生相应的知识变革，以及当地组织、制度等文化上的变迁而发生的。现代性知识对乡村的发展的介入，表现为外部组织依靠人力、资本、物资、科技知识等对乡村进行干预，输入现代性知识，从而导致忽略乡村知识和技能。① 两类知识体系的关系集中表现为现代性知识的介入及其对地方性知识的差异性所产生的压制性影响。

彭兆荣对乡土知识与民间智慧的讨论指出，从知识体制来看，现代社会的价值系统利用国家的专制和暴力强制性地贯彻官方的知识体制，政治的、宣传的、媒体的、学校的、商业的……而来自民间的原生性知识在中心和强势的权力话语与作用下被撇到一边，“国家”作为基本单位和强制力量具有明显的“想象”因素和过多的暴力成分。② 此外，杨继涛以景区开发为例，表明了农民“日常生活的逻辑”与旅游开发公司的“制度性逻辑”两种行动规则之间的冲突，同时，这种冲突并不是妥协的过程，而是双方互相“学习”、创造新关系的权力再生产的过程。③

当我们讨论地方性知识或米提斯的时候，其前提往往是现代性知识或科学知识的存在，从而构成我们认识上的二元对立结构。而实际上，在现实生活中我们更多面对的经常是不可捉摸、千变万化的“喧声”和“杂语”④。但是，无论我们将这种对立结构视作客观存在，还是视作主观感知，不同知识体系的遭遇及其内在逻辑的碰撞却是真实的存在。米提斯—技术知识/科学知识、地方性知识—现代性知识、乡土知识—官方知识等结构性认知除了表明结构本身外，更重要的是表明了不同知识体系之间的控制与被控制、占用与被占用。

章村农房重建就集中表现为两类知识的冲突式互动。外部机构的知识所遵循的是制度性逻辑，即以标准化的方式对待复杂现实，对现实的介入抽离于具体情境，并倾向于使干预对象保持对外部的清晰可见，将复杂现

① 秦红增：《乡村社会两类知识体系的冲突》，《开放时代》2005 年第 3 期。

② 廖明君：《现代社会中的乡土知识与民间智慧——彭兆荣访谈录》，《民族艺术》2001 年第 1 期。

③ 杨继涛：《知识、策略及权力关系再生产——对鲁西南某景区开发引起的社会冲突的分析》，《社会》2005 年第 5 期。

④ 纳日碧力戈：《现代视野中的乡土知识与民间智慧》，《民族艺术》1999 年第 1 期。

实抽象化并形成一般模式。地方社会的知识所遵循的是日常逻辑，即针对个性问题的个性应对措施，强调对具体情境的把握，用于解决问题的知识具有地方关联性而非外部介入。章村的农房遭遇震灾损毁亟待重建首先是一个地方性问题，而农房重建作为应对措施，既是由外部机构如基金会、监理组织EP以及规划体系来处理的——由介入性的外部知识按照制度性逻辑加以应对，又是由农户个体来处理的——由社区内部个体农户的个体知识按照日常逻辑加以应对。但知识的冲突式互动过程又表明制度性逻辑对日常逻辑的无声强制——面对制度性逻辑，日常逻辑处于边缘、弱势和抗争以获得空间的境地，制度性逻辑的运作决定性地影响着社区居住空间建造的议程。尽管灾后章村的农房重建结果就规划而言是“打了折扣”[①]的居住空间生产，但主体运作逻辑仍然是以外部知识为主导的制度性逻辑，基于地方性知识的日常逻辑则处于从属和被抑制的地位。

综观章村农房重建过程，被否定的知识、被忽略的知识、渴望被认可的知识以及被凝视的知识，不仅表明不同类型知识、不同知识主体以及知识应用取向的差异，更表明不同知识体系遭遇并互动的内在逻辑差异——制度性逻辑与日常逻辑。知识的冲突表明处于运作中的知识的内在逻辑是外部的制度性逻辑，而不是内部的日常逻辑；知识冲突的后果表明，不同知识体系之间不是共存关系，而是单一化为外部知识“包打天下”，尽管这一倾向遭到了一定程度的抵抗。但显然，外部机构的知识及其制度性逻辑主导着章村的居住空间生产，因此，这也就意味着在确立重建议程、进行问题宣称、明确行动方案等方面，外部知识说了算，制度性逻辑处于强势、主导地位，并决定方向。

四　话语丛：话语性现实的建构

套用福柯对话语的定义“系统地形成这些话语所言及的对象的实践”[②]，震后农房重建话语是一种社会实践，这些话语以震后居住空间为对象，系统地形成了灾后的章村居住空间。但同时，针对某一事物都有多种不同话语，每种话语都是讲述有关该事物的不同的故事，都是向世界表

① 之所以说“打了折扣”是因为农房重建并没有完全按照基金会的空间规划进行，而是部分地实现了集中居住、统一重建的规划预期。

② ［法］米歇尔·福柯：《知识考古学》，谢强、马月译，生活·读书·新知三联书店2007年版，第53页。

征该物的不同的方式。[①] 也即，重建话语是一整套话语体系，话语实践包括一系列相关话语的嵌套、借用、冲突等关系，震后居住空间并不是由单一话语形塑的，而是由包含多种话语、包含多种关系的话语丛所形塑的。

1. 作为“社会现实”的居住空间与话语丛

某种特定的“社会现实”不是凭空存在的，而是特定的人们在特定的话语系统的约束与引导下建构出来的。以章村农房重建为例，灾民的震后新房这一居住空间作为一项社会现实，并非毫无缘由地出现的。之所以说“并非毫无缘由”，是因为房屋原本是具有私人性质的居住空间，建造行为通常表现为个体行为；但章村居住空间生产所表现出来的标准化、同质性特征恰恰表明，人们不是主动构造自我的居所，而是由他人、由外部力量代为构造自我的居所，尽管村民/灾民看似参与其中，但却是具有旁观性质的局内人，从实质上来讲是“未参与”的参与者——居住空间由外部力量而非内部力量（即村民自身）重建，建造的首要目标是整体的重建而非个体的居住，建造行为所基于的是外部介入的制度性逻辑而非本地的日常逻辑，从这个角度来看，灾民的居住空间已经脱离了私人空间的属性而成为社会建构物。正因为如此，本文才有必要对居住空间的建构过程与机制加以考察，即从话语的角度重审房屋重建过程，从而揭示农房重建的话语运作策略。

首先是话语主体。章村农房重建是由外部力量主导的重建。随着国家出台重建规划、Z 基金会通过地方政府确立援建章村并驻村，以及监理机构 EP、专家团体通过基金会平台介入章村，这些机构就开始作为居住空间生产的重要话语主体而存在，他们是机构话语、规划话语和专家话语的言说者。实际上，参与农房重建的各个利益相关群体都是作为话语主体而存在的，他们/它们作为机构、代表机构的个体或者作为纯粹个体，都能够言说，通过不同的话语形式共同参与居住空间的建构。地方政府以国家层面的规划、条例和各级政府的重建规章组织所辖受灾地区的重建工作；基金会以地方政府为依托选定章村并进驻章村成为援建机构；工程监理组织 EP、科研机构、户型设计团队等以基金会为平台分别介入章村重建。包括村民、村组干部在内，他们并不是无声的人，同样是农房重建的话语主体之一，村组干部的协调、管理，村民的遵从、妥协与抗争——尽管是

① Vivien Burr, *Social Constructionism*, London and New York: Routledge, 2003, p. 64.

很有限度的抗争——共同参与居住空间的建构。

其次是主体的表述策略及主体间结构关系的确立。由于Z基金会主导章村灾后重建，其他相关机构经由基金会平台介入，因此，基金会成为重要的话语主体，从震后援建之初，便将章村农房重建纳入机构议程。此时的话语对象显然既包括空间，又包括居于空间之中的人。

关于居住空间，房屋的即时状态即“倒塌”“损毁”，因震所致的破败景象与房屋的稳固性、保护性特征形成对比。同时，房屋震前的持续状态通过对当地人的访谈及回忆得以被描述，如“院落式”“居住分散”“建于七八十年代”“砖木结构”“无抗震设计”“小青瓦”等，这些描述一方面表明房屋质量老旧、安全性能差；另一方面表明村庄整体的居住格局分散。这些描述充分表明了“旧”已“破”，而“新”未“立”的情形。

关于空间中的人，章村村民具有了另外的身份，即灾民。通俗来讲，遭受灾害的人或受灾者就是灾民。作为一种身份标签，灾民成为遭受损失的人、无力的人、受助者，并与未受灾者、救助者区分开来，从而形成“救助—被救助”的结构划分。在这一结构中，灾民不仅成为被动角色，而且成为弱势方，成为需要帮助的人；这就为外部力量的完全介入以及对空间的干预埋下了伏笔，以Z基金会为协调平台的外部机构据此展开针对章村居住空间的规划与重建。此时，灾民与空间已经成为被言说的对象。并且，从实践的角度来讲，当章村处于震后废墟的状态时，其可能的现实边界尚处于未知状态；从这些机构介入开始，可能现实的边界已经开始明确。随之而来的就是以外部力量为主导、以整体性目标为诉求、按照制度性逻辑运作的重建过程，并成功架构了章村重建中“外部力量—内部力量”之间的“主导—参与”关系。

最后是多重话语的嵌套与借用。作为章村整体的农房重建涉及选址规划、空间设计、建造施工等方面，其中具体的建造环节又包括资金管理、进度管理、质量管理、沟通协调等。由于房屋重建的多主体、多环节特征，因此也就必然涉及不同话语体系的互动。由前文对章村农房重建的描述可发现如下话语①的运作。

① 在进行话语分析时，需要首先识别和界定建构“社会现实”的特定话语类型。每一种话语都是特定的主体以某一种特定的方式表征世界，某物/事应该是/不是什么。同时，除了意义、隐喻或陈述的存在，话语与主体也密不可分，既包括言说主体也包括被言说主体。基于此本文将章村农房重建的多种话语进行如上的识别与界定。

（1）**参与式话语**。Z基金会从驻村之前对章村进行需求评估就开始引入参与式方法。参与式方法及理念意在给弱势群体发声的机会，并参与行动决策。但从基金会的实践来看，参与式需求评估的作用在于信息的收集与归纳，为居住规划提供依据，同时为机构运作部分地提供合法性。一方面，从逻辑上来看，参与式话语作为外来话语，是由外来机构进行倡导的，因此村民处于“被要求参与”的位置；从实践上来看，则是“参与”其中的村民“在”参与，这就成为对基金会文化或工作氛围的有利彰显，从而成为为机构干预增色的一个法宝。另一方面，“参与”村民的重要角色就是提供信息，以使外人了解“内部人”村民的想法。基金会以四队和七队为代表所进行的参与式评估表明了对集中重建和原址重建选择倾向的纠结，但基金会基于此形成的规划方案则是“提供规划布局图，引导小组团式集中居住”。这一对复杂多样现实进行归纳的手法，赋予了基金会重建规划方案如下特征：是基于客观现实的，是来自村民的真实声音。参与式话语的应用为基金会面对芜杂现实形成一致性意见提供了便利。

（2）**规划话语**。基金会对规划给予了相当程度的重视。规划文本的存在，其意义在于首先使规划所指的行动外化和虚拟地存在，然后再按照规划实施和落实。这一流程明显不同于农户自建房屋时落实头脑中的“方案文本”的模式。基金会的章村灾后重建规划是一个以章村农房重建为对象的规划，但它具有同条例、法规类似的功能，即提供行动方向、提供约束力，以及外在的供遵守的一致性准则。首先，规划以小组团相对集中为整体空间布局思路，对房屋的建造引入设计专家、提供项目管理、进行资金管理，提供了关于如何重建房屋的行动指南；其次，通过规划，基金会成功地将干预对象界定为章村整体，因此也就对农户个体的行为一方面具有了约束和框限，另一方面在协调农户个体差异化需求时，规划作为一个“外在”文本能够对农户产生“客观”的约束力。如崔刚要建木结构房屋的时候，李牧拒绝新址重建而选择在原址重建木结构房屋的时候，他们就成为“破坏”集中重建规划的人；对于建造全现浇结构房屋的高强来说，他由于进度优先于本队其他建房户，屡次询问和催发补助款，他就成了“不遵守”资金管理方式的人，成为“扯拐”的人。这首先就表明了“正确”的规划与“不正确”的个体之间的对立关系，从而对“不驯服”的个体产生无声的强制。

（3）**建筑话语**。对户型进行设计本身就意味着对震前章村建筑形式的否定以及对房屋形态连续性的打破。为章村提供设计方案的专家设计团队包括十几家建筑设计单位，这些设计单位义务参与章村户型设计，但户型设计看似是一种单纯的技术方案，实际隐含着更为复杂的理念。设计者将“城市化的发展同重建规划与设计相结合，使得村民的住宅能够在一定程度适应他们的下一代在城里打工的子女的生活，并为将来宅基地向私产的转变做好基础”①，城市化理念被融入户型设计。另一个设计理念是建筑的实验性，而非直接复制已成模式的建筑，因此这些在教育界、艺术界和建筑界享有盛誉的专家将实验性与艺术创作元素添加进去，他们认为给农民做住宅，面积有限，如果仅仅排布方块，最后用两坡顶一扣，那么无论功能还是形式，都不具有太多价值；并且农民被认为很少涉及形式语言。基于此的户型设计出现了各式有特色的方案：外形酷似飞机的设计、魔方建筑、安全岛式的建筑，外形类似碉堡的建筑等。对此，农户则认为这些设计造型“很奇怪”，外观好看但是很难接受。因此，最终选择的仍然是较为接近当地传统房屋造型的一款设计，并做了调整。尽管如此，设计团队的建筑话语仍然打破了原有住宅方案的连续性，并基于建筑设计精英的理念打造新的居住现实。

（4）**机构话语**。机构话语研究是通过描写和分析特定工作场所中的话语来了解话语在机构中的呈现方式及话语与机构互相作用、互相影响的关系。② 显然，在章村农房重建中参与互动的机构作为“人格化”的个体，各自秉持一定的机构话语。如 Z 基金会的财务话语，将符合制度规定作为重要的约束因素，因此当章村实际操作流程中出现现金的时候，这一做法受到了机构的批评——尽管最终基于现实情况调整为现金形式。对于监理机构 EP 来说，其立场显然是站在村民一边，提供知识和技术培训，防止面对只看重经济利益的施工队时“上当受骗”，因此也就有了对村民不遗余力的培训和对施工队的细致监督，尽管这导致施工队的不满。机构话语的存在，其重要性在于机构话语往往在针对某一具体现实行动时，与当地习惯有不同看法和立场，同时由于外部力量主导重建过程，这就必然导致与当地习惯的冲突或对当地习惯产生强制。

① 资料来源：《设计团队章村空间规划周年评估报告》，2010 年。

② 孙咏梅、徐浩：《机构话语研究述评——研究现状、研究意义与展望》，《北京科技大学学报》（社会科学版）2013 年第 1 期。

（5）**技术话语**。某项技术往往被认为具有客观性特征，因为他们是外在于个体的独立的事物，有其自身逻辑，并能够以一成不变的程式“按照”人的需求解决具体问题。但谁拥有技术、谁决定使用技术及如何使用，则改变了技术的相对独立性特征，即技术的独占性使用会使技术对象产生依赖或对其施加强制。章村农房重建中随处可见技术的在场，以及对待技术的不同态度，包括如下几个方面。

第一，介入性的外部技术。设计团队在为章村提供户型设计之前，基金会组织当地测绘公司制作了章村地形图，这是外部介入性的技术，在日常农户建房中并不常见。测绘地图将所有个体农户置于可见整体之内，使分散的个体住房在标准的图纸中清晰化，从而利于援助机构对章村进行宏观的空间调整。同样还包括户型设计，由外部建筑专家提供供选户型方案的优势在于，专家与基金会处于同一对话平台，基金会能够就理念层面的问题与设计专家进行沟通，从而能够提供在材料、风格、预算等方面具有内在一致性的供选户型方案，即划定边界、提供有限选择空间，从而将不符合规划预期的村民个体方案排斥在外。

第二，技术标准的外部化。在章村农房施工过程中可见的是，施工队的建筑过程及房屋建造是否符合规范标准，均处于其他机构的监督与裁定之下。这样，施工方与作为发挥监督作用的监理机构 EP、Z 基金会就客观上形成一种“对立”关系；加上施工队为村民建房，施工队收取建房款，但村民无力对建筑质量进行评估，而 EP 和基金会既然是监督施工方，那么就与村民站在同一战线，这就继续加强了农户对施工队的不信任和对 EP、基金会的信任，也就使得 EP 及基金会对施工质量的评价权重更高，成为技术权威。

第三，本地技术。此处本地技术特指建造木结构房屋及全现浇房屋。本地技术成为弱势方，处于被压制的境遇。从技术本身来讲，并无正确与不正确的分别；但由于这些本地技术没有被纳入整体规划并得到认可，因此它们的落实就直接成为对整体规划的干扰。显然，技术话语使章村的居住空间成为一个冲突的领域。

（6）**政府官方话语**。直接介入章村农房重建的还有官方话语体系。从章村来看，官方话语以两种形式存在。一是文本的间接在场，如《汶川地震灾后恢复重建条例》（2008）、《汶川地震灾后恢复重建总体规划》（2008）、《汶川地震灾后恢复重建对口支援方案》（2008），以及一系列专项规划、地方性规划。这些文本性话语通过网络、新闻、官员的媒体讲话等以间接的方式在场。首先是文本的间接在场客观上提供了重建的宏观框架与背景。其次是政府官员的直接在场。章村所在镇的镇长作为包村干部，直接负责章村的农房重建。从他对重建进度的督促来看，他一方面将章村个体村民的农房重建作为整体来看待，提出保证开工率、保证重建进度；另一方面将章村整体的重建作为基本单位，与同是受灾地区的其他村落的重建进度进行比对，从政府管理预期的角度对重建进度提出要求。官方话语特征表现为自上而下的规划与任务下达，并将个体村民的房屋重建与居住置于整体布局中予以考虑。

(7) **灾害话语**。灾害既是章村农房重建的重要起因，又是重建过程展开的具体背景，因此灾害话语是贯穿于整个重建过程的。灾害话语本身具有混杂性，由不同社会主体所提供的社会标签共同构成。首先，地震既是坏事又是好事。地震被看作破坏性的、人力无法采取措施抗拒其发生的坏事情，是天灾，在章村村民眼中亦是如此，“地震是自然灾害，哪个也挡不到，这个地震肯定不是好事，哪个都不愿意地震”；但同时，灾害又被认为带来发展契机，又是“好事”“提前好多年”（C20100826b）。其次，面对灾害，个体是脆弱的、需要帮助的灾民。灾害面前人人平等，对于受灾者的同理心使得提供援助被认为是应当的和恰当的，一方有难八方支援。但同时，灾民又被认为是具有灾民意识的，即灾害后出现的消极心理，包括依靠心理等。整体而言，灾害话语涉及不同主体看待灾害、灾民与援助的不同方式，这些构成了章村灾后农房重建，以及村庄重建的基本底色。

话语具有特定的言说主体，因此，如上所述的话语类型并不是单独运作的，而是由特定主体进行言说从而形塑现实的。话语具有相对独立性，因此，一套话语体系又往往并不是由某个机构或个人独占性使用的，因此话语分析中的主体与对象就十分关键。从章村农房重建过程来看，介入章村重建的外部力量以Z基金会为核心，其他机构（监理机构EP、地图测绘、施工队、设计团队等）以基金会为平台参与重建；内部力量以灾民为主体，但同时他们又作为房屋的直接使用者而与空间共同构成话语对象。居住空间的建构过程中，不同行动主体并非仅使用一套话语体系，而往往涉及多重话语体系的嵌套与借用。(1)话语嵌套，即针对某项社会现实的建构，在不同环节使用不同话语体系，从而形成由多重话语体系共同参与形塑某一特定社会现实的格局。以 Z 基金会为例，在其将章村确定为援建对象后，章村农房集中居住、统规统建的过程就涉及多重话语的嵌套，如早期就章村重建需求评估使用参与式话语；进行整村地图测绘、户型设计、施工监理等使用技术话语；建筑专家进行户型设计使用建筑话语；处理章村重建具体事务时，基金会又依据其自身的机构话语；同时就整体而言，农房重建被纳入整体规划话语中。由此可见，基金会作为一个重要行动主体，其言说过程包含一系列话语的嵌套使用，这些话语体系分别从不同的角度服务于基金会对整体重建现实的建构。(2)话语借用，即处于话语言说对象位置的主体“乔装改扮，歪曲规则，颠倒地运用规则，使他们反过来反对规则制定者”[①] 的做法，即借用言说者所依凭的话语反对言说者。典型例证是关于维修户是否有补助的讨论，即维修加固户向基金会询问，是否能够从基金会领取 1200 元/人的补助，加固户对此的理解是“同样是灾区，同样是灾民，标准应该是一样的”。显然，他通过借用灾害话语为自己进行利益的争取和辩护。另一个例子是李牧原地建木结构房屋时对规划和政策的理解，他认为“我们看电视看到这个，中央有这个政策，可以原地建设，这个就不用占田”，“（国家的补助）不会不给，共产党有那政策。地震过后电视上就说集中建设，统建、自修都可以”，李牧借用来自电视媒体的官方话语为自己获取心理依据，以此反抗章村统规统建方式对他个性化需求的压制。

此处所使用话语嵌套与借用的表述，其分别在于，话语嵌套在于强势方能够有充足主动权使用话语或提出话语并以之形塑现实；而话语借用在于村民作为弱势方其话语的实施并无制度支撑，因此只能够借用已有话语体系维护个体需求，本质上表现为对强势主体所使用的话语体系的反向使用。

福柯的话语分析致力于识别在特定生活领域运作的话语，并检视这些话语对于主体性、实践和权力关系所具有的含义。[②] 综合以上分析可见，章村农房重建并不是一个简单的物理构造过程，而是在多重话语的共同运作下，建构震后居住空间的过程。居住空间虽然是作为物质实体存在的，

① ［法］米歇尔·福柯：《尼采、谱系学、历史》，载杜小真《福柯集》，上海远东出版社 1971 年版，第 155 页。

② Vivien Burr, *Social Constructionism*, London and New York: Routledge, 2003, p. 170.

但从物质实体从无到有的过程来看，它主要表现为一种话语性实在，并是经由多重话语即话语丛的运作而得以实现的。

2. 灾后农房重建话语与权力的关系

地震灾害背景下的章村居住空间生产表现为大量外部机构和外部力量的介入，并且居住空间的重建结果在很大程度上由外部力量所推动。而从中央政府到地方政府，到民间组织和机构，全面介入灾后村落重建所依凭的，首先是灾害救助成为国家责任，也即官僚体系的运作；其次是在此基础上的话语与权力的相互渗透性和相互建构性，最终形塑成灾后重建的现实。

首先，在宏观层面，灾害救助已经成为现代国家的责任[①]，国家成为不可或缺的应灾角色。

国家参与救灾早已有迹可循。魏丕信就以《赈纪》为素材，系统探讨了针对1743—1744年直隶饥荒的大规模官方赈灾活动，包括勘灾、赈济、保证粮食供给、价格调控、加强与恢复生产等一系列问题，并认为18世纪的集权化官僚政府能够集聚和利用大量资源，能够进行粮食和资金的区际调运，从而有可能独立承担起大规模的、长时期的救灾活动。[②]该研究表明在大规模灾害中政府的积极介入。而克里纳伯格针对芝加哥热浪灾害的研究则表明了现代城市社会中正式组织的缺位对于热浪悲剧不可推卸的责任，“在整个应对过程中，芝加哥市缺乏应对重大灾难所应有的设施准备，而组织的失败是关键所在”，且对“市政府的指责尤为尖锐”[③]，包括公共媒体等部门在内的正式组织在紧急灾难事件中应对不力。

以上两个例子似乎已明确表明国家或政府有直接责任参与灾害救助。包括今天，人们似乎同样认为，面对自然灾害，国家与政府部门提供帮助

---

① 注：此处关于国家对灾害干预经历了从无直接义务到负有义务的转变的论述，参照了卢阳旭的文献梳理，可参见卢阳旭的博士论文《灾害干预与国家角色》（中国社会科学院研究生院，2012年）。他在文中分别引述了Platt对美国政府参与救灾、宫入兴一对日本政府参与救灾的论述。本文对于“灾害救助成为国家责任”的论述直接受启发于他在博士论文中对相关文献的梳理。

② ［法］魏丕信：《18世纪中国的官僚制度与荒政》，徐建青译，江苏人民出版社2003年版，第264页。

③ 周雪光：《芝加哥“热浪”的社会学启迪——〈热浪：芝加哥灾难的社会解剖〉读后感》，《社会学研究》2006年第4期。

是理所应当之事。而实际上，政府直接参与灾害干预是被发明的传统①。以美国政府的救灾参与为例，普拉特（Platt）的研究表明：

> 长久以来美国联邦政府认为，虽然公民遭受自然灾害是不幸的，但向他们提供帮助却只是其亲友或宗教团体、慈善机构的事情。政府没有向其提供帮助的义务，没有必要建立联邦政府层面的灾害管理法律、制度。在这种情况下，灾区的灾后恢复所需资金基本上来自州、地方政府、慈善机构、教会等机构的捐赠。然而，20世纪四五十年代美国东部海岸地区连续发生的飓风、洪水灾害使得越来越多的民众和政治家认为政府应承担更多救灾责任。1950年美国国会通过了《联邦减灾法案》（*Federal Disaster Relief Act*），并由此开启了联邦政府层面的灾害救援活动。与之相对应，政府参与救灾不再被认为是一种“仁慈”，而被认为是一种“义务”。正如普拉特所说，在美国，受灾民众经历了一个“从怜悯（compassion）到权利（entitlement）”的过程。②

同样，在日本也经历了政府对灾害无责任到承担责任的转变。长期以来，政府、官僚中存在着这样一种观点，即“自然灾害属于天灾，谁也没有责任，政府也不应为此承担责任。生活再建应遵循自助原则”。日本灾害管理基本法《灾害对策基本法》以及1947年制定的《灾害救助法》等法规的相关规定表明现行灾害管理法规中，只有关于“居民责任”的规定，却没有关于“居民权利”的规定。转变发生于1995年阪神地震后，大量灾民的出现给受灾地区复兴带来困难，针对灾民生活再建的提议和法案相继出台，于1998年提出了《灾民生活再建支援法》，对于灾民生活再建的公共支援的认可开启了先河。③

随着灾害不再被简单地认为是“上帝”的行为、私有部门也无法通

① 卢阳旭：《灾害干预与国家角色——汶川地震灾区农村居民住房重建过程的社会学分析》，博士学位论文，中国社会科学院研究生院，2012年，第19页。

② Platt, R. H. 1999, *Disasters and Democracy: The Politics of Extreme Natural Events*, Washington: Island Press. p. 9. 转引自卢阳旭《灾害干预与国家角色——汶川地震灾区农村居民住房重建过程的社会学分析》，博士学位论文，中国社会科学院研究生院，2012年，第19页。

③ 宫入兴一：《灾民生活重建支援对策的演进及存在的问题》，杨华译，《首都经济贸易大学学报》2008年第4期。

过保险独自应对灾害，人们对政府行动提出了迫切要求。① 在2005年美国卡特里娜飓风的救援中，布什及其领导的联邦政府因紧急协调、组织联邦资源进行救灾不力而广受批评，无论何种政体的政府，对自然灾害进行救助都是其对社会应承担的义不容辞的公共责任。② 正因为如此，纽约时报抨击联邦政府“在美国本土，在飓风发生的一个小时之内没有能够支援我们，这是犯罪”③，显然，政府必须为未尽责任的救援而承受批评，美国总统布什也公开表示，“美国政府将对这次救灾中的失误承担最终责任”④。

中国社会中的救灾一直都有政府的参与。中国古代虽无专事救灾机构，但一般情况君主都会亲自过问救灾事宜，在重大灾害爆发后临时委派朝廷大臣主持救灾，地方官府也把救灾当作政务重要内容。⑤ 到新中国成立后的救灾活动中，依然是以政府为核心，“政府是神经中枢，是最权威的决策机构，是方方面面力量的指挥者、协调者、监督者，在全部救灾主体中居于最关键的地位，扮演最重要的角色”⑥。

实际上，国家或政府参与救灾，除了压力性因素外，还包括主动的诉求性因素。(1)国家救灾与合法性的获得。从政治角度来讲，有效的危机管理对国家合法性而言是重中之重；同时，以国家为中心的政治制度产生的“外部性”如欺诈、腐败等似乎被当前的社会经济调整加剧了，国家与社会关系变得更加紧张，此时地震就可能成为加强政权合法性或失去合法性的关键节点。⑦ 因此，对于作为“威权政治体制”⑧ 的中国来讲，

---

① Richard Sylves, *Disaster Policy and Politics: Emergency Management and Homeland Security*, Washington: CQ Press, 2008, p. 4.

② 熊贵彬、柴定红：《中美灾害救助体制比较——以汶川地震和卡特里娜飓风为例》，《华东理工大学学报》（社会科学版）2009年第1期。

③ Marvin Olasky, *The Politics of Disaster: Katrina, Big Government, and A New Strategy for Future Crises*, Nashville: W Publishing Group, 2006, p. 7.

④ 郑静晨、侯世科、樊毫军主编：《国内外重大灾害救援案例剖析》，科学出版社2011年版，第142页。

⑤ 孙绍骋：《中国救灾制度研究》，商务印书馆2004年版，第52页。

⑥ 同上书，第180页。

⑦ Dennis Lai Hang Hui, "Research note: politics of Sichuan earthquake, 2008", *Journal of Contingencies and Crisis Management*, Vol. 17, No. 2, 2009, p. 137.

⑧ 杨继绳：《我看“中国模式”》，《炎黄春秋》2011年第1期。

“政府的合法性不依赖于程序，而依赖于表现或业绩”①，这样，汶川地震就既是考验又是机遇，有助于展现抗震救灾的政治优势、组织优势和文化优势，从而实现国家合法性的经营②。（2）国家形象的建构。以汶川地震与海地地震为例，海地政府救援不力和海地社会的骚乱塑造了海地贫穷落后的国家整体形象、持续动荡的社会形象以及暴力掠夺的公众形象；而在汶川地震中，中国政府积极有效的应急措施塑造了“以人为本、尊重科学；独立自主、自力更生；开放自信、实事求是”的政府形象。③ 这样，灾后重建就成了“国家形象的展示台”④。

因此，从被动的意义来讲，国家必须承担灾害响应、灾害救助的责任；从主动的意义来讲，国家参与救灾有助于合法性的获得与国家形象的塑造。基于此，国家成为灾后重建中必不可少的力量。换言之，灾害赋予了国家就灾害进行干预的权力，国家通过出台政策、出台规划对灾后重建工作进行管理，施加权威影响。而各种社会组织和社会机构参与救灾，也或多或少借助这种国家干预权力，如 Z 基金会通过与地方政府签订合作备忘的形式正式介入章村重建，从而获得了合法的干预权力；其他机构以 Z 基金会为平台，同样借用了这种干预权力。

其次，在章村重建这一微观层面，权力与话语相互建构。

国家权力与机构权力建构重建话语。（1）国家通过规划和条例的制定，通过各级官员的言说，使灾后重建成功实现了问题宣称。这提供了对受灾地区进行干预的宏观依据，各级政府依照中央层面的规划和条例展开灾后恢复重建工作。这既是章村灾后重建的宏观背景，也表明国家权力的间接在场。（2）Z 基金会通过地方政府确定章村为机构援建单位，在一定程度上表明基金会借用了地方政府对灾区的干预权力。同时，基金会作为一个独立的非政府组织，具有完整的机构架构，因此它也能够对作为援建对象的章村施加自身的机构权力。（3）当 Z 基金会成功介入章村后，机构

① 康晓光：《中国特殊论——对中国大陆 25 年改革经验的反思》，《战略与管理》2003 年第 4 期。

② 王玲：《救灾政治：合法性经营视角下的现代国家与乡村社会》，博士学位论文，华中科技大学，2012 年，第 4 页。

③ 野草、王超：《地震灾难与国家形象的呈现、变异和塑造——以汶川大地震与海地大地震的比较分析为例》，《中外文化与文论》2010 年第 1 期。

④ 陈蓓蓓：《汶川灾后重建与政府合法性的双轨效应》，博士学位论文，华中科技大学，2012 年，第 58 页。

在重建资源的“需求—供给”格局中进一步加强了自身的权力。由于灾害影响，章村遭受巨大损失，而重建则意味着资源缺口，此时“基金会—章村”就客观上形成了资源的“供给—需求”结构。基金会刚开始确立援建章村并声明带来援建资金时章村的欢迎态度就印证了这一点。基金会所带来的资源不仅包括资金，还包括人力资源——基金会直接派驻工作人员进村参与重建协调，管理资源——以基金会的管理制度介入章村重建，智力资源——通过基金会的公益网络获得大量智力支持，如户型设计团队、工程监理等。正因为如此，章村的农房重建才整体表现为外部力量主导、基于制度性逻辑运作、为实现整体目标的重建过程。也即，国家权力与机构权力形塑了章村的重建话语——外生的、介入性的、排斥地方性的重建话语，如前所述的话语丛（包括参与式话语、规划话语、建筑话语、机构话语、技术话语、政府官员话语、灾害话语，等等）。

具体的微观干预权力又成为话语的效应，即章村重建话语进一步形成更为具体的、微观的干预权力，这具体包括两个方面。(1)重建话语形成生产性权力，它直接规定着对空间生产的想象，居住空间应该成为什么样子，以及应该通过何种途径实现。在这一过程中可见，以基金会为主的外部力量使章村居住空间与传统分散居住模式发生断裂，形成了新的集中居住、统规统建的空间。即，由重建话语形成的干预权力直接塑造了章村新的空间秩序。(2)压制性权力，这主要表现为对异于统一规划的个体化诉求形成强制。不遵循集中居住和统规统建空间模式的个体遭遇来自基金会和村组干部的压力。此时，微观干预权力成为话语的效应。

基于本小节的论述，章村震后居住空间并不是一个纯粹的物理性空间，而是经由社会建构的话语性实在。居住空间成为多重话语作用的产物，话语与权力互为建构，形塑了章村的空间现实。

第三节　小结

本章是一个讨论性章节。大地震之后，章村的农房受损严重，随着援建的展开，居住空间成为重要的干预对象。但农房重建并不是一个简单恢复居住功能的过程，而是“新建”的过程。在这一过程中，房屋成为一个混杂空间——居住空间既是公共的（用于展示）又是私人的（用于居住）；既认可规划（住宅部分）又否定规划（院落部分、室内部分、自建部分）；既是连续的（功能上）又是断裂的（不同于传统居住形式）；既使地震隐身（重建与恢复修复破坏效应）又使地震现身（标准化空间的非一般性存在）。

进一步分析发现，章村农房重建看似是灾民私人空间的重建，实则不然：从重建的主导力量来看，是外部力量在重建；从重建目标来看，是基于整体的而非村民个体的；从重建逻辑来看，所基于的是制度性逻辑而非村民个体的建房逻辑。对这一空间生产现实的继续分析发现，居住空间并不是一个单纯的物理性存在，而是一套话语性实在，这是经由话语与权力的相互建构而得以实现的。

第七章

结语：空间争夺及其含义

第一节　灾害、混杂空间与话语丛

一　灾害情境：回到社会内部

面对自然灾害，人们的观念已经发生了变化，从超自然灾害观转向自然灾害观和社会灾害观，这也就意味着对灾害归因方式的变化，即从不可控的神力、上天，转向物理动因和社会动因。相应地，应灾方式也逐步转向对社会本身的控制与调整。在这样的转变之下，无论是将灾害视作例外事件还是社会情境，抑或社会脆弱性的显现，都意味着灾害已经从上帝或不可控的神力那里被拉回到社会内部；差别仅在于如何进一步细化对于灾害的理解，是人类社会与社会外部事件的遭遇——事件论，还是人类所居于其中的生存环境的特定属性——情境论，抑或人类社会自身弱点的突显——脆弱论。本文倾向于从风险的角度将灾害理解为社会情境，这一方面意味着从某种程度上来说灾害是人类无法回避的，并时刻与风险共存；另一方面则意味着社会的适应，即人类社会如何调整自身以应对灾害风险。无论如何，将灾害拉回社会内部，意味着灾害情境下，社会自身的反思与治理成为重点。

同时，灾害情境作为一种非常状态，是对震前正常状态的破坏，房倒屋塌、路毁人亡，日常生活发生断裂，社会功能发生断裂，这就客观上产生了非常向常转化的势能；灾后恢复重建就表现为恢复如常的过程。在这一过程中，灾害经由国家表述、媒体报道、权威人物话语以及一系列的相关制度、规划、条例等进行灾害宣称，从宏观层面将灾害纳入有效的社会应对体系。在村落层面，震灾使村落的封闭边界向外部力量开放，使得国家、政府部门、非政府组织等外部力量进入村庄，在微观层面进行灾害宣称，设定社区议程。灾后恢复重建就这样在灾害情境中得以展演。

二　空间生产：混杂空间与话语丛

章村震后93.2%的房屋倒塌率意味着居住空间的生产将成为灾后恢复重建的重要议题。章村居住空间生产表现出如下几个方面的重要特征。

第一，混杂空间作为居住空间重建的后果。尽管章村农房重建是在Z基金会作为援建机构统一协调下按照集中居住、统规统建方式来实施的，但从重建的过程来看，规划空间一方面是选址，即按照集中居住的形式，部分农户需要放弃旧址，选择新的建房位置；另一方面是直接规划对象不包括院落、灶房、柴房、生产房等，仅针对住宅的正房部分，就户型、结构和面积进行了规定。从重建结果来看，农房重建的结果则表现为混杂空间的生成，即经过重建的居住空间成为性质模糊的差异共存体①：(1)既是公共的——标准化空间格局的展示性，又是私人的——空间功能角度用于满足个人的居住需求；(2)既认可规划——房屋临路而建、标准化的户型、一致的住宅外观，又否定规划——院落部分如柴房、灶房、生产房、龙门以及室内部分则依农户个体修建，包括原地自建的木结构房屋，其建构逻辑是反规划的；(3)既是连续的——新居使居住和生活的功能连续，又是断裂的——新居在形式上不同于传统居住形式，因而是与传统断裂的；(4)既使地震隐身——空间重建与恢复弥合了地震所造成的破坏效应，又使地震现身——标准化居住空间的存在本身就表明其自身的特殊性，并以这种异于传统居住格局的外在形式提示地震的“存在”。作为混杂空间的重建房屋进一步彰显着空间秩序的互动，表达着空间秩序的被倡导或被禁止，以及震前旧有空间秩序传统的断裂与存续。

第二，居住空间生产逻辑的独特性。从章村农房重建主体来看，作为私人空间的房屋，建造却由外部力量主导——Z基金会统筹房屋建造活

① 注：本文的空间分析思路直接得益于伦敦政治经济学院刘晓茜博士于2014年1月23日在中国农业大学人文与发展学院就其博士论文第三章“‘Simply Hide It’ and Emptiness-On spatial Re-Planning and Hygiene Work”所进行的交流讨论，交流题目为“关于空间的想象”。她以敬老院空间为例，描述了公共空间与私人空间的分割的不明确，进而表明了空间的模糊性，以此对深层次的社会结构关系进行反思，并对笛卡尔以来以二元体系解读世界的学术传统进行批判。本文所讨论的灾后农房同样涉及空间问题，受刘晓茜博士研究思路的启发，笔者发现在灾后居住空间中同样看到了类似的空间模糊性，如在同一个居住空间内，规划与未规划并置、一致性与差异性并置、公共性与私人性并置、地震的隐身与显身并置，同一个空间成为意义冲突的空间。

动，房屋格局由设计团队确立，具体建造由施工队以包工包料的形式完成，建房资金同样部分地源自国家与基金会提供的补助。从房屋建造目标来看，“完成”房屋重建除了满足灾民的居住需求，客观上更加表现为外部力量对重建活动作为整体而不是农户个体的关注。从建房过程所表现的内在逻辑来看，当外部知识与地方知识遭遇后，地方知识要么处于被压制的地位——被否定、被忽略，要么处于有条件认可的地位——渴望得到援建机构的认同以及处于凝视之下，这表明重建所依从的乃是外部力量的制度性逻辑而非村民的日常逻辑。由此，在很大程度上，章村村民震后的居住空间并不是由他们自己建造的，而是由国家和以Z基金会为协调平台的外部力量建造的。

第三，实体物质空间的话语建构性。章村居住空间并不是一个纯粹的物理空间，而是话语性实在，是经由多重话语建构出来的。这些话语包括：参与式话语、规划话语、技术话语、建筑话语、机构话语、政府官方话语、灾害话语等，外部力量通过话语的“生产”和“嵌套”，逐步落实规划的空间；村民则通过“借用”外部力量的话语反制外部力量，提供自身行动依据与心理依据。正是围绕农房重建的不同话语体系即话语丛的运作，使得章村居住空间最终表现为外部力量对章村空间秩序的强制性。更进一步，外部力量对章村空间秩序的生产与干预，源自话语与权力的相互建构性。国家基于责任以及维持国家合法性、实现国家形象建构等诉求将救灾与重建视为己任，灾害客观上赋予了国家进行干预的权力。Z基金会则通过官方渠道确立对章村的援建，“借用”官方干预权力；其他进入章村的外部机构则以Z基金会为协调平台，同样借用这种干预权力。而在农房重建的微观层面，则表现为经由干预权力建构重建话语、基于重建话语形塑空间秩序的话语—权力互为建构性。

第二节　空间争夺及其含义

本文所表明的，一方面是空间成为灾害治理的手段，如居住空间生产更加注重抗震性能，无论是统规统建房屋还是自建木结构房屋，都将抗震性能作为重要考量，从而通过改善居住空间这一生存条件而管理灾害风险；另一方面是灾害话语为各种社会主体建构社会治理现实提供了道德依据和干预权力，如在灾害情境下对村庄空间秩序进行大规模重组和再生产。这进一步表明应灾活动与其他社会进程的混合，即多种话语共同运作于灾后重建场域。

从汶川地震以来的有关研究来看，灾后重建场域正在成为一个巨大的社会舞台，救灾成为多种主体、多种话语、多种社会进程共同上演的多重剧目。这些多重剧目包括如减贫与扶贫开发、旅游开发、生计发展、文化重建、非政府组织参与、对口援建等，这些剧目将灾区的政治、经济、文化与社会发展统统纳入其中，而这从灾后规划阶段就已经开始了，“编制灾后恢复重建村镇规划……注重灾后重建与社会主义新农村建设、扶贫开发、村庄整治相结合，积极推进现代农业和农村公共事业发展，努力改善农村人居环境，为保障农民安居乐业、农产品有效供给、农民持续增收、农村经济社会又好又快发展奠定基础”[①]。这就意味着，灾后居住空间生产从一开始就已经成为被争夺的领域，居住空间的建构过程就是空间以及空间意义的争夺。

一　空间意义与空间争夺

空间不是自然生成的，而是人造的，是社会的产物，因此空间被赋予各种意义，进而被感知。如陈默通过对西藏农区家屋的物质建构和空间分割的调查，就发现家屋空间不仅是人为建构的物质环境，同时也是家屋内的空间构成和方位、位置与其象征对象之间的彼此对应关系，家屋空间从而反映着藏族的社会文化价值。[②] 于冰所讨论的哈尔滨中央大街，同样是一个包含历史、当下和未来的意义堆叠的空间，大街、广场、店铺都成为负载意义的空间。[③] 实际上本文所指的空间包含两个层面的含义，一是作为实体的物质空间；一是虚拟的意义空间，也即空间的“表层语义—深层语义”结构，或“空间形式—象征意义”结构所表明的，实体空间承载着特定的社会、政治、经济或文化的含义。或者说，实体空间成为特定社会、政治、经济或文化含义的空间结构。因此，随着空间被定义为社会

① 中华人民共和国住房和城乡建设部：《关于加强汶川地震灾后恢复重建村镇规划编制工作的通知》，2008 年 9 月。

② 陈默：《西藏农区的家屋空间及其意义——以西藏曲水县茶巴朗村社区调查为例》，《中国藏学》2009 年第 1 期。

③ 于冰：《中央大街——都市空间与意义生产》，硕士学位论文，哈尔滨师范大学，2011 年。

文化和政治过程的反映，那么对于空间的分析就可以揭示出深刻的社会过程与政治、文化和社会的演变。[①]

当空间成为意义的可见载体，那么空间往往成为冲突的和竞争性的领域，因为特定的含义要以特定的空间形式呈现出来的时候，往往涉及新的空间形式的生产，或对既有空间形式的挤占与排斥，甚至对既有空间形式的禁止与废除。当在同一个物质空间内发生意义的冲突时，则必然产生意义对空间的争夺与抢占。新农村建设中的空间秩序改造就表明了对空间的争夺。

在新农村建设中，“生产发展、生活宽裕、乡风文明、村容整洁、管理民主”20 字方针是对始于 2005 年“十一五”规划的新农村建设宏伟蓝图的高度概括，新农村建设被定义为包含经济生活、政治生活，以及村容村貌等方面全面发展的、综合的村庄发展。但在具体实践中，“某乡确定了两个试点村。试点村统一开展‘三清工程’，即清理庄台、河塘、田园，还要求农民各家各户搞好门前‘六包’（主要涉及环境卫生方面）”，“某试点村正在准备把零散的自然村拆掉，集中成排，统一规划，统一模式”，“某试点村正在进行农民集中区规划，开展‘小城镇建设’和以‘清洁家园、清洁田园、清洁水源’为主要内容的村容村貌整治活动”。[②]

可见，村容整洁、村容村貌、环境卫生等表述无疑使得村落物理空间成为整治对象或建造预期，房屋、街道、广场及其他村落公共空间作为物理空间，都被涵盖在内。王先锋将“新居住环境”概括为新农村的五新基本特点之一，指良好的生态环境和整洁舒适的生活环境，尤其是农村村域内和农户的房前屋后院内的环境整治，包括村内主要街道和通往各家各户的道路硬化、自来饮用水的供给、沟渠与水塘的修整、垃圾集中收集与处理、农户院内的院面硬化、沼气池的建造、改厕、改圈、改厨等。[③] 韩国新村建设的经验，也被总结为通过更换屋顶改善住房条件，替代“住草屋”“没有任何村庄规划，农民的房子随意建造”[④] 这一待整治局面。

① 朱竑、钱俊希、封丹：《空间象征性意义的研究进展与启示》，《地理科学进展》2010 年第 6 期。

② 叶敬忠：《农民视角的新农村建设》，社会科学文献出版社 2006 年版，第 439 页。

③ 李佐军主编：《中国新农村建设报告》（2006），社会科学文献出版社 2006 年版，第 17 页。

④ 同上书，第 106 页。

无论是新农村建设的蓝图设计，还是在相关研究者的观念之中，还是在试点村的具体实践中，空间整治尤其是针对居住环境的整治都是重要内容之一。

在基层实践中，新农村建设被窄化为对居住空间的整治。各地政府所进行的新农村建设一般都是从“三清三改”（清淤泥、清垃圾、清路障；改水、改路、改厕）、房屋规划、美化、绿化以及硬化路面等能迅速改变村庄外观的措施入手。[①] 厕所贴瓷砖、门前建喷泉、贷款建洋房、扛着锄头进电梯等看似夸张的现象，成为一些地方在建设社会主义新农村中追逐的样板。[②] 就连“建设新农村”的首倡者、北京大学中国经济研究中心主任林毅夫都表示，最担心的就是让农民拆房子、盖新房。[③] 但不难看出，在具体实践中，新农村建设中对房屋的整治又是最集中、最多见的，农民被上楼，统一规划、集中居住往往成为竞相争取的标准模式。

对比可见，新农村建设中的空间生产尤其是集中居住模式与灾后居住空间生产具有很大的类同性，其中：(1)居住空间成为干预对象；(2)空间生产依赖于话语支撑，如新农村建设中有关村容整洁的话语；(3)空间符号化，居住空间被置入展示属性，并通过外部凝视主体使其展示性意义得以建构，新农村建设中的部分“化妆工程”成为这一特征的极端表现；(4)空间生产的自上而下，即由国家政策推动甚至在压力之下形成地方的变相应对，如前述的化妆工程；(5)复杂空间语义的生成，居住空间成为意义占领和争夺的场域。两种类型的空间生产表现出过程与目的的相似性，并都通过空间的外在可见性使意义呈现。

二　章村个案及其引申

回顾章村个案，可以发现震后居住空间的生产表现为外部力量进行空间争夺并实现意义表征的过程。章村空间生产的特别之处在于，无论居住空间生产按照何种模式进行，居住空间生产本身（即建造空间的需求）都是毋庸置疑的——震灾导致房屋倒塌损毁，必然要进行房屋的重建。但

---

① 叶敬忠：《农民视角的新农村建设》，社会科学文献出版社2006年版，第438页。

② 董峻、牛纪伟、谢登科：《新农村六大误区：贴瓷砖造洋房扛锄头进电梯》，2006年3月4日，http://news.xinhuanet.com/fortune/2006-03/04/content_4257361.htm，2014年7月23日。

③ 童大焕：《“新农村建设”最怕搞运动》，2006年3月17日，http://news.eastday.com/eastday/news/node47824/node95768/node95871/userobject1ai1920267.html，2014年7月23日。

是，尽管章村居住空间生产动力之一是灾害的发生，但章村居住空间生产仍然与新农村建设中的空间生产具有逻辑上的类同性。换句话说，灾后居住空间生产并不是单纯意义上的房屋的“灾后重建”，而是复合了新农村意义上的村庄空间秩序的生产。灾后村庄空间的再造在一定程度上表现为倒房因灾重建、新农村建设、城镇化等一系列社会过程的混合，并继而由这一混杂空间表征特定的含义——表征空间重建的理念、价值取向；表征空间的立场，对什么倡导，以及对什么禁止。简言之，章村震后居住空间是基于话语丛建构而成的话语性物质空间，这一空间秩序负载有不同于震前村庄格局的意义诉求——标准、统一、有序，对外部可见，并且是可以复制的成功的灾后重建模式。因而当物质空间本身从规划文本变为现实的建筑文本，也就使得意义得以表征，并通过人们的观看和谈论从而实现意义的传播。章村新的居住格局和空间秩序也就意味着空间争夺和意义建构的完成。

尽管章村个案是在灾害背景下的空间争夺，但仍具有其引申意义。首先，就灾害而言，房屋重建仅是空间争夺的一种类型。其他可能类型还包括震后标语——相对于建筑而言，是一种短期的对空间的争夺，并通过文字或图像直接传达意义；震灾博物馆及震灾遗址——直接以建立新空间的形式进行意义表征。其次，跳出灾害背景，其引申意义同样有效。章村灾害背景下的空间生产是在由非常态向常态转化的框架下进行的；在常态社会中，人们同样可以通过制造“非常态—常态”的认知结构，从而对现实空间进行干预和争夺。如城中村改造，城中村被标签化为脏乱差、黄赌毒等形象，而改造则意味着美好生活的实现，同样是依据常与非常的思维结构排斥旧的空间现实，借用发展话语或城市更新话语进行空间争夺和意义表征。进一步引申的话题可以留待以后继续研究探讨。

参考文献

一　著作类

班固：《白虎通德论》，上海古籍出版社1990年版。

包亚明主编：《现代性与空间的生产》，上海教育出版社2003年版。

车安宁、尚峰：《灾害学新论》，中共中央党校出版社2011年版。

陈默：《空间与西藏农村社会变迁：一个藏族村落的人类学考察》，中国藏学出版社2013年版。

陈向明：《质的研究方法与社会科学研究》，教育科学出版社2012年版。

陈映芳等：《都市大开发——空间生产的政治社会学》，上海古籍出版社2009年版。

段华明：《城市灾害社会学》，人民出版社2010年版。

郭跃：《自然灾害与社会易损性》，中国社会科学出版社2013年版。

国洪更编著：《古巴比伦神话故事》，吉林人民出版社2001年版。

黄承伟、彭善朴：《〈汶川地震灾后恢复重建总体规划〉实施社会影响评估》，社会科学文献出版社2010年版。

康敏：《"习以为常"之蔽——一个马来村庄日常生活的民族志》，北京大学出版社2009年版。

李丰楙：《神化与变异：一个常与非常的文化思维》，中华书局2010年版。

李小云、赵旭东主编：《灾后社会评估：框架—方法》，社会科学文献出版社2008年版。

李小云主编：《参与式发展概论：理论—方法—工具》，中国农业大学出版社2001年版。

李佐军主编：《中国新农村建设报告》（2006），社会科学文献出版社 2006 年版。

林耀华：《金翼：中国家族制度的社会学研究》，生活·读书·新知三联书店 2008 年版。

罗祖德、徐长乐：《灾害论》，浙江教育出版社 1990 年版。

马宗晋、高庆华、张业成、高建国：《灾害学导论》，湖南人民出版社 1998 年版。

石艳：《我们的"异托邦"——学校空间社会学研究》，南京师范大学出版社 2009 年版。

宋治平、张国民、刘杰、尹继尧、薛艳、宋先月主编：《全球地震灾害信息目录》，地震出版社 2011 年版。

孙绍骋：《中国救灾制度研究》，商务印书馆 2004 年版。

唐彦东：《灾害经济学》，清华大学出版社 2011 年版。

童强：《空间哲学》，北京大学出版社 2011 年版。

王子平、孙东富：《地震文化与社会发展》，地震出版社 1996 年版。

王子平：《灾害社会学》，湖南人民出版社 1998 年版。

夏征农、陈至立主编：《辞海：第六版彩图本》，上海辞书出版社 2009 年版。

谢立中：《社会现实的话语建构——以"罗斯福新政"为例》，北京大学出版社 2012 年版。

谢立中：《走向多元话语分析：后现代思潮的社会学意涵》，中国人民大学出版社 2009 年版。

闫志刚：《社会建构论视角下的社会问题研究：农民工问题的社会建构过程》，中国社会科学出版社 2010 年版。

叶敬忠：《农民视角的新农村建设》，社会科学文献出版社 2006 年版。

叶涯剑：《空间重构的社会学解释——黔灵山的历程与言说》，中国社会科学出版社 2013 年版。

袁方、王汉生主编：《社会研究方法教程》，北京大学出版社 2006 年版。

詹和平：《空间》，东南大学出版社 2006 年版。

张丽萍、张妙仙主编：《环境灾害学》，科学出版社 2008 年版。

郑功成：《灾害经济学》，商务印书馆 2010 年版。

郑静晨、侯世科、樊毫军主编：《国内外重大灾害救援案例剖析》，科学出版社 2011 年版。

中华人民共和国住房和城乡建设部：《镇（乡）村建筑抗震技术规程实施指南》，中国建筑工业出版社 2008 年版。

周岚：《空间的向度：798 艺术区的社会变迁》，中国轻工业出版社 2012 年版。

《国语》，上海古籍出版社 1978 年版。

［丹麦］扬·盖尔：《交往与空间》，何人可译，中国建筑工业出版社 2012 年版。

［德］乌尔里希·贝克、［英］安东尼·吉登斯、斯科特·拉什：《自反性现代化：现代社会秩序中的政治、传统与美学》，赵文书译，商务印书馆 2001 年版。

［法］亨利·勒菲弗：《空间与政治》（第二版），李春译，上海人民出版社 2008 年版。

［法］勒·柯布西耶：《精确性——建筑与城市规划状态报告》，陈洁译，中国建筑工业出版社 2008 年版。

［法］罗兰·巴尔特：《符号学原理》，李幼蒸译，中国人民大学出版社 2012 年版。

［法］米歇尔·福柯：《不正常的人——法兰西学院演讲系列，1974—1975》，钱翰译，上海人民出版社 2003 年版。

［法］米歇尔·福柯：《词与物——人文科学考古学》，莫伟民译，上海三联书店 2012 年版。

［法］米歇尔·福柯：《规训与惩罚》，刘北成、杨远婴译，生活·读书·新知三联书店 2007 年版。

［法］米歇尔·福柯：《尼采、谱系学、历史》，载杜小真《福柯集》，上海远东出版社 1971 年版。

［法］米歇尔·福柯：《权力的眼睛——福柯访谈录》，严锋译，上海人民出版社 1997 年版。

［法］米歇尔·福柯：《知识考古学》，谢强、马月译，生活·读书·新知三联书店 2007 年版。

［法］魏丕信：《18 世纪中国的官僚制度与荒政》，徐建青译，江苏人民出版社 2003 年版。

［美］C. 赖特·米尔斯：《社会学的想象力》，陈强、张永强译，生

活·读书·新知三联书店 2008 年版。

[美] 戴维·哈维：《正义、自然和差异地理学》，胡大平译，上海人民出版社 2010 年版。

[美] 佳亚特里·斯皮瓦克：《从解构到全球化批判：斯皮瓦克读本》，陈永国等主编，北京大学出版社 2007 年版。

[美] 苏珊·桑塔格：《疾病的隐喻》，程巍译，上海译文出版社 2003 年版。

[美] 詹姆斯·C. 斯科特：《国家的视角：那些试图改善人类状况的项目是如何失败的》，王晓毅译，社会科学文献出版社 2004 年版。

[英] 安东尼·吉登斯：《现代性的后果》，田禾、黄平译，译林出版社 2011 年版。

[英] 戴维·英格利斯：《文化与日常生活》，张秋月等译，中央编译出版社 2010 年版。

[英] 迈克尔·曼：《社会权力的来源》（第 1 卷），刘北成、李少军译，上海人民出版社 2007 年版。

[英] 诺曼·费尔克拉夫：《话语与社会变迁》，殷晓蓉译，华夏出版社 2003 年版。

[英] 斯图尔特·霍尔主编：《表征——文化表征与意指实践》，徐亮、陆兴华译，商务印书馆 2013 年版。

[英] 托马斯·莫尔：《乌托邦》，戴镏龄译，商务印书馆 1996 年版。

Ben Wisner, Piers Blaikie, Terry Cannon and Ian Davis, *At Risk: Natural Hazards, People's Vulnerability and Disasters*, London and New York: Routledge, 2004.

David L. Brunsma, David Overfeltand J. Steven Picou, eds., *The Sociology of Katrina: Perspectives on a Modern Catastrophe*, Lanham: Rowman & Littlefield Publishers, 2010.

Eric Klinenberg, *Heat Wave: A Social Autopsy of Disaster in Chicago*, Chicago: University of Chicago Press, 2003.

Ian Hacking, *The Social Construction of What?* Cambridge, Massachusetts and London: Harvard University Press, 1999.

Lloyd Timberlake and Anders Wijkman, *Natural Disasters: Acts of God or Acts of Man*, London: International Institute for Environment and Development, 1986.

Malcolm Spector and John I. Kitsuse, *Constructing Social Problems*, New Brunswick and London: Transaction Publishers.

Marvin Olasky, *The Politics of Disaster: Katrina, Big Government, and a New Strategy for Future Crises*, Nashville: W Publishing Group, 2006.

Nelson Phillips and Cynthia Hardy, *Discourse Analysis: Investigating Processes of Social Construction*, Thousand Oaks, London and New Delhi: Sage Publications, 2002.

Nicholas DiFonzo and Prashant Bordia, *Rumor Psychology: Social and Organizational Approaches*, Washington D. C.: American Psychological Association, 2007.

Norman Long, *Development Sociology: Actor Perspectives*, London and New York: Routledge, 2001.

Richard Sylves, *Disaster Policy and Politics: Emergency Management and Homeland Security*, Washington: CQ Press, 2008.

Robert Audi, *The Cambridge Dictionary of Philosophy*, Cambridge: Cambridge University Press, 1999.

Theodore M. Porter, *Trust in Numbers: The Pursuit of Objectivity in Science and Public Life*, Princeton and New Jersey: Princeton University Press, 1995.

Vivien Burr, *Social Constructionism*, London and New York: Routledge, 2003.

二　期刊论文

北京国际城市发展研究院：《汶川地震灾后恢复重建借鉴国际经验的若干建议》，《领导决策信息》2008 年第 30 期。

毕婧、黄耀志：《基于情感引导的灾后重建空间组织实践——在绵竹市汉旺镇灾后重建中的思考》，《四川建筑科学研究》2013 年第 1 期。

陈蓓蓓：《汶川灾后重建与政府合法性的双轨效应》，博士学位论文，华中科技大学，2012 年。

陈菲：《明确政府部门责任确保地震灾后恢复重建顺利进行——国务院法制办主任曹康泰就〈汶川地震灾后恢复重建条例〉答记者问》，《政府法制》2008 年第 13 期。

陈默：《西藏农区的家屋空间及其意义——以西藏曲水县茶巴朗村社区调查为例》，《中国藏学》2009 年第 1 期。

陈世栋、王为径、叶敬忠：《灾害应对机制中的发展主义“框构”——以汶川地震灾害应对与甬温线高铁事故处理为例》，《西南民族大学学报》（人文社会科学版）2013 年第 5 期。

陈文超：《实践经济：国家与社会的共谋——以地震灾区贫困村民住房重建为例》，《天府新论》2011 年第 3 期。

陈香兰：《索绪尔与结构主义形成》，《太原大学学报》2005 年第 2 期。

程浩：《木结构建筑在汶川农居重建工程中的应用前景——以古代木结构建筑抗震检验为例》，《科技创新导报》2009 年第 24 期。

丁一：《民间组织在灾后农村社区重建中的作用探析——基于成都市灾区重建调查的思考》，《农村经济》2009 年第 9 期。

董峻、牛纪伟、谢登科：《新农村六大误区：贴瓷砖造洋房扛锄头进电梯》，2006 年 3 月 4 日，http：//news. xinhuanet. com/fortune/2006 - 03/04/content_ 4257361. htm，2014 年 7 月 23 日。

冯雷：《当代空间批判理论的四个主题——对后现代空间论的批判性重构》，《中国社会科学》2008 年第 3 期。

冯兴元：《规则的逻辑与意蕴——〈宪政经济学〉评介》，《管理世界》2004 年第 2 期。

符平：《贫困村灾后重建中的社会资本问题》，《人文杂志》2010 年第 2 期。

高峰：《空间的社会意义：一种社会学的理论探索》，《江海学刊》2007 年第 2 期。

高宏娟、马昭：《统筹安排　倒排工期　确保工程建设》，《西安日报》2000 年9 月 9 日第 1 版。

宫入兴一：《灾民生活重建支援对策的演进及存在的问题》，杨华译，《首都经济贸易大学学报》2008 年第 4 期。

顾东辉：《本土导向：灾后社区社会重建的实践智慧》，《杭州师范大学学报》（社会科学版）2009 年第 2 期。

郭虹、杨娜：《灾害及灾后重建社会评估研讨会综述》，《社会科学研究》2008 年第 5 期。

郭苏夷：《轻型木结构：以柔抗震保护生命》，《城市住宅》2008 年第

12 期。

郭占锋：《走出参与式发展的“表象”——发展人类学视角下的国际发展项目》，《开放时代》2010 年第 1 期。

韩伟：《参与式灾后重建的实践和思考——以四川省茂县雅都乡大寨村灾后重建调查为例》，《农村经济》2009 年第 10 期。

韩伟：《汶川地震灾后重建需求评估和建议》，《农村经济》2008 年第 12 期。

何传启：《生态现代化与灾后重建》，《世界科技研究与发展》2009 年第 1 期。

胡潇：《空间的社会逻辑——关于马克思恩格斯空间理论的思考》，《中国社会科学》2013 年第 1 期。

黄寰：《论灾区重建中的生态重建与经济发展》，《社会科学家》2009 年第 1 期。

姜艳彬：《建筑工程施工质量控制》，《林业科技情报》2006 年第 1 期。

康晓光：《中国特殊论——对中国大陆 25 年改革经验的反思》，《战略与管理》2003 年第 4 期。

喇明英：《羌族村寨重建模式和建筑类型对羌族文化重构的影响分析》，《中华文化论坛》2009 年第 3 期。

李宏伟、屈锡华、严敏：《社会再适应、参与式重建与反脆弱性发展——汶川地震灾后重建启示录》，《社会科学研究》2009 年第 3 期。

李棉管：《贫困村灾后重建中的扶贫开发模式——“整村推进”与“单项突破”的村庄比较》，《人文杂志》2010 年第 2 期。

李琴、杨娇：《试论汶川地震行政力量与民间力量协同善治——兼论抗震救灾新模式：“政府主导 + 社会参与”》，《高等函授学报》（哲学社会科学版）2008 年第 12 期。

李小云：《应该切实重视灾后社会评估工作》，《四川省情》2008 年第 9 期。

李永祥：《什么是灾害？——灾害的人类学研究核心概念辨析》，《西南民族大学学报》（人文社会科学版）2011 年第 11 期。

梁鑫巍、徐右谦、廖金萍：《浅析灾后政府管理——危机处理和灾后经济重建的初步探讨》，《商场现代化》2008 年第 24 期。

梁振华、李倩、齐顾波：《农村发展项目中的村干部能动行为分析——基于宁夏张村的个案研究》，《中国农业大学学报》（社会科学版）2013年第1期。

廖明君：《现代社会中的乡土知识与民间智慧——彭兆荣访谈录》，《民族艺术》2001年第1期。

刘斌志：《“5·12”震灾后的社区重建：含义、策略及其服务框架》，《城市发展研究》2009年第4期。

刘国栋：《地震灾后重建中的灾民参与研究》，《中学英语之友》（教育研究与实践）2008年第10期。

刘海：《论我国政府在灾后恢复重建中的角色与作用》，《云南行政学院学报》2008年第6期。

刘红勇、韩能、韩侠：《汶川地震灾后重建规划中城市土地权属研究——以都江堰市为例》，《科技进步与对策》2009年第21期。

卢晖临：《集体化与农民平均主义心态的形成——关于房屋的故事》，《社会学研究》2006年第6期。

卢阳旭：《突生与连续：西方灾后恢复的社会学研究述评》，《国外社会科学》2011年第2期。

卢阳旭：《灾害干预与国家角色——汶川地震灾区农村居民住房重建过程的社会学分析》，博士学位论文，中国社会科学院研究生院，2012年。

吕超：《从“乌托邦”到“异托邦”》，《中国社会科学报》，2013年12月27日第B01版。

孟李娜：《汶川特大地震灾后重建NGO与政府合作模式》，《宜宾学院学报》2008年第11期。

孟莹：《灾后重建路径下的四川少数民族地区聚落空间探讨》，《规划师》2012年第S2期。

纳日碧力戈：《现代视野中的乡土知识与民间智慧》，《民族艺术》1999年第1期。

农辉锋：《家屋的建构与人观的叠合——宜州“百姓人”家屋文化研究》，《广西民族学院学报》（哲学社会科学版）2004年第6期。

彭新万：《现代乡村发展理论述评及其对灾后农村重建的启示》，《理论与改革》2009年第1期。

彭兆荣：《“5·12”汶川：灾难中的人文关怀——灾难与人类》，《广西民族大学学报》（哲学社会科学版）2008年第4期。

秦红增：《乡村社会两类知识体系的冲突》，《开放时代》2005 年第 3 期。
邱建、蒋蓉：《关于构建地震灾后恢复重建规划体系的探讨——以汶川地震为例》，《城市规划》2009 年第 7 期。
瞿剑：《“一案三制”应对突发公共事件》，《科技日报》2004 年 9 月 3 日。
人民银行成都分行金融研究处课题组：《巨灾后部分国家和地区恢复重建经验的比较与借鉴——基于资金筹集方式及制度的视角》，《西南金融》2008 年第 9 期。
阮修星、童芬芬、朱振、刘婷婷、张媛源：《一场 8 级地震的突袭：汶川地震 150 小时全纪录》，《中国工商时报》2008 年 5 月 19 日。
沈黎、刘斌志：《台湾“9·21”灾后重建的经验与启示》，《社会福利》2008 年第 8 期。
沈清基、马继武：《唐山地震灾后重建规划：回顾、分析及思考》，《城市规划学刊》2008 年第 4 期。
史文通、王茂军、岳娜：《建房不看“风水”看“规划”》，《河北日报》2006 年 12 月 20 日第 6 版。
孙睿昕、叶敬忠：《由斯皮瓦克命题到福柯命题——中国参与式发展话语的国家化》，《华中科技大学学报》（社会科学版）2013 年第 6 期。
孙晓晖：《中国应对自然灾害的社会动员问题刍议》，《江西社会科学》2009 年第 11 期。
孙咏梅、徐浩：《机构话语研究述评——研究现状、研究意义与展望》，《北京科技大学学报》（社会科学版）2013 年第 1 期。
覃继牧、易峥、何波、曹春霞：《生态安全目标导向下的灾后重建规划模式探讨》，《城市规划》2009 年第 11 期。
唐钧：《应该重视灾后重建的社会评估》，《中国党政干部论坛》2008 年第 6 期。
陶鹏、童星：《灾害概念的再认识——兼论灾害社会科学研究流派及整合趋势》，《浙江大学学报》（人文社会科学版）2012 年第 2 期。
陶斯文：《灾后重建过程中受灾群众的社区融入与适应——以“一村两地”居住模式下的羌村为个案》，《西北人口》2010 年第 1 期。
童大焕：《“新农村建设”最怕搞运动》，2006 年 3 月 17 日，http：//news. eastday. com/eastday/news/node47824/node95768/node95871/user-

object1ai1920267. html，2014 年 7 月 23 日。

童强：《论空间语义》，《厦门大学学报》（哲学社会科学版）2005 年第 4 期。

王宏伟：《试析汶川震后的恢复与重建》，《中国应急救援》2009 年第 1 期。

王玲：《救灾政治：合法性经营视角下的现代国家与乡村社会》，博士学位论文，华中科技大学，2012 年。

王敏：《“巴扎”（集市）里的空间与文化含义》，《西北民族研究》2013 年第 3 期。

王卓：《参与式方法对灾后乡村重建的作用和影响》，未刊稿，四川大学，2008 年 10 月 16 日。

魏曙光：《唐山地震灾后援助行动的经验教训及政策启示》，《前沿》2010 年第 2 期。

吴飞：《“空间实践”与诗意的抵抗——解读米歇尔·德赛图的日常生活实践理论》，《社会学研究》2009 年第 2 期。

吴毅：《双重边缘化：村干部角色与行为的类型学分析》，《管理世界》2002 年第 11 期。

吴铀生、丁一：《汶川灾后重建中民间组织的困境与发展》，《西南民族大学学报》（人文社科版）2009 年第 5 期。

谢金林：《公民有效参与灾后恢复重建：以汶川震后恢复重建为例——兼及托马斯“有效决策模型”的应用》，《云南财经大学学报》2008 年第 6 期。

熊贵彬、柴定红：《中美灾害救助体制比较——以汶川地震和卡特里娜飓风为例》，《华东理工大学学报》（社会科学版）2009 年第 1 期。

徐玖平、刘雪梅：《汶川特大地震灾后社区心理援助的统筹优选模式》，《管理学报》2009 年第 12 期。

徐勇：《村干部的双重角色：代理人与当家人》，《二十一世纪》（香港）1997 年 8 月号。

闫志刚：《社会建构论：社会问题理论研究的一种新视角》，《社会》2006 年第 1 期。

阎云翔：《从南北炕到“单元房”——黑龙江农村的住宅结构与私人空间的变化》，载黄宗智《中国乡村研究》（第一辑），商务印书馆 2003

年版。

杨春燕、姜熙:《都江堰灾后社区重建模式探索》,《新建筑》2009 年第 6 期。

杨继绳:《我看"中国模式"》,《炎黄春秋》2011 年第 1 期。

杨继涛:《知识、策略及权力关系再生产——对鲁西南某景区开发引起的社会冲突的分析》,《社会》2005 年第 5 期。

杨正文:《巨灾风险分担机制探讨——兼论"5·12"汶川大地震"对口援建"模式》,《西南民族大学学报》(人文社会科学版) 2013 年第 5 期。

野草、王超:《地震灾难与国家形象的呈现、变异和塑造——以汶川大地震与海地大地震的比较分析为例》,《中外文化与文论》2010 年第 1 期。

叶涯剑:《空间社会学的缘起及发展——社会研究的一种新视角》,《河南社会科学》2005 年第 5 期。

于冰:《中央大街——都市空间与意义生产》,硕士学位论文,哈尔滨师范大学,2011 年。

袁艺、张磊:《中国自然灾害灾情统计现状及展望》,《灾害学》2006 年第 4 期。

张海超:《建筑、空间与神圣领域的营建——大理白族住屋的人类学考察》,《云南社会科学》2009 年第 3 期。

张克俊、张鸣鸣:《以大爱文化为基础的社会资本培育和灾后重建问题研究》,《社会科学研究》2010 年第 2 期。

张品:《何谓"空间"——一种来自城市社会学学科的思考》,《前沿》2011 年第 15 期。

张原、汤芸:《"灾难与人类学"学术研讨会纪要》,《西南民族大学学报》(人文社科版) 2008 年第 9 期。

张原、汤芸:《面向生活世界的灾难研究——人类学的灾难研究及其学术定位》,《西南民族大学学报》(人文社会科学版) 2011 年第 7 期。

赵旭东:《平常的日子与非常的控制——一次晚清乡村危机及其社会结构的再思考》,《民俗研究》2013 年第 3 期。

郑震:《空间:一个社会学的概念》,《社会学研究》2010 年第 5 期。

中国科学技术发展战略研究院"重大自然灾害的社会科学响应系统研究"课题组:《震后人民生活现状大调查》,《科技日报》2011 年 12 月 28 日第 005 版。

钟开斌：《“一案三制”：中国应急管理体系建设的基本框架》，《南京社会科学》2009 年第 11 期。

周大鸣、夏少琼：《国外灾难研究百年：十大转变》，《西南民族大学学报》（人文社会科学版）2012 年第 4 期。

周俭、夏南凯：《立足跨越发展的都江堰城区灾后重建规划思想——关于空间、时间、形态的关系》，《城市规划学刊》2008 年第 4 期。

周岚：《僭越与合谋：798 异托邦的空间实践研究》，博士学位论文，上海大学，2009 年。

周黎安：《中国地方官员的晋升锦标赛模式研究》，《经济研究》2007 年第 7 期。

周利敏：《从经典灾害社会学、社会脆弱性到社会建构主义——西方灾害社会学研究的最新进展及比较启示》，《广州大学学报》（社会科学版）2012 年第 6 期。

周宁：《花园：戏曲想象的异托邦》，《戏剧文学》2004 年第 3 期。

周雪光：《芝加哥“热浪”的社会学启迪——〈热浪：芝加哥灾难的社会解剖〉读后感》，《社会学研究》2006 年第 4 期。

朱竑、钱俊希、封丹：《空间象征性意义的研究进展与启示》，《地理科学进展》2010 年第 6 期。

朱健刚、胡明：《多元共治：对灾后社区重建中参与式发展理论的反思——以“5·12”地震灾后社区重建中的新家园计划为例》，《开放时代》2011 年第 10 期。

庄天慧、牛廷立、张玉玺：《灾后新农村建设中政府主导与农民主体作用发挥的机制探析——以“5·12”大地震四川农村灾区为例》，《农村经济》2009 年第 9 期。

邹赞：《表征与意指实践——斯图亚特·霍尔的文化定义》，《石河子大学学报》（哲学社会科学版）2009 年第 2 期。

［法］卡尔·布兰切：《参与式发展：在理想与现实之间》，程金华译，《国际社会科学杂志》（中文版）2002 年第 4 期。

［法］米歇尔·福柯：《不同空间的正文与上下文》，载包亚明主编《后现代性与地理学的政治》，上海教育出版社 2001 年版。

［韩］金光亿：《日常世界与人类学》，载马戎、周星《21 世纪：文化自

觉与跨文化对话（一）》，北京大学出版社 2001 年版。

［美］安东尼·奥利弗－斯密斯：《“何为灾难?”：人类学对一个持久问题的观点》，彭文斌、黄春、文军译，《西南民族大学学报》（人文社会科学版）2013 年第 12 期。

［美］安东尼·奥立佛－斯密斯：《风暴中的声音：救灾与重建中的社会关系》，彭文斌译，《西南民族大学学报》（人文社会科学版）2011 年第 7 期。

［美］安东尼·奥利弗－史密斯、［美］苏珊娜·M. 霍夫曼：《人类学者为何要研究灾难》，彭文斌译，《民族学刊》2011 年第 4 期。

“Natural disaster trends”, February 24 2014, http: //www. emdat. be/disaster_trends/index. html.

《四川汶川大地震中央媒体报道纪实》，2008 年 6 月 3 日，http: //news. qq. com/a/20090427/001278_ 1. htm，2013 年 12 月 20 日。

《四川汶川地震抗震救灾进展情况》，2008 年 9 月 11 日，http: //news. xinhuanet. com/newscenter/2008 － 9/11/content _ 9923910. htm，2014 年 7 月 24 日。

《汶川地震灾后恢复重建总体规划》，2008 年 9 月 23 日，http: //www. gov. cn/zwgk/2008 －9/23/content_ 1103686. htm，2011 年 4 月 2 日。

Charles E. Fritz, “Disaster”, in Robert K. Merton and Robert A. Nisbet, eds. , *Contemporary Social Problems: An Introduction to the Sociology of Deviant Behavior and Social Disorganization*, New York and Burlingame: Harcourt, Brace & World, Inc. , 1961.

Cynthia Hardy, “Researching Organizational Discourse”, *International Studies of Management & Organization*, Vol. 31, No. 3, 2001.

Denis Smith, “Through a Glass Darkly: A Response to Stallings”, in Ronald W. Perry and E. L. Quarantelli, eds. , *What is a Disaster? New Answers to Old Questions*, Philadelphia: Xlibris Corporation, 2005.

Dennis Lai Hang Hui, “Research Note: Politics of Sichuan Earthquake, 2008”, *Journal of Contingencies and Crisis Management*, Vol. 17, No. 2, 2009.

E. L. Quarantelli, “A Social Science Research Agenda for the Disasters of the 21st Century: Theoretical, Methodological and Empirical Issues and Their Professional Implementation”, in Ronald W. Perry and E. L. Quarantelli, eds. , *What is a Disaster? New Answers to Old Questions*, Philadelphia: Xlibris Corporation, 2005.

E. L. Quarantelli, "What is a Disaster?", *International Journal of Mass Emergencies and Disasters*, Vol. 13, No. 3, 1995.

E. L. Quarantelli, "What Should We Study? Questions and Suggestions for Researchers about the Concept of Disaster", *International Journal of Mass Emergencies and Disasters*, Vol. 5, No. 1, 1987.

Gary A. Kreps and Thomas E. Drabek, "Disasters are Non-routine Social Problems", *International Journal of Mass Emergencies and Disasters*, Vol. 14, No. 2, 1996.

Gary A. Kreps, "Disaster as Systematic Event and Social Catalyst: A Clarification of Subject Matter", *International Journal of Mass Emergencies and Disasters*, Vol. 13, No. 3, 1995.

Henry W. Fischer, "The Sociology of Disaster: Definitions, Research Questions, & Measurements, Continuation of the Discussion in a Post-September 11 Environment", *International Journal of Mass Emergencies and Disasters*, Vol. 21, No. 1, 2003.

John Twigg, "Corporate Social Responsibility and Disaster Reduction: A Global Overview", http: //r4d. dfid. gov. uk/Output/174613/, 2001.

Kathleen J. Tierney, "From the Margins to the Mainstream? Disaster Research at the Crossroads", *Annual Review of Sociology*, Vol. 33, 2007.

Kathleen J. Tierney, "Toward a Critical Sociology of Risk", *Sociological Forum*, Vol. 14, No. 2, June 1999.

Kenneth Hewitt, "Excluded Perspectives in the Social Construction of Disaster", in E. L. Quarantelli ed. , *What is a Disaster? Pespectives on the Question*, London and New York: Routledge, 1998.

Philip Buckle, "Disaster: Mandated Definitions, Local Knowledge and Complexity", in Ronald W. Perry and E. L. Quarantelli, eds. , *What is a Disaster? New Answers to Old Questions*, Philadelphia: Xlibris Corporation, 2005.

Robert A. Stallings, "Disaster and the Theory of Social Order", in E. L. Quarantelli ed. , *What is a Disaster? Pespectives on the Question*, London and New York: Routledge, 1998.

Ronald W. Perry, "What is a Disaster?", in Havidán Rodríguez, E. L. Quarantelli and Russell R. Dynes, eds., *Handbooks of Disaster Research*, New York: Springer, 2007.

Russell R. Dynes, "Coming to Terms with Community Disaster", in E. L. Quarantelli ed., *What is a Disaster? Pespectives on the Question*, London and New York: Routledge, 1998.

Russell R. Dynes, "Cross-Cultural International Research Sociology and Disaster", *International Journal of Mass Emergencies and Disasters*, Vol. 6, No. 2, 1988.

Sebastian Heilmann and Oliver Melton, "The Reinvention of Development Planning in China, 1993 – 2012", *Modern China*, Vol. 39, No. 6, 2013.

Susan L. Cutter, "Are We Asking the Right Question?", in Ronald W. Perry and E. L. Quarantelli, eds., *What is a Disaster? New Answers to Old Questions*, Philadelphia: Xlibris Corporation, 2005.

Terry Cannon, "Vulnerability Analysis and the Explanation of 'Natural' Disasters", in Ann Varley ed., *Disasters, Development and the Environment*, Chichester: John Wiley & Sons Ltd, 1994.

The World Bank. *Short-term Plan of Action Re: The Sichuan Wenchuan Earthquake of* 12 *May* 2008, Good Practice Notes, Vol. 1, May 27, 2008.

Xiaoqian Liu, The State through Its Mirrors: An Anthropological Study of a "Respect-the-Elderly Home" in Rural China at the Turn of the 21st Century, Ph. D. Dissertation, LSE, 2013.

索　引

后　记

《筑与居：震后居住空间的建构》一书是我于 2015 年 1 月从中国农业大学毕业时所作的博士论文。得知中国社会科学出版社《中国社会科学博士论文文库》征稿的消息，抱着试一试的心态投稿并有幸入选。能有此难得机会出版我的论文，心中自然欣喜；但我深知，研究之路漫漫，作为起点的博士论文研究，生涩疏漏必然难免，恳请师友读者不吝指正。

博士论文从选题到撰写到答辩，其间有困惑，有探索，回首看，仍然感慨颇多。

一　研究选题

四川章村震灾后居住空间的生产并不是从一开始就很明确地成为我的研究问题的。章村成为我的研究田野也并不是基于既定的研究问题而后选定的村庄，相反，我是先与章村结缘，而后才逐渐确定下来以空间生产为议题进行博士论文的研究。

2009 年 1 月，我初识章村。当时我随学院老师参与针对章村的灾后生计重建规划活动，同时希望能够借此完成我的本科毕业论文。就这样，初见章村，便是满心欢喜。因我之前已经到过四川，十分喜欢，尤其是美食，印象深刻，这样对章村也就先入为主地有着自然的亲近感。就这样，我开始在这一“异邦”村落中记录着每天发生的一切，见证了灾后章村发生的各种事情，而同时，在学术研究中“懵懂”的我也经历着自我的纠结与困惑。2 月底，我再次随老师进村。这两次进入章村都属于参与项目活动。当时 Z 基金会已经开始在章村建立驻村办公室，派专人驻村开展震后重建工作。实际上，章村正在发生很多事情，并且是交织在一起的。如物资分发、建造房屋、开展生计重建等。我的本科毕业论文则截取其中一部分，讨论灾后重建过程中不同参与主体的利益博弈关系，以“事件—过程”的方式呈现这一动态过程。应该说当时自我感觉是还算圆满地完成了论文任务，尽管现在回头看来略显稚拙。

2010 年 8 月，我第三次进入章村。此时，我已转入硕士阶段的学习一年有余。同年 6 月的硕士学位论文开题决定讨论灾害对社区发展的影响，从灾害二重性的角度去探讨地震灾害对农村社区发展的双重影响，即破坏与机遇，同时就灾害带给农村社区的这种发展机遇进行反思，反思灾后社区发展模式，对“发展机遇”本身对社区的发展是机遇还是风险作出判断。因此，这次到章村算是硕士开题后的资料收集。但是，后来又因“逃避硕士毕业就业选择的艰难以及心理准备的不充分”——至少在今天看来，我总愿意以这样的理由去解释当时做出的继续进入硕博学习的选择——而继续以“硕博连读”的方式让自己耽于研究的“安逸”之中——其实之所以觉得安逸，现在看来是因为当时自己不知学术艰深、不够刻苦。

2012 年 7 月，我第四次进入章村。此时，我已转入博士阶段的学习一年有余。同年 6 月的博士学位论文开题决定以章村为例，讨论震后农房重建的逻辑。但第四次进入田野，我却感觉自己已然丧失了对章村这一“异邦”的研究敏感性，察觉不出这里地震之后正在发生的事情有任何特殊之处，无非是地震了、房子都倒了，然后盖房子，“倒房—建房”，还有什么？但我还是得从房屋的角度出发去思考我的研究。由于博士论文需要使用学术语言表述，需要使用学术概念，因此房屋也就是空间，关于空间的大量研究给予了我力量，如童强的著作《空间哲学》，包亚明编著的《现代性与空间的生产》等。于是我决定沿着房屋重建的现象，来讨论空间生产的问题，我立刻觉得这是个很好的主意，因为我觉得空间研究好像很“时髦”。

这样，当我以空间为核心关注点，收集文献，并万分忐忑地重新回顾我四次在田野所收集的资料时，竟然有惊无险地发现，我在没有明确以空间生产为主题的情况下，居然几乎没有落下章村农房重建的核心内容，这进一步增强了我的信心。2014 年 1 月 23 日，刘晓茜老师所做的题为“关于空间的想象”的学术交流活动，以其博士论文第三章“‘Simply Hide It’ and Emptiness-On Spatial Re-Planning and Hygiene Work”为例，讨论了研究思路形成过程以及民族志方法的应用，这次交流也是直接促使我讨论灾害情境下空间问题的动因之一。经过这样的波折与调整，最终将题目大致定为灾后居住空间的建构，讨论农房重建作为话语性实在的社会建构过程。

二 论文撰写

论文的撰写是在回顾相关文献的基础上，并主要基于2009年1月9日—2月2日、2009年2月27日—3月23日、2010年8月18日—9月12日、2012年7月17日—8月5日这四次田野调查所收集的资料而进行的分析。2013年9—11月集中完成了实地资料的整理。论文撰写工作主要集中于2014年1月与7月、8月、9月，随后是不断地修改和提升。

已有研究回顾部分，主要包括汶川地震后的针对性研究、灾害研究领域的既有成果、建构主义方法论的主要内涵以及空间方面的相关研究。这些文献回顾有很大一部分是在平时的阅读中积累下来的，并明确标注了来源及引申含义，也就使实质性撰写工作大为省力。经验资料分析部分，本着小而微的原则，以农房重建为例，以经验资料为依据，逐步分析、发现内在逻辑、提炼表述，再回应相关的研究成果。

论文撰写是不断取舍的过程。虽然明确了研究议题，但论文的实质性写作其实并不比田野调查的时候困惑少，反而是举步维艰。经验现象就摆在那里，如何从中抽丝剥茧、寻见内在逻辑，并以之为依据表明某种观点、回应理论问题，实在是对脑力的一种考验。好在写作的过程中，不断将那些所谓的“灵光乍现”都丝毫不漏地记录在纸片上，像斯科特（James C. Scott）那样“记录一切”（record everything）。最终证明，在我将这些零散的纸片拼凑在一起凝视着它们，希望从中找到一个自我感觉完整的逻辑和框架的时候，它们真的就浮现出来了。而每一个章、每一个小节、每一个最细小部分的论述，都是经过这样的过程而形成的。其中有些想法最终形成了观点，在文中得以呈现；有些想法则被弃置不用，留在了笔记文档中。

写作需要严密的逻辑。我之前经过的训练此时终于派上了用场。我记得老师提到过，说每一个段落都应该是有结构的，每一个句子都应该是有意义的，每一个字都应该是不可或缺的。文字作为表达的工具，此时完全服从于理性的安排，并以之构造一个严密的文字的“大厦”。尽管已经十分小心对待，但在我看来仍不完美，逻辑的建构和观点的论证似乎总有可改善之处。

购书及寻找电子书，是伴随写作始终的一个重要环节。国内很多关于灾害研究的成果要回溯到唐山大地震之后的那段时期，而那段时期的很多书籍已然很难获得。幸好有孔夫子旧书网，使我能够不断寻获我随着滚雪球式阅读文献后所发现的更多的文献。汶川地震之后的新近灾害研究成果则较易获得，问题在于要随时查找书店更新，很多最新的成果往往是在我的写作过程中才出版问世。英文文献中有关灾害研究的成果丰厚，一部分可从国图复印，一部分可趁便宜从网络书店购得，还有一部分则只有通过网络寻找电子版本。幸好检索能力尚可，才得以窥见英文世界那么丰富的研究。购书、找书成为伴随写作过程的一大乐事。

写作动力问题的解决。按照一本博士论文的基本篇幅要求十万字来计算，若每天保持千字的速度，需持续写作一百天。这样看来，博士论文的写作更像是一场马拉松，需要持久的耐力。实际上，整个撰写过程中怠惰情绪几乎时时涌现；写作的过程也就自然成为不断同怠惰情绪斗争的过程、不断鼓励自己坚持的过程。我曾打趣地跟同学讲，我是靠不断催促别人加快进度来给自己增添写作的压力和动力的，尽管听上去很不够“善待”同样“受苦”的博士研究生们。无疑，与一同写作博士论文的同学的相互交流和鼓励，是论文最终得以按时完成的重要因素之一。

三 经验和教训

对于一项经验研究来说，经验资料就是整个研究的基石。论文应该基于经验，将经验作为思考的起点，从中发现内在的逻辑。一切结论，都必须基于经验，而不能是用经验去适应理论，削足以适履。本研究在处理经验资料与既有理论的关系时，就经历了先着眼于理论而后愈发困惑无法继续的尴尬。幸而随后放弃执念，重新关注经验资料，返回经验现象本身去发现社会运作的逻辑和内在的规则，从中逐级提炼、逐步抽象，因此，自然而然就和相应的理论有了一个较为容易的对话。

经验资料如此重要，那么能够收集到高质量的经验资料就尤为关键。写作过程中，当我一再审视我手头的几本第一手资料的时候，我愈加觉得本科发展研究方法课上所讲到的“5W1H”的重要性，即何时（When）、何地（Where）、何人（Who）、如何（How）发生了何事（What），以及为什么（Why）。此外，与多伦多大学伯兰德（Alana Boland）交流，她提示我在访谈中询问“what... if”式问题，即除了事实的了解外，尝试更高层次的访谈，问一些抽象的假设问题，看访谈对象如何给出抽象的解释。显然，“5W1H”是基础层次的问题，是对事实的收集，进阶问题则是“what... if”问题，进行假设性、解释性、抽象性的提问和回答。这样既获得了基本的描述性素材，又能够了解被访谈者对特定事件进行思考的逻辑。

再者就是积累和记录。斯科特“记录一切”的习惯还是需要在以后的研究过程中继续借鉴和发挥的。学术研究就是不断丰富自己的学术档案的过程，将有关的各种形式的各种资料记录下来，系统累积，必定成为独一无二的宝贵财富。另外一个与之相关的方面是写作心态，对于博士论文这样十几万字的“大篇幅”，若是一开始就“兴师动众”，可能一下子就被吓到了，导致各种身心不适，不能前进半步；反而是“零敲碎打”的心态，更能够把大任务化整为零，轻松应对。积累是聚沙成塔，写作则是各个击破。把压力分散到每一天，也就没有那么大的压力。

四　研究支持

此书的完成要感谢太多人的帮助。

感谢在中国农业大学读书以来本硕博阶段的三位导师。我的博士导师齐顾波教授，她治学严谨，又宽厚温和，乐观积极。论文撰写过程中，稿子的往来讨论、论文的修改她都提出详细的建议。在撰写工作无法继续进行下去的情况下，齐老师给予了我极大的鼓励。我的硕士导师李小云教授，他是一个充满智慧的人，他的睿智和高屋建瓴，虽然我无法企及，但在读书会、学术会议、师生讨论等活动中有机会耳濡目染，仍然受益匪浅。我的本科毕业论文导师唐丽霞副教授，她坦率真诚，行动力十足，她说“随手就能做的事情决不能拖到第二秒”，调研任务执行不能打折扣，信件要及时回复，等等。正是这些细碎的点滴，帮助我培养认真的品格和有效的行动力。我的三位导师是我博士论文研究及今后人生的引路人。

感谢我的七位论文答辩评委，他们是中国社科院王晓毅研究员、北京大学方文教授，以及本校高启杰教授、熊春文教授、张克云教授、梁永佳教授、武晋教授。王晓毅研究员作为答辩主席进行了完美的答辩主持，七位老师为我论文的进一步完善所提出的建议极为丰富并高屋建瓴，他们对我论文的肯定也成为我今后学术生涯的极大动力。感谢答辩秘书陆继霞老师以及两位记录员赵文杰、高晓晴为答辩所做的细致周到的安排。感谢为我的博士论文进行匿名评阅的五位专家，他们提出了精准的修改建议，令我的论文更加完善。感谢我的博士论文开题专家，他们是叶敬忠老师、刘燕丽老师、熊春文老师、孙庆忠老师、罗泮老师，以及作为外请专家的卢德平老师，他们为我的博士论文选题和研究计划进行细致把关，并提出了重要建议，我的博士论文能够顺利完成并通过答辩，与他们在起点处的严格把关和方向指引密不可分。感谢李小云老师为我创造了到四川田野的机会，并一直督促我的研究进展。感谢刘林老师、刘启明老师，我的田野经历中有他们的陪伴与指引。感谢齐顾波老师、唐丽霞老师，她们为我解决了很多田野调查中的实际困惑，并安排预答辩，在论文结构与展示方面提出了重要的修改建议。感谢于乐荣老师，她向我推荐了对灾害研究具有重要启示意义的外文文献。感谢周圣坤老师在楼道里都能随时停下来解答我的研究困惑。感谢简小鹰老师组织的专题讨论课程，这为我论文的综述部分提供了一个很好的基础。感谢刘晓茜老师，她严谨的学术思考，以及在学院举办的空间讲座直接启迪着我的研究。感谢学院王艳丽老师为我和邱密、路冠军三人的秋季答辩所做的大量细致工作，感谢学院为我们的学习和研究提供了诸多支持。

感谢学院的老师们，正是他们每一位的睿智与启迪，使我能够圆满画上博士论文这个句号。他们是左停老师、王伊欢老师、周学军老师、徐秀丽老师、王德海老师、刘永功老师、李鹤老师、汪力斌老师、王海民老师、杨芳老师、董强老师、吴惠芳老师、贺聪志老师等。从本科学习到研究生学习，我一直都在人文与发展学院，发展管理系及院内其他系的数十位老师都曾为我们授课，他们的专业课程或讲座，成为学习和研究中的重要部分。在课堂中、在会议上、在报告厅、在田野中，他们所传递的知识与智慧都成为我成长的养分。每位老师都有他们独特的魅力，或宽厚，或睿智，或批判，或亲和，或风趣。他们教会了我发展研究的基本理念与方法，使我适应并喜爱田野调查，教会我团队的重要性，教会我运用文字书写的技艺，教会我如何思考、如何读书、如何生活，教会我如何去规划未来的研究与工作，教会我如何去体察我们生于其中的并不完美的世界，教会我如何去跨越研究的艰难险阻并享受其中的乐趣。在这里，我从他们那里学习知识，学会思考，最为重要的是，他们各自的魅力引导着我像他们一样去成为一个正直的人，有魅力的人，能够坚持理想的人。我时常会回想起老师们在课堂授课的情景，在楼道与我相遇便能够停下来与我讨论论文的情景，回复长长的邮件帮我解惑的情景，多年前课堂上鼓励我的情景，忽然撞见了问我“你怎么还没毕业”的情景，一起调研共享着那么多趣事，一起出游玩耍，甚至只是在校园相遇打招呼时，他们眼中的那份亲切与真挚。感谢我的老师们，就是在他们陪伴下的这些点点滴滴，浇灌着我的成长，也许只是一个最朴素自然的举动，只是一句最简单的话，留给我的却是持久的爱与力量。在教师这项伟大的事业中，我一定像他们一样去努力传播我的能量与魅力。

感谢我的博士班同学们，他们是博士学习期间最团结的战斗力量，他们是：何津、丁宝寅、刘靖、杨瑞玲、张悦、吴渭、葛志军、路冠军、王海军、樊军亮、邢成举、袁明宝、周恩宇、郑鹏、付恭华、宁夏、李琳琳、李玉新、陈晶环、邱密。我们 2011 级博士班作为一个整体，一起爬山锻炼，一起聚餐喝酒，互相询问研究进展，一起督促写论文，听讲座，争论学术问题。平时见到同学嘻哈聊上几句，心中的郁结立刻就散了。这真是一个伟大的群体，强大的能量场支撑着我们向前进。我的学长学姐及学弟学妹们，他们对我研究的关注是极大的鞭策。尤其是辛允星师兄和陈世栋师兄，他们的研究主题都与灾害有关，他们的论文为我提供了研究基础。张丽和王振极其细致地帮我进行了论文的文字核对工作。感谢刘日帮我进行了地图的技术处理工作。感谢中国社科院卢阳旭博士与我分享他研究灾后住房重建的论文。

感谢亲人的理解和支持。母亲每次打电话都要问一问论文写得怎么样了。每次我汇报说已经写了多少万字，母亲就马上说歇着写，不要累着了，眼睛别累坏了，脑袋受得了受不了之类的关心话。这种情感真的是太单纯的爱，父母既盼着我快点写完可以工作结婚，趁他们腿脚利索还可以帮着带孩子，又希望我不要劳累保持身体健康，这些都是爱，虽然他们从来不用爱这个字眼。我的妹妹和妹夫也经常问起我的论文和毕业时间，感谢他们的惦念。感谢女友一直以来的宽容和支持，她支持我做自己喜欢的和擅长的事业，并不因我没有多花一些时间陪伴她而责备我，这常令我感到歉疚。在难熬的时候，我想到我的亲人们都在为着生活的希望而奋斗，而我也是他们希望的一部分，我也就有了力量。

尤其要感谢我的田野朋友们。用章村人的话说，是地震把我震到了章村。我相信这是缘分。每次到章村都是愉快的经历，我喜欢他们讲话的语调，他们“吵架”的声音听起来都很婉转，当然这有时也令我困惑，分不清他们什么时候是真动怒、什么时候是开玩笑。我还喜欢那里的食物、回锅肉、腊肉、香肠、豇豆烧鸭子、素餐、自家火锅等。我看他们做菜，学会了酸菜鱼、火锅鱼，能把草鱼切成左右两片并剔出中间的鱼骨，理论上演练了多次后试做回锅肉成功。在村里行走，和老人、中年人、小孩子聊天，看他们盖房子，看他们打麻将，跟着他们一起过春节登高，跟着他们一起走亲戚去蹭年饭，看他们搞各种活动，看他们每天的生活，我觉得那时候我真是一个幸福的人，尽管研究的事情比较恼人。他们给了我机会让我进入他们的生活，去了解他们，使我有机会以我的方式呈现他们的故事，我要感谢他们把我当亲人一样看待。感谢在村里遇见的每一位村民，每一位去到章村的援助者，每一位与我交谈的朋友，他们的存在就是最大的精彩。特别感谢基金会及基金会工作人员对我的帮助和包容，与他们一起“工作”是我初入田野最愉快的经历。我现在还记得一起住过的板房，用四张椅子搭起的床，以及北京的同学半夜发短信问“地震了知道不”，我回复说“不知道”然后翻身继续睡的情景。如果没有章村这个精彩的田野，我的研究也就不可能实现。

本书的出版得到了教育部人文社会科学研究青年基金项目“灾害、国家与乡村社会：震后村落空间生产的社会学阐释”（15YJCZH218）和2015年度天津市“131”创新人才工程第三层次人选培养费的支持，一并致谢。感谢中国社会科学出版社王莎莎编辑，她在论文出版的过程中做了大量细致工作。

感怀之意，无法一一提及，唯有深镌于心。告别学生时代，新的征程又在脚下。我会牢记师友亲人的帮助与期待，借着这力量，收拾行囊，继续前行。

张纯刚

2014年11月30日于中国农业大学西校区2号楼331室

2016年8月4日于天津理工大学20号楼413室（补记）